陳楹襆
黃恆堉

——著

99分姓名學

取好名，享好運

外格
水　9

蔡　18　天格　金
　　17
佳　25　人格　土
　　8
林　16　地格　土

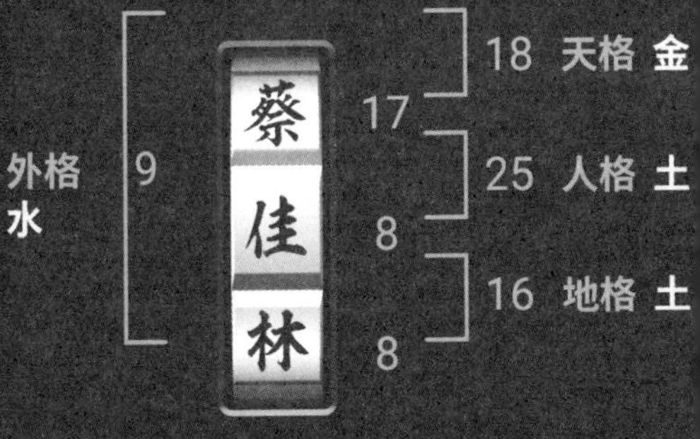

作者　陳楹樸（學彥）自序

我常常說：人生是一連串機緣的組合！

在每個人的一生中，一定或多或少會發生這樣的事：你沒預期會念法律系，但你卻念了！妳沒預期會嫁給某人，偏偏最後選擇的卻是他；妳沒預期會走財經路線，但妳卻在這個領域發光發熱；你沒預期要走演藝路線，但你卻不小心拿了幾個金馬獎；甚至於你沒預期會做大官，但有一天你卻當了總統！

我在經營管理的領域浸淫了三十幾年，姓名學也涉獵了三十幾年，看盡人生的起伏，際遇的差異，有徒勞無功，有飛黃騰達……總覺得要把自己這一生結合科學，人生智慧與命理的精華心得，拿出來跟芸芸眾生分享。機緣巧合，遇到台中市五術教育協會理事長黃恆堉老師的邀約，就出了這一本《99分姓名學》。

過去這些年，來找我改名字的客戶裡，大約有百分之四十，已經被其他的命理老師改過名字，一看就知道是單純理數派的老師改的，要不然就是學藝不精的生肖姓名學老師改的，瞎子摸象法、以偏概全法……甚至有一部分人還被不同的老師改過兩次，這些人改完名字以後，運勢有變得更好嗎？當然是沒有，才會繼續尋尋覓覓，最可憐的是已經改過兩次，經筆者鐵口直斷其改完名字以後的各方面的運勢之後，有些客戶當場落淚！感嘆與老師相見恨晚！

有不少人會認為改名沒用！其實不能怪他們！因為他們這樣的想法是有憑有據的。其一，是他們認為名字就是父母親把你生下來，給一個稱呼，方便、辨認呼叫一個人的文字而已，哪有這麼多怪力亂神的學問。其二，是他們周遭的親戚、朋友、同學、同事、街坊鄰居……有人改過名字，沒改沒事，改了卻出事，或者改了也沒變好，甚至變得更差。如果研究姓名學不夠精闢的話，稍有疏失，往往會算錯、誤判，而影響人的一生。人家說：「算命嘴，胡累累！」指的就是坊間一般不學無術的算命仙，憑著一張能言善道的口才，講得天花亂墜，但真正說對的有幾人？明師可以指點迷津，半路出家說的，卻能夠讓人誤入歧途，這是身為一位老師必須戒慎小心的。

筆者於民國65年大學畢業，取得工學士學位，數理分析，邏輯觀念都很強，一點點都不迷信。但筆者在此呼籲有緣的讀者們，姓名學是非常科學的，從伏羲氏發現洛書河圖，演繹至今，在全球的華人社會裡，經過幾千年的發展，數以千萬計的統計數字與驗證，既然是統計學，那它就是科學，它並非是迷信。

本書姓名學，以八字之喜用神及六親十神為名字之基本架構，再輔以八十一靈動數，讓整個姓名架構趨近於完善，然後再用生肖姓名學佈局文字，佐以文字字義學、特殊用字、春秋禮數……等等，過濾在姓名學中靈動不佳的用字，希望藉由這樣一個完整的過程，讓讀者亦能幫自己或親人取一個好名字。所謂先天八字，後天三字，名字必須架構在先天的八字上，而對於未曾研習八字的人，筆者也竭盡所能地以一般人也可以理解並運用的方式來對八字喜用神跟六親十神，做一個合理的推斷，而建構出優良姓名的結構，從而生出一個能輔佐你（妳）一生的運勢，不管是個性、思考、學業、事業、婚姻、感情、身體健康、賺錢能力與財庫……都能不斷給予加分打氣的好名字。

豐顏人生規劃諮商中心 執行長
三引易經開運堂 負責人
Tel：0912-945872
e-mail：chuck_kingstone6793@yahoo.com.tw

作者　黃恆堉序

二十年來學習姓名學，期間拜學多位名師，接觸許多姓名學派系，在這段期間收集了許多資料，深覺得姓名學派別甚多，各門各派都有其種程度的精確度，論法雖有很多種，但變化卻有巧妙不同，但各派唯一不變的是，不脫離陰陽、五行、數理吉凶之自然法則。

中國的文化與哲學思想，之所以能淵遠流長，乃因其文化與哲學的精神早融入平常生活當中，中國的姓名學，不僅是生活文化，更是深奧的文字哲學。人的名字是一個符號，除了代表一個人之外，也能表現出長輩與父母心中的祈佑與期望。

舉凡人一出生，就會賦予這麼一個符號，它的好與壞，永遠跟隨著這個人的一生，人做得好，可以揚「名」立萬，成為千秋後世萬人敬仰，反之，若是無惡不作，那他的名字也將遺臭萬年，可見名字對人之重要。

古代先賢聖哲有鑑於此，就將人的姓名融入五術命理研究中，從人跟名字的互動，加以解析這個人未來的一切運勢起伏，幾千年來，姓名學研究更成為五術命理一項重要的學問，流傳迄今，甚至讓諸多民眾和各行各業人士作為擇業、嫁娶、交友、生子……等等取名與改名的依據。

從事論命工作以來有太多人問：一個人的名字到底影響人的一生有多大？依我個人淺見大約可以佔人生命理10％~30％左右，依個人的各項條件而有不同程度的影響。以100%之命運學來區分各種命運流程所佔之百分比數

A.（天時）個人八字（出生時辰）……40％

B.（地利）陽宅、環境、工作等……30％

C.（人和）人際關係及各項命理學說……30％

由上述的統計；可知「命」不能改的部分佔40％左右，但有60％是可以改變的俗稱「運」。所以有人要問，到底需要不需要改名？改名有效嗎？

站在命理學以及實際論命經驗的角度上來說，我必須很中肯地回答說：當然有效果，因為改名就等於改變夫妻對待、身體狀況、內心世界、朋友感情、工作事業、金錢多寡、兒女子孫、六親情況、有無財庫等等的加減分。

但在這裡我必須強調一點，如果改了名字的朋友，您在心態、觀念、個

性上也必須跟著一起改變，否則改名的效果雖不至於失望，但成效卻是極為有限。因為心態與努力依然是一個基礎，好名字會在這個基礎上加成，不好的名字，會在這個基礎上減分。

近幾年來常常到書局，在命理區的書籍上，發現姓名學的書是所有五術書籍中最多老師出版，原因很簡單，因為有市場嘛！據內政部統計每年約有16～25萬新生兒出生，再加上每年改名或命公司名的人口大約也有10～20萬人次，而大陸地區每年約有 1800 萬嬰兒出生，所以這門學問就有很大的需求。

名字的好壞是由人去給予定義。美之所以為美，醜之所以為醜，往往不知使然，但在無形中卻潛藏著無限力量。名字由不同的字組成，將跟著自己一輩子，其中字音、字形、字義、筆畫、屬性無不牽動周圍磁場與靈動。

名字造就運勢、影響個性，取個好名或改個好名，差別絕對顯而易見。取一個適合自己的名字，無疑是順水推舟，凡事事半功倍，反之則懷才不遇、事與願違、困難重重。

姓名會影響一生行運嗎？所謂「落土八字命」，人一出生，命已註定，是好或是壞？如佛教所說，這是因果之關係，非你我所能決定，但後天的姓名，卻可由父母來選擇，也可以經由自己再更改，而來掌握自己，改變自己。

姓名學派在坊間至少有二十多種，本書是陳楹樸（學彥）老師累積多年實務經驗搜集非常棒的資料，其中有一種最新且受一般人所接受的姓名學派，就是【生肖姓名學】，當然也包含生辰八字為依據的十神姓名學，所以由這兩種姓名學派，就可推斷出其祖蔭、夫妻對待、身體狀況、內心世界、朋友感情、工作事業、金錢多寡、兒女子孫、六親情況、有無財庫等等，相信大家都瞭解，同樣八字的人，出生在「名人家」、「富人家」、「窮人家」，或一般平凡人的家裡，命格及出發點是絕不相同的，更明顯的例子，就是八字一模一樣的雙胞胎，名字只差一個字，但人生的際遇卻相去十萬八千里。所以您只要依據這本書的資料，就可以命出一個好名字，從而可以為我們運勢大大加分。

台中市五術教育協會創會理事長黃恆堉

庚子年於吉祥坊易經開運中心

網址：www.abab.com.tw　04-24521393

目錄

第一章 姓名學之迷思

百家姓
北宋初年著于錢塘

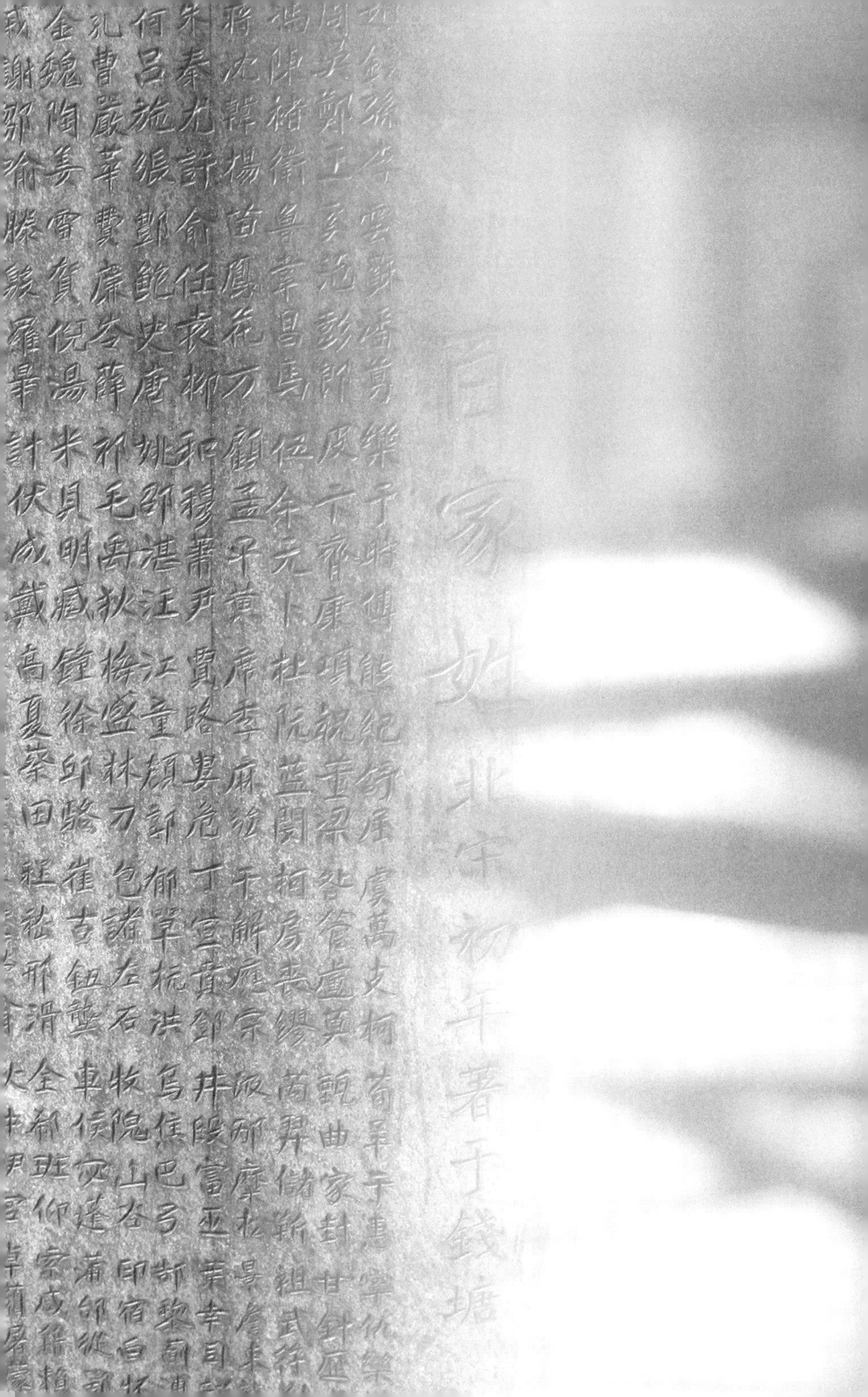

第一章 姓名學之迷思

第一節 什麼是姓名學

所謂的「姓名學」，簡單的說，係一種藉由人的「大姓」與「名」來解析一個人的一種學術理論。該理論相信不同的姓名（文字）會對個人產生不同的相對磁場，而且這種磁場影響確實是相當深遠的。

用「姓名學」來判斷一個人確實具有相當高程度的準確性，理由也很簡單，因為姓名的磁場會影響一個人的心態，心態影響想法，想法影響做法，做法不同，結果當然會有差異，一個人的成就、內心世界、健康、事業、財富、情感也會有所不同。

藉由姓名學的分析，可以窺見一個人的身體健康（器官）、人格特質（喜好、特徵）、婚姻狀況（可否因夫而富而貴、因妻而富而貴、夫妻相處和睦恩愛、生男生女等）、職場表現（工作表現、潛力、能否輕鬆賺錢）、財富（賺錢慾望、不動產、現金、賺錢得否入庫），有無老闆名、老闆運、老闆命……等等。

第二節　姓名與命運

姓名，傳承了人的情、意、志；姓名，蘊涵了人的精、氣、神；姓名，傳達著天地之玄機。姓名乃心理學、社會學、哲學、歷史、民俗學精髓之綜合成果，是一個人形象、素質、品味之標誌。

取名人異，因人而宜。一個好名，或可為你塑造一個雄才大略、氣宇軒昂的政治家形象；或可為你塑造一個精明能幹、足智多謀的商業鉅子形象；或可為你塑造一個出類拔萃、才華橫溢的藝術名人形象；或可為你塑造一個造詣頗深、德高望重的學者英才形象……名正是金，好名遠揚。

一個符合自己的好名雅號，能給你啟示引導，助你成功，增加自信，廣得人緣，事業順遂，功成名就，財庫滿滿。好名相伴一生，壞名影響深遠，豈能不慎？

古人云：「賜子千金，不如教子一藝；教子一藝，也要賜子好名。」當今，好產品也需要一個好商名，好人也需要一個好名聲。擁有一個卓而不群、意味深長、意境高闊、言心言志的好名，的確是一筆取之不盡的無形財富。

中國象形字源於自然界的「物」，其本身就具有生命之靈氣。當文字成為人的姓名或公司的名稱時，常常寄託著人的乞求和希望，更暗示著對天、對地、對人、對公司的信息誘導力。先賢尹文子有「形以定名、名以定事、事以一名」之說，可見，名似虛而實，既實且傳神。千百年來，姓名學流傳至今，為廣大群眾所信、所愛，自有其道理。

名能影響運，是根據「數」與「音」的威力。名稱之文字，由點和線組合而成，即數之根本。換言之，文字即數。數為靈之表現。古人有「天數」、「數之所定」、「天數難逃」等說法，可見數即命運，命運即數。世人有經過努力，而終不成功，或在幸福中突遭凶變，此等人之姓名必有缺陷。

古人有道：「汝巧非汝能，我拙非我願。」姓名數理上所產生之神祕力量所產生之誘導暗示，或吉或凶之靈動力所影響，有此名必有此命。凶名招致凶運，良名招致好運，為理所之當然。也許有人會問，那同姓同名之人，其命運必相同，為何實際上卻有差異呢?這非姓名學理論上的矛盾，而是影響人的命運的因素，除姓名外尚有四柱、先天八字配合漢字的關係，所謂命運者，乃是命與名之合體，兩不可分，互相為用，這就是姓名與命運的關係。

姓名的暗示誘導力，足以影響人生的命運，的確是事實。姓名凶者，常陷病弱、逆境、磨難、婚姻坎坷、勞碌奔波、多勞少得之境。故凡悲嘆不幸者，必速改換富有吉慶暗示的良名，免置自己於不幸之中，以享幸福，或現在較順的幸運兒，若名中有其他凶數者，亦需要考慮改名，以免將來命走敗運，坎坷不順，畢竟「天有不測風雲，人有旦夕禍福」。如若本名不吉，而有其他常用別稱或別名數理良好者，亦可多加利用，收效化吉。總之，凶名招凶禍，吉名為成功之基。如命運（八字）與姓名俱好，則吉上加吉，凡事自然吉人天相，百謀順遂，福壽雙全。如命運不佳，名亦不佳，則凶上加凶，凡事困難重重，窮困潦倒終生，甚至遭急難急死之慮，真乃雪上加霜。如命運好而名壞，則減命中福份，每每逢吉變凶。如命運壞而名好，則補救於後天，諸事會減凶增吉。所以，人人不論其先天命運好壞如何，都一定要建構好一個專為自己訂製的好名字以補救或輔助之，方能獲得人生之富貴長壽也。

第三節　先天命VS後天運

常常聽到人們說命運不好，其實命與運是兩件事。命是先天的，運是後天的，故稱先天命與後天運，然先天命是與生俱來的命運磁場，任何人終生都無法改變，此乃知命之學，而後天運乃是命理中個人行運可以積極努力爭取改變的部份，此乃造命之學。

知命學是消極的探索命運的趨向，而造命學則是積極地追求人生之幸福。而姓名學則是後天造命學中各種改變後天磁場學問中最能快速的提升個人運程且效果卓著的一種高深學問，它能讓你後天磁場與天地五行之大磁場相順應，它能主動巧妙地運用時間與空間，天時與地利應用宇宙無形的力量來提升個人本身之運勢，「巧取」先天磁場之生扶，巧妙地應用天地磁場使人趨吉避凶，進而提升運勢，改善命運！

我們可以舉一個簡單的例子，讓讀者可以清楚地瞭解先天命與後天運：

假設將先天命（八字）比作汽車，而將後天運（姓名）比成行駛之道路，而天地間每年不同轉換之磁場（流年）比設成氣候的話，那將會使讀者更容易瞭解先天命與後天運的連帶關係；假設某人先天命很強，一出生就配了一台保時捷，而後天運亦強，猶如性能極佳的汽車行駛於一條四通八達的高速公路上，又逢一個風和日麗天候，那駕車行駛之人必能心情愉快地在這四通八達的高速公路上快意馳騁，很快地就能達到目的地（人生之高峰）；但若假設一個人的先天不甚理想，甚至很差，一出生僅配了一台中古的裕隆車（還有人只有摩托車或腳踏車，甚至徒步），而後天運又弱，只有坎坷難行的泥濘路，再加上晴時多雲偶陣雨的氣候（流年），那他在行駛的路程中必定艱難重重，甚至寸步難行，不知要行駛多久才能到達目的地？如果又不幸地氣候（流年）又突然轉變成狂風暴雨（特大凶年），也許行駛至途中就可能一個差池開出路邊險象環生，甚至從此說再見（死亡）。

所以即使先天雖不佳（車不太好），但後天行駛之道路能夠平坦順直，若再多注意一下氣象報告（流年），避開狂風暴雨的氣候（特大凶年），雖說開的不是台非常好的車，但亦能平順地抵達目的地，此即是造命之學所能做到的啊！

而要如何才能改變後天之磁場呢？通常命理研究者不外乎說：一命，二運，三風水，四積德，五讀書……等，皆可改變命運，筆者並不否認上述說法，但何者為最優先，何者為效果最為顯著的呢？而何者又為真正之因呢？經筆者多年之研究與統計，姓名在後天運中確實佔有了相當大的影響力。姓名一出，個性即現，而個性不僅影響一個人對事物的思考，也影響一個人對事情的判斷力，當然亦左右你的各種運勢與成功的難易度，姓名在後天運之影響力有時可以大到，甚至遠遠地超過先天命的影響力，先天八字是你行駛的那台車，而姓名即為你行駛的那條道路！

所以，可能的話，找一個真正好的老師，幫你看看未來之路是好是壞，如果真的是坎坷難行的話，不妨做個適當地調整或改變（盡力去改變你未來的行運路徑），即使你只是配台摩托車或腳踏車，相信你仍能心情愉快地在平坦寬廣的道路上快意馳騁，早日達到你人生之高峰！

第四節　姓名筆劃吉凶的迷失

姓名數理的暗示誘導確實對人生有某些程度的影響。有的人因姓名數理不佳，或常患病體弱，或不思如何努力，或終生努力而無所成就，或感覺諸事不順，似乎世間萬事萬物都在與自己作對。如果用姓名學分析自己的姓名，會發現自己的姓名數理不佳，應趕快換一個數理吉祥的名字，趨吉避凶。

有的人認為自己姓名數理不好，認真研究發現某名人姓名數理好，就照使用。如董建華先生的姓名數理好，就改名建華，認為會有和董先生一樣的成就。其實這種觀點是錯誤的，因為姓名數理需要和本人的先天條件配合才能發揮好的影響，而每個人的先天條件是不同的，故不能照搬，必須根據自己的具體條件改名，用後天的格局數理去誘導先天條件，逢凶化吉。從一般大家所熟悉的常識角度來說，一個個性外向的人，你就應該安排他去做業務工作，而不應該安排他去做會計工作，是一樣的道理。既知適才適用，也當知適命適名！

對於「吉數派姓名學」，個人認為那是比較早期的姓名學，雖然目前坊間仍有某些命算學者採用之，但依據個人十多年的驗證，數字雖然具有其靈動力，但只能被看作加減分而已。舉一個非常明顯的例子，例如：「林小山」是十四劃，而「林大川」也是十四劃，你認為這兩個名字帶給一個人的意涵與影響力是相同的嗎？剛好是天壤之別，而生肖姓名學卻能夠很清楚地解釋哪一種生肖可以「為王、稱大」或是「為小、居次」！

因此，絕不可單用一個筆劃的吉凶，而判斷其對人的影響！

如果讀者只要用筆劃改名或取名，請多考慮以下例子，這些都是筆劃數的迷思！

【李登輝】　總筆劃數是34劃大凶　【總統】！

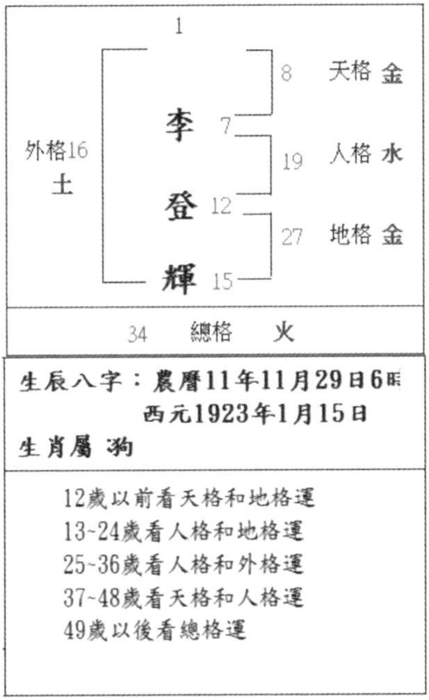

【郭台銘】　總筆劃數是34劃大凶　【首富】！

【梁朝偉】　總筆劃數是34劃大凶　【明星】！

【劉德華】　總筆劃數是44劃大凶　【明星】！

【白曉燕】　總筆劃數是37劃大吉　【撕票】！

〔徐子婷〕總筆劃數是25劃大吉〔跳樓〕！

單用筆劃數論斷吉凶準確度是非常有限的。

李登輝、郭台銘、梁朝偉、劉德華，是34跟44劃大凶，他們何來大凶之有？

34、44劃既不是領袖運數，也不是富翁運數，但卻是出了總統跟首富！

白曉燕總筆劃37劃大吉，徐子婷25劃大吉，你覺得她們何來大吉之有？

25、37劃既不是劫難運數，也不是短命運數，但卻沒逃過劫難！

熊崎式姓名學在理論上，對於精神方面及個性方面的判斷，部份是可以參考的，把姓與名的劃數分成五格（天格、人格、地格、外格、總格），看各格的筆劃數吉凶，對照八十一劃吉凶數，天格與人格的關係稱為「成功運」，人格與地格的關係稱為「基礎運」，人格與外格的關係稱為「社交運」。天格代表父母、長輩，人格代表自己、個性，地格代表妻子、部屬，外格代表朋友、配偶，從各格與人格的生剋關係，就可知道其人家庭上下是否和睦，對外社交可否順利發展，或常遭親友是非拖累情形，這些都有部份的準確性。

然熊崎式姓名學對於一個人的事業成敗及財運有無，都歸納於成功運與基礎運裡，參照五格數理吉凶來判斷，這是有偏斷章取義的判斷方法，如果天格與人格相生，就判斷為希望早達，向上發展，順利成功。而天格與人格相剋者，就說是徒勞無功，百事難成，且有急變災難，甚至還有猝死、發狂等嚇壞人的斷語，使一個好端端的人受到了一輩子的困擾，真是罪過，故熊崎式姓名學常有判斷錯誤的現象，吉凶時常相反，更有一些自稱為命名專家，卻把自己的姓名也改成抑鬱難伸、財運不佳、一生勞苦、成功困難、鬱悶度日的名字，這種情形在全省的專家中為數不少，連他自己也不明其因，而受其更名者，運程遭剋害者更是不計其數！

然目前社會中被熊崎式判斷為凶名者，非但沒有遭難受苦，反能在社會上出人頭地，目前已經是高官鉅富者甚多，而其三才五格皆不告吉，然凶名何以能加吉減凶？主要是在於五行之間的循環作用，陰陽的調合問題，以及八字喜用與六親十神的補救之道，多方面來加以推算、研判才能正確，事實證明，姓名學其實是牽涉很廣，理論非常非常繁雜的一門學術。肯定的說，絕不是熊崎式學所講的那麼單純，三才相生就是吉，相剋就是凶，數理吉就能大富大貴、健康長壽。相剋又數理凶必定會遭難、急禍、家庭雜亂、凶死等嚇人的斷語。

筆者亦曾在這些食古不化的理論中研究了很長時間，發現了這些千篇一律的理論公式確實矛盾百出，數理吉者一生幸福長壽，數理凶者一生孤苦無依、失敗、凶殺、短命，但經筆者實際案例的統計資料卻出入甚大。

姓名的磁場究竟在哪裡產生效應：這也是有些學派所稱的「改名字不必改身分證」、「只要每天用心默念」、「用紙筆寫多少次」即可產生其效力，其實，所謂「名不正則言不順」，姓名如果不經過身分證（官方資料）的變更，並不會因此就將磁場完全扭轉過來。理由很簡單，身分證若沒改，當你去跟與金錢財富有關的地方辦事時（例如銀行），所講出來的財富所有者，還是原來那個擁有不好的舊名字的那個人，那些財富並不屬於現在擁有好名字的你。你會改名字，就是因為你不喜歡原來的名字；你想改名字，就是因為你懷疑原來的名字帶給你不順，不如意。一旦你身分證沒改，這些財富似乎是與你無關，似乎是屬於那個你不喜歡的那個名字的，越說就越感覺它好像真的不是你的。所以改了名字，身分證是一定要改的。

第五節　改名有用嗎？

果斷改名，化凶為吉。

現今是少子化的時代，因此父母親都滿重視小孩的名字，無不希望這個送給心肝寶貝的第一個禮物，是對他們的小孩有很大的幫助，希望孩子可以享用一生的。但是卻常面臨到的難題是，該找哪個老師才好？雖然現在坊間真正功力好，具有正義感、責任感的老師依然有，只是這樣的命理老師已經很少了，因此你很難找到一位命理老師能為你做正確的嬰兒命名，理由有三：第一：坊間的命理師很多是江湖術士學術不精的老師。第二：不管是正統老師或江湖術士，拿父母親的資料跟寶寶的生辰，排出八字都只是表面的做法，命名時仍然套套筆劃數或用生肖的特性取名而已。第三：姓名學派系多，坊間老師常常用一派兩派的姓名學理論就幫客戶命名或改名，難免以偏概全。真正好的老師都知道這麼一句話：五術不獨論！意思就是說，無論是幫客戶論命、看陽宅、取名改名字都一樣，絕對不可以只用一派兩派的學術理論。

所以常常會聽到人們說，改名沒用！他們說的是千真萬確的，因為這些人，或是他們的家人，或是他們的親戚朋友、同學同事、左右鄰居……曾經改過名字，但不是改了沒用，就是越改越糟！筆者的客戶中大約有40％已經改過一次名字了；也遇過不少已經被不同的老師改過兩次名字的客戶來找我幫他（她）們看名字。常讓我唏噓不已！

生病要看醫生，請你找到對的醫師！

車子故障要維修，請你找到對的技師！

萬一有事打官司，請你找到對的律師！

改名一定有用！但請你一定要找到對的老師！

第二章 姓名學的基本常識

百家姓

北宋初年著于錢塘

咸　金　孔　伃　介　將　鴉　周　江
謝　魏　曹　呂　秦　沈　陳　吳　錢
鄒　陶　嚴　施　尤　韓　褚　鄭　孫
喻　姜　華　狠　許　楊　衛　王
滕　雷　費　鄅　任　苗　魯　雲　歸
髮　賀　廉　鮑　任　鳳　辛　范　潘
雇　倪　谷　史　袁　花　昌　彭　鄯
潭　湯　薛　唐　柳　刁　馬　郎　喬
計　米　祁　姚　和　顏　伍　庾　樂
伏　貝　毛　邵　穆　孟　余　干　于
成　明　禹　湛　蕭　平　元　郜　時
戴　盾　狄　汪　尹　莫　卞　康　傅
高　鐘　梅　江　貢　席　杜　項　能
夏　徐　盛　童　路　李　阮　祝　紀
蔡　邱　林　顏　婁　麻　藍　金　忍
田　駱　刁　郭　危　紘　閔　關　屈
程　崔　包　俞　丁　于　柏　答　虞
祐　古　藺　草　宣　酈　房　食　萬　支
祁　鈕　左　石　洪　郡　宗　繆　真　柯
滑　龔　車　石　洪　邢　宗　繆　真　苟
秋　全　車　牧　烏　汲　閔　鮑　畢　于
仲　郗　侯　隱　焦　巴　段　界　曲　畢
伊　班　宓　山　巴　富　儲　家　封
宮　仰　蓬　印　宿　亞　祈　封　甘
卓　索　咸　邰　從　鄂

第二章 姓名學的基本常識

要判斷一個名字的好與壞，想要給自己的小孩一個好名，或幫親朋好友改一個好名，首先必須具備姓名學的基本常識，方能有一個基本且正確的方向與方法。

本章所介紹的姓名學基本常識，乃專注於生肖姓名學、三才五格、八十一靈動數、姓名與五行及六親十神的關係，以及八字喜用神之介紹。因為這些範疇就是本書《99分姓名學》的關鍵要素。

生肖姓名學的部份會從最基本的十天干和十二地支的介紹，生剋關係，六沖、六合、三合、三會、六害等在姓名學中息息相關的重要關係，大姓、名一、名二之結構，拆字學。

三才五格的部份會從其基本之架構，以及筆劃數的認定與正確算法開始。

八十一靈動數，除了把吉數、凶數，分別列出之外，也把一些特別的靈動數一一列出，方便讀者需要時使用。

五行、六親十神、八字喜用神之生剋關係，六親十神的屬性意義，以及如何用簡易的方法找到喜用神。

第一節　生肖姓名學之原理

十天干與五行的對應關係與屬性

自古以來，天干被中國人視為年、月、日、時的符號象徵，依序為：甲、乙、丙、丁、戊、己、庚、辛、壬、癸。其中，甲、丙、戊、庚、壬為「陽」，乙、丁、己、辛、癸為「陰」。

甲為棟樑之木，東方。乙為花果之木，東方。
丙為太陽之火，南方。丁為燈燭之火，南方。
戊為城牆之土，中方。己為田園之土，中方。
庚為斧鉞之金，西方。辛為首飾之金，西方。
壬為江河之水，北方。癸為雨露之水，北方。

十二地支與五行的對應關係與屬性

十二地支，即為子、丑、寅、卯、辰、巳、午、未、申、酉、戌、亥。

其中，子、寅、辰、午、申、戌為「陽」，丑、亥、酉、未、巳、卯為「陰」。

子（鼠）屬陽水，北方；亥（豬）屬陰水，北方。

寅（虎）屬陽木，東方；卯（兔）屬陰木，東方。

巳（蛇）屬陰火，南方；午（馬）屬陽火，南方。

申（猴）屬陽金，西方；酉（雞）屬陰金，西方。

辰（龍）、戌（犬）屬陽土，中方。

丑（牛）、未（羊）屬陰土，中方。

十天干相生關係

甲乙（木）生丙丁（火）；丙丁（火）生戊己（土）；戊己（土）生庚辛（金）；庚辛（金）生壬癸（水）；壬癸（水）生甲乙（木）。

十天干相剋關係

甲戊相剋，乙己相剋；丙庚相剋，丁辛相剋；戊壬相剋，己癸相剋；

甲庚相沖，乙辛相沖；丙壬相沖，丁癸相沖。

地支彼此的相合關係

子與丑相合化土，寅與亥相合化木，卯與戌相合化火，辰與酉相合化金，巳與申相合化水，午與未相合化火。

地支彼此的相沖關係

子與午相沖，丑與未相沖，寅與申相沖，辰與戌相沖，巳與亥相沖，卯與酉相沖。

十二地支與五行的對應關係

寅、卯為木；巳、午為火；辰、戌、丑、未為土；申、酉為金；亥、子為水。

地支三合

※申子辰三合水局：　長生在申，帝旺在子，墓庫在辰。

※巳酉丑三合金局：　長生在巳，帝旺在酉，墓庫在丑。

※寅午戌三合火局：　長生在寅，帝旺在午，墓庫在戌。

※亥卯未三合木局：長生在亥，帝旺在卯，墓庫在未。

地支三會

※寅卯辰三會東方木。
※巳午未三會南方火。
※申酉戌三會西方金。
※亥子丑三會北方水。

地支六害

分離（指人的生離死別），多變，聚少離多，犯小人，同床異夢，不易達成既定目標，有夢難圓。
※子未害個性極端，容易犯小人，易換工作。貌合神離，無話可說，會要求對方。（最嚴重的害，又稱天地害，南北害）
※丑午害耐性差，容易生氣，貌合神離。
※寅巳害是非多，無恩情（人情），易犯小人，冷眼旁觀的態度，屬驛馬害，辯才無礙。

如果離婚，也可能同住一屋簷下。

※申亥害是非多，無恩情，易犯小人（比喻相見不如懷念，相見就吵，不見又懷念），屬驛馬害。

※卯辰害本身要注意，易遭周邊親人相害，殺傷力很大，好朋友扯後腿，兄弟無緣，手足無助，要他好，反而害他，越親近的人，反駁力越大。

※酉戌害與卯辰害相似，容易被近親戲弄。（雞犬不寧，哭笑不得，離婚率高）

十二生肖之間的刑剋歌訣（地支六害，地支刑剋）

- 羊鼠相逢一旦休（子未穿害）
- 自古白馬怕青牛（丑午穿害）
- 蛇遇猛虎如刀戳（寅巳穿害）
- 玉兔逢龍雲裡去（卯辰穿害）
- 豬遇猿猴似箭投（申亥穿害）
- 金雞遇犬淚雙流（酉戌穿亥）

除此之外，自古以來民間流傳的通俗話，如：「過街老鼠人人喊打」、「馬上山頭步履艱」、「虎落平陽被犬欺」、「龍困淺灘遭蝦戲」、「狗上山頭百獸欺」、「雞上枝頭變鳳凰」……等等。姓名與十二生肖的關係，是以生肖為體，以姓名為用，最簡單的姓名好壞評斷可依體用關係的正能量與負能量的關係，看用的姓名，能提供什麼樣的力量、環境、食物和磁場給予體，並且盡量避免有正沖、刑剋、穿害或不理想的環境等等的阻力，以及生入、生出、剋入、剋出……整體相互體用關係的錯綜複雜的評斷。

所謂的「生出」是年柱與名字的比對為生出者，例如：鼠年生於李家，老鼠為水，李陽邊為木，所以水生木，是生出，而生出代表的是犧牲、付出、關心、不求回報、無怨無悔……

所謂的「剋出」是年柱與文字的比對為剋出者，例如：鼠年生於張家，老鼠為水，弓為火，所以水剋火，剋出代表的是不協調、強勢、高傲、叛逆、火爆、自我、不尊重他人。

拆字學

以年柱生肖五行屬性為體，姓名之五行為用，綜合甲骨文字的形、音、義。大姓論祖德，與長上的關係，緣份深淺；名一論個性，人際關係，感情姻緣，名二論學業，事業，財運，富貴貧賤、吉凶禍福。

拆字原則

「陽邊、陰邊」是在講文字的位置，一個文字可分上下左右，上為陽，下為陰，左為陰，右為陽，中間的為不陰不陽。陽邊代表的是看得到的一切行為，陰邊代表看不到的內心世界，就六親的定位，陽邊看男性，陰邊看女人性；就身體而言，陽邊看外體，陰邊看五臟等陰陽定位之分。

例如：

「吳」，陽邊為「口」，陰邊為「大」。
「富」，陽邊為「宀」，陰邊為「田」，不陰不陽為「口」。
「許」，陽邊為「午」，陰邊為「言」。
「謝」，陽邊為「寸」，陰邊為「言」，不陰不陽為「身」。

拆字學，除了拆解一個字的陰陽邊之外，重點在於所拆解的字的每個部位，其代表的意義，從而找出與本身生肖的各種對應關係。下表是一個非常重要的資料，如果拆解與意義誤判，則論斷就錯了！

冂	洞	毛	蛇王
凵	洞	辶	蛇
匚	洞	巳	藏蛇
匸	洞	色	藏蛇
冖	洞穴	虫	藏蛇
眉的上部	洞	几	藏蛇
网	冂＞四＞罓＞目	廴	藏蛇
	洞、寶蓋	勹	蛇形
角	陰邊為洞	卩	蛇形
尸	門戶	久	蛇形
淵（無氵）	居住的地方	（氾的右邊）	蛇形
		也	它＞蛇形
春	藏兔	丁	蛇形
東	影射兔，卯木	欠（姿右上）	蛇
月	陽邊肉，陰邊月	龜	蛇
青	兔影（力道輕）	川	水、三條死蛇
衤、衣、采	大彩衣，力量大	弓	蛇影
糸	中彩衣，力量中	一	論蛇
巾、彡	小彩衣，力量小	瓦	平原、蛇形
		洞	＜一豎論蛇＞
巛	水	ㄣ（吳的中部）	論蛇
（恭的下部）	水	丿	論蛇
缶	水器、藏水	平	陽邊平原／陰邊蛇
淵	水（另含有受限之意）		
		鹿	龍頭

尹	人		凰	藏龍
氏	人		虹	藏龍
民	人		尤	藏龍
鬼	人，陰險小人		雲	藏龍
才	手>人		京	藏龍
			言	龍形
繡	彩衣		而	四腳蛇>藏龍
疋	布。<彩衣>		年	龍>藏牛
艹	草。也論卯木		斤	武器
甘	出頭、草		片	爿>武器（牆/版）
曲	冊>柵欄，草堆		刂	刀
			（韋的下方）	武器
廾	第二字指雙手		真的上面	匕首，論刀
	第三字指雙腳			
爪	第二字指雙手		心	上等肉（很足夠）
	第三字指雙腳		月	中等肉（較不足）
			忄	帶骨肉（很不足）
皿	盛五穀之器，吃五穀生肖可用			
臼	米具、吃五穀生肖可用		酉/辛/金/隹/烏	藏雞
			西/白	雞影（藏雞）
黽（繩的右邊）	食肉生肖可用		羽/飛/兆/非	雞翅（影射雞）
鼎	鼎>煮肉之器，			
	食肉生肖可用，		至	鼠可用
	（亥、丑、未用之代表祭祀犧牲）		正	上下顛倒、忐忑、善變、心性不定。

			吟	呻吟
魚	食肉生肖可用		毋	母
			而	=且=乃>再一次
瓜	水果，猴子最好，吃水果生肖次之		金的下部	印信>為王
			彐	開口吃
爭	虎		夊	出頭、腳開開
舟	出頭、午馬<丹為紅、午火、另舟=車=馬>		襾	西>金
南	馬		方	口
袁的下半	猴		目	張眼
成	戌		工	做工，勞心勞力
豸	豬		镸	長
屯	=丘=谷=小虎		勿（昜下部）	
四	兔		彑（彙）	冠冕
耒	藏羊		身	帶入自己生肖

第三節　姓與名字，如何診斷其屬性

大姓

看前世因、承傳、祖德、祖產（屬大偏財）、甜、名。

1歲～20歲大運，1歲～25歲運勢、眉宇以上，咽喉以上。

陽邊論父、男性長輩、科名、社會地位、賺錢型態、男女外型甜否、老闆名、左腦、形象、正印。

不陰不陽邊論伯叔姑嬸、舅姨、父母平輩、智慧、思考能力、與第六感有關。

陰邊論母、女性長輩、娘家關係、幕僚、腦神經、右腦、偏印。

名一

看今世、自我、努力、平輩人際、社會位階、美、情。

21歲～40歲大運，16歲～45歲運勢、眉宇到鼻息、咽喉至肚臍（含雙手）、六歲前影響父母的感情。

陽邊論兄弟、男性朋友、外在表達、女性之夫、夫妻感情、男女外型美帥否，老闆運，人際關係、賺錢慾望（屬正財）。

不陰不陽邊論心性、自信、膽識、膽量、肝、膽。

陰邊論姊妹、女性朋友、男性之妻、夫妻緣份、是否陽奉陰違、內心世界。

名二　看來世、結果、晚輩情、財、賺錢能力、媚、陰財（屬投機財）。
41歲～60歲大運，36歲～65歲運勢、鼻息到咽喉、肚臍以下部位、六歲前影響父母財運。

陽邊論兒子、妻助、男子氣概、女性魅力、賺錢能力、不動產、衣服、事業、老闆命、皮、卵巢、腎、左腳、陽宅、不動產。

不陰不陽邊論投資、投機、股票、期貨、珠寶、女婿、媳婦、筋。

陰邊論女兒、女性晚輩、現金、財庫、性能力、福德、食祿、潛在能力、妻助（妻財、妻德）、子宮、肉、右腳。

姓名名二陽邊是看事業，陰邊是看收入，如果陽邊好、陰邊不好，叫「貴而不富」，如果陽邊不好、陰邊好，叫「富而不貴」，如果陽邊、陰邊皆好，叫「富貴雙全」，若大姓又好，那就叫「名利雙收」。

單看財運與事業的話，名二可以考慮用剋出的字，才能創造大事業，但事業好其他的未必是好，中國人講中庸之道，才能面面俱到。

例如

生肖亥豬、子鼠：名二用火字部首，如燦、榮、瑩、炎、炫……。

生肖丑牛、辰龍：名二用水字部首，如湧、永、淋、沐、汎……。
生肖寅虎、卯兔：名二用用土字部首，如桂、佳、坤、均、坊……。
生肖巳蛇、午馬、未羊、戌狗：名二用金字部首，如金、錦、銀、鈺、釗……。
生肖申猴、酉雞：名二用木字部首，如林、森、枝、村、杜……。

文字的力量來自於自體本身的結構，上下組合間的關係，形成千變萬化的組合力量，所以讀者們須詳細研究後再使用，才不會誤用名字，而取了一個不適合的名字。

第四節　用三才五格法，診斷其屬性

所謂三才即指：天格、人格、地格

所謂五格即指：三才再加上外格與總格，統稱為五格。五格在姓名學中最基本的概念如下。

天格：一般而言，因姓氏為與生俱來，並無法將其做變更，因此天格之數理本身並無特別的好壞之分，但卻可用來推斷與父母長上之關係。

人格：是一個人姓名的中心，也是研究姓名的重心，一般稱之為主運格，因為人一生的命運，都用其他各格與人格的各種關係來推斷。

地格：是為前運，主中年以前之各種狀況。既然稱之為前運，則其影響一生命運的走勢就非常之大，與人格之各種配置左右了各種吉凶，亦可評斷其與子女、晚輩、下屬的關係。

總格：是為後運，主中年到晚年的運途。

外格：是為副運，可用來論斷個人與他人，包括朋友、同事、夫妻的關係，也可論斷與社會互動的關係。

五格之間相互關係亦可以進一步再細看在不同年齡期間的影響力

12歲以前 看天格、地格運之關係
13～24歲 看人格、地格運之關係
25～36歲 看人格、外格運之關係
37～48歲 看人格、天格運之關係
49歲以後 看人格、總格運之關係

一、天格數算法：

◎單姓者，以姓氏筆劃數再加1即為天格數
蔡佳林，蔡17劃，所以天格為17＋1＝18劃
◎複姓者，以姓氏兩個字筆畫數之總和為天格之數
歐陽佳林，歐15劃，陽17劃，所以天格為15＋17＝32劃

二、人格數算法：

◎單姓者，姓氏之筆劃數加上名字的第一個字筆劃數總和即為人格數
佳為8劃，所以蔡佳林人格為17＋8＝25劃
◎複姓者，人格數理是：複姓的第二個字筆劃數＋名的第一個字筆劃數
歐陽佳林的人格是陽32劃＋佳8劃＝40劃

三、地格數算法：

◎單字名者，以名字筆劃數加1即為地格之數

蔡林，其地格為林8劃+1=9劃

◎複字名者，就以名字總筆劃數為地格數

蔡佳林，佳8劃，林8劃，所以地格為8+8=16劃

四、外格數算法：

◎單名單姓者外格數都是2劃

蔡林，其外格為2

◎單姓複名者以名字最後一字加1劃為外格之數

蔡佳林，林8劃+1=外格為9劃

◎複姓複名者以姓第一個字筆劃數+名字最後一字之筆劃數為外格之數

歐陽佳林的外格是歐15劃+林8劃=23劃

五、總格數算法：

姓與名字之總筆劃數相加即是

蔡林，總格為25劃

蔡佳林，總格為33劃

歐陽佳林，總格為48劃

單姓複名

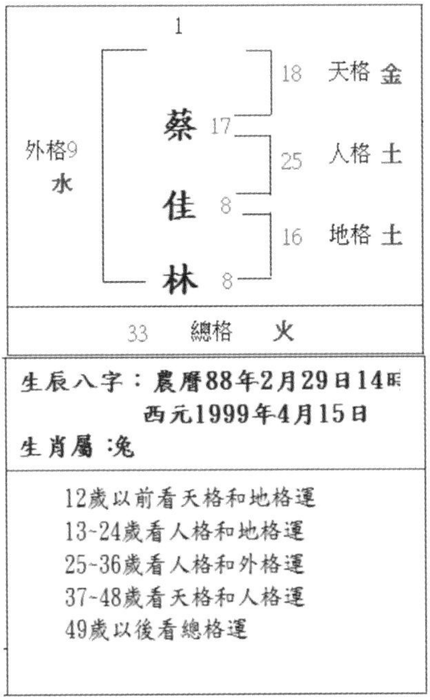

單姓單名

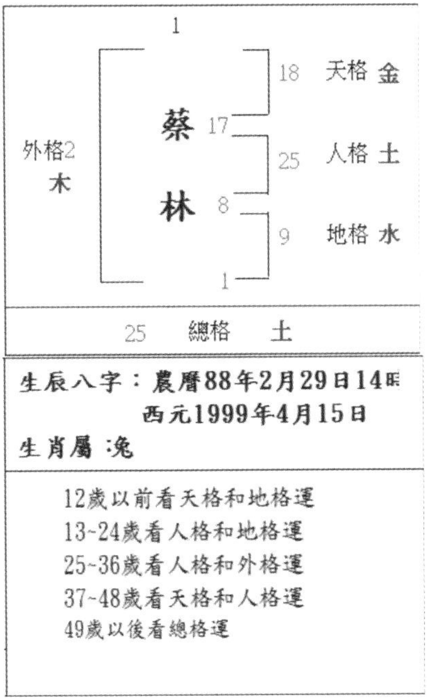

複姓單名

	歐 15	32	天格	木
外格16 土	陽 17	40	人格	水
	林 8	9	地格	水
	1			

40 總格 水

生辰八字：農曆88年2月29日14時
西元1999年4月15日
生肖屬：兔

12歲以前看天格和地格運
13~24歲看人格和地格運
25~36歲看人格和外格運
37~48歲看天格和人格運
49歲以後看總格運

複姓複名

	歐 15	32	天格	木
外格23 火	陽 17	40	人格	水
	佳 8	16	地格	土
	林 8			

48 總格 金

生辰八字：農曆88年2月29日14時
西元1999年4月15日
生肖屬：兔

12歲以前看天格和地格運
13~24歲看人格和地格運
25~36歲看人格和外格運
37~48歲看天格和人格運
49歲以後看總格運

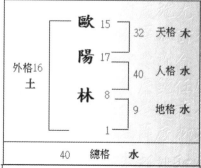

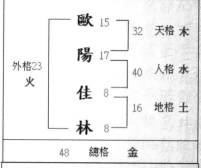

第五節　用八十一靈動數，診斷其屬性

宇宙萬物源起於數，生命進化亦繫於數，科學之發展亦基於數，數始於一而終於十，終而復一，周而復始，循環無窮，組合不一，結果即異，此乃宇宙變化，生生不息，變化無窮之數理靈動。

數有單一之變化、組合之變化，或疾或徐，可慢如牛步，亦可迅如電光石火，而其運用之領域與方法也各有不同，然萬變不離其宗，數不論在科學或哲學方面，皆具有深奧之理，在現今科技電腦進步的時代，亦不能一分一秒離開數理的運用。

在姓名學領域上的理論與應用，當然也離不開數字，凡事均有好與壞，有正有負，有陰有陽，有吉有凶，是故在此以姓名文字所表示之數稱謂「數理」。而五術命理姓名學之運用，數以十為盈，則與零同之，因此產生九乘九的八十一數，其數之組合靈動即產生有吉凶暗示及其某種程度的吉凶誘導力。其靈動力乃各格之各數，互相接觸，而產生各種變化，非單一格或吉凶之數理就可判斷，必須查考各格之數，及綜和全部之數理，然後才可以判斷其吉凶。

然而筆者在過去多年的姓名學領域中，對於單純使用八十一靈動數的驗證度並不高，因為它真的太過粗糙了！一個好的姓名必須綜合多派的姓名學理論，架構出符合每一個人的先

天八字所特別量身訂做的好名，方能真正做到「先天八字，後天三字」相輔相成的最佳搭配，期能讓姓名對人產生效果最佳的輔佐作用。在下一章中有較精闢的探討，但數理畢竟有它的價值性，本書特別把八十一靈動數做一個分類整理，期能讓大家在從事命名改名時更方便應用。

八十一劃靈動數，絕不能單一論斷姓名學，必須用八字喜用、六親十神、生肖及三才五格姓名學為主，八十一劃靈動數為輔。

◎吉數運數：

1、3、5、6、7、8、11、13、15、16、17、18、21、23、24、25、31、32、33、35、37、39、41、45、47、48、52、63、65、67、68、73、81。

◎次吉祥運數（代表多少有些障礙，但能獲得吉運）：

6、17、26、27、29、38、49、51、55、58、71、73、75。

◎凶數運數（代表逆境、沉浮、薄弱、病難、困難、多災等）：

2、4、9、10、12、14、19、20、22、28、30、34、36、40、42、43、44、46、50、53、54、56、59、60、62、64、66、69、70、72、74、76、77、78、79、80。

◎**女性孤寡運數（難覓夫君，家庭不和，夫妻兩虎相鬥，離婚，嚴重者夫妻一方早亡）：**

21、23、26、28、29、33、39。另外須注意21數的婦人多刑夫。

◎**孤獨運數（妻淩夫或夫剋妻，浮沉不定，一生黯淡，孤苦無依，難享天倫）：**

4、10、12、14、22、28、34。

◎**好色運數（具有此等數的男女多係性慾強大，尤其婦女容易發生紅杏出牆之事故）：**

17、21、23、26、27、23、33、43、52。

◎**最容易犯桃花劫的運數：**

7、9、10、17、19、20、22、26、34、36、44。

◎**風流運數（此數具善解人意之特性，男生易被女生接近並接受，女生交際手腕高，易淪於風塵）：**12、14、15、16、24、26、28、35、37、45。

◎**首領運數（智慧仁勇全備、立上位、能領導眾人）：**

3、13、16、21、23、29、31、37、39、41、45、47。

◎**富翁運數（多錢財、富貴、白手可獲鉅財）：**

15、16、24、29、32、33、41、52、67、

◎**藝能運數**（富有藝術天份，對審美、藝術、演藝、創新、體育有飛黃騰達之能）：

13、14、18、26、29、33、35、38、42、48。

◎**女德運數**（具有婦德，品行溫良，孝順父母，相夫愛子）：

5、6、11、13、15、16、24、32、35。

◎**孤獨運暗示數**（妻凌夫或夫剋妻）：

4、10、12、14、22、28、34。

◎**雙妻運數**：

5、6、15、16、32、39、41。

◎**剛性運數**（性剛固執、意氣用事、易與人不和、誤會衝突、刑傷）：

7、9、10、12、14、17、18、25、27、28、40。

◎**溫和運暗示數**（性情溫順平和、處事圓融、能得上下信望、威望顯達）：

5、6、11、15、16、24、31、32、35。

◎**美艷數運**（美艷漂亮、魅力強、桃花運強，但感情運與子女運都不好，男女皆有情色之災）：

4、12、14、22。

◎**短命運數**（**最兇惡之短命數，姓名除天格之外的四格中有此數者，禍劫臨身，家破人亡，必陷於不幸**）**：**

4、9、10、19、20、30、34、44。

◎**柔弱運數**（**缺乏勇氣，無奮鬥進取，一生無成，晚景淒涼**）**：**

12、14、22、32、42、56。

◎**流血運數**（**破滅之意濃厚，難免家庭的破滅**）**：**

34。

◎**遭難運數**（**易受誹謗、遭難、刑罪或招生死離別之禍**）**：**

27、28。

◎**愛嬌運數**（**女子愛嬌之特質**）**：**

人格有15、19、24、25等數，或總格有32、42數者。

◎**破壞運數**（**男子之姓名四格中有這些數者，大都具有品行不良之傾向**）**：**

20、36、40。

◎危險運數（**帶來厄運，嚴重者將會命喪黃泉、發狂、家庭破碎、意外災難、牢獄之災、破產、妻離子散、流浪天涯、有路無厝、重病纏身、精神錯亂、自殺、血光之災、小人構陷等之人生悲劇發生**）**：**

4、9、10、19、20、28、34、40、44、46。

◎人際運數（**三個字的姓名，只要是最後的一個字的筆劃數為下列數，不但會造成意外傷害，還會阻礙到人際關係的建立**）**：**

1、3、8、9、11、13、18、19、21、27等數。

古時候的封建社會裡，男女有別，男重事業，女重家庭，春秋禮數分寸鮮明，因此數理靈動用在姓名學上，有男女之別，一般女生喜歡選擇溫和的數理，比較不宜選擇剛強固執的數理。

◎溫和運數（**活潑健康、聰明伶俐、相夫教子，家庭幸福**）**：**

3、5、6、11、13、15、16、24、31、35、41、45、52、61、63、65。

◎女忌運數（**家庭緣薄、家運不興、夫妻不睦、不助夫運，缺乏子息**）**：**

4、9、12、14、17、19、20、21、22、23、26、28、29、33、36、39、43、44、46、53、54、56、60、64、66、69、70、76、79。

第六節　姓名之五行與八字喜用

八字之五行與喜用，在姓名學的格局架構中甚為重要，懂八字的人一般不會有問題。本書特別用一些方法讓未學過八字的人，也能八九不離十的找出一般八字中的喜用神，期能命出一個好名字！

數理與五行

凡筆劃數為1或2者，其五行屬性為「木」。

凡筆劃數為3或4者，其五行屬性為「火」。

凡筆劃數為5或6者，其五行屬性為「土」。

凡筆劃數為7或8者，其五行屬性為「金」。

凡筆劃數為9或0者，其五行屬性為「水」。

上述所說的筆劃數是指尾數而言，如人格筆劃數為6、16、26劃，則其人格五行屬性為土，如總格筆劃數為9、19、29劃，則其總格五行屬性為水。

五行木、火、土、金、水間的生剋關係如下圖所示：

五行生剋圖

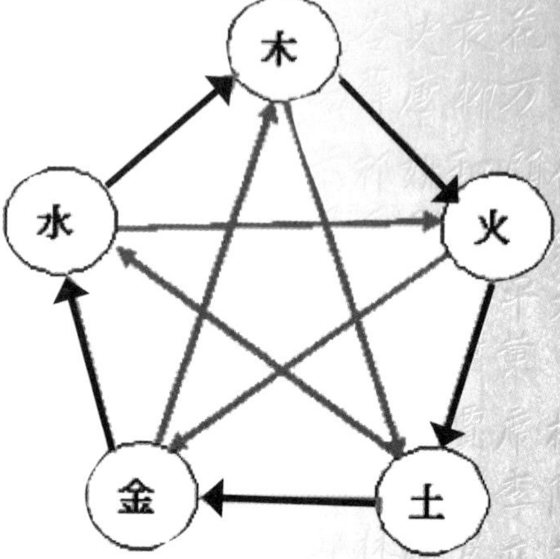

深色箭頭線為生：木生火，火生土，土生金，金生水，水生木。
淺色箭頭線為剋：木剋土，土剋水，水剋火，火剋金，金剋木。

八字為上天給予每個人的先天命數，稱為先天命。

八字也叫四柱（年柱、月柱、日柱、時柱），每柱兩個字，上為天干（甲、乙、丙、丁、戊、己、庚、辛、壬、癸），下為地支（子、丑、寅、卯、辰、巳、午、未、申、酉、戌、亥），正好八個字，所以稱為「八字」，如下所示：

某人的生日為：**西元 1975 年 11 月 19 日子時出生**（農曆 64 年 10 月 17 日）

則其八字為：乙卯年　丁亥月　己巳日　甲子時。

而日柱的天干為其日元，或稱日干或日主，此人的日元為「己土」，八字上則稱此人為「己土命」。

時柱	日柱	月柱	年柱
	◎		
甲子	己巳	丁亥	乙卯

因為由天干地支所組合成的這八個字，每個人都不同，所以每個人的五行過旺與欠缺也就不同，這過旺與欠缺的五行都將一生跟隨著你，影響你的個性、人際關係、事業財富、身體健康、婚姻感情……等等一生的榮枯。而名字乃是後天所取，必須把握這個良機，去把先天俱來的有缺點的八字予以彌補強化，過旺的要予以宣洩，稱為後天運。所以才會有「先天八字，後天三字」這句話。

一般而言，在姓名的五格中，「人格跟總格」，或者「人格」，或者「總格」必須架構你八字的喜用神！

然而，在姓名的五格中，五行的配置不可偏枯，不能全生，也不能全剋。例如五格中都是金，或都是水，或全都是木，這是不行的。五格中都是金剋木，或水剋火，也是不可以。又五格中都是木生火，或是土生金，也是不可以的。

第七節　八字喜用神命名法

（要知道本命之喜用神，請至 www.abab.com.tw 下載免費版八字軟體。

既然姓名是建構在八字的先天上，喜用神的運用當然是非常重要的。八字的用神不外乎生、扶、抑、制、洩。

所謂用神，就是八字中對日干來說，具有補弊救偏或促進助成作用的一種五行、四柱命局以用神為核心，用神健全有力與否，影響人一生的命；一生補救與否，影響人一生的運，凡用神之力不足，四柱中有生助用神者，或四柱刑沖剋害用神而能化凶神、制凶神者，就是喜神、四柱沒有喜用神，就得靠行運流年來補，對於命局五行較為平衡，用神不太緊缺的四柱，其一生較為平順，無大起大落、日主如果通根則有氣，例如下列所示，日主出生在其通根的月份就有氣：

日主天干五行	出生的三會月份	出生的三合月份
甲、乙木	寅、卯、辰月	亥、卯、未月
丙、丁火	巳、午、未月	寅、午、戌月
戊、己土		
庚、辛金	申、酉、戌月	巳、酉、丑月
壬、癸水	亥、子、丑月	申、子、辰月

日主之衰旺強弱，衰旺係指月令五行之氣而言，得時秉令為旺，失時失令為衰。強弱從生助而言，生助多則強，生助寡則弱，強弱統觀四柱而言。

(1) 旺而強者，日主得時秉令，而四柱多生助之神。

(2) 旺而弱者，日主得時秉令，而四柱多剋、盜、洩之神。

(3) 衰而強者，日主休囚失時，而四柱多生助之神。

(4) 衰而弱者，日主休囚失時，而四柱多剋、盜、洩之神。

如木生於春，火生於夏，金生於秋，水生於冬，土生於四季的季月，皆可謂日主得時秉令。

先看是否得令（月），次看得時（時），再看得地（日），後看得勢（年）。

用神可分為四種：

(1) 扶抑用神
(2) 通關用神
(3) 調候用神
(4) 病藥用神

(1) 扶抑用神

如日主過弱，就宜生扶，生扶日主者，即為其喜用神。舉例：如日主為火太弱，則生扶以木，木若扶之太過，則用金制木。

如日主過強，就宜抑制，抑制日主者，即為其喜用神。舉例：如日主為火太強，則抑制以水，水若抑制太過，則用土制水。

(2) 通關用神

日主身弱為金，八字中又火重，以土來洩火又生日主，這叫做通關用神。

(3) 調候用神

五行有燥濕之分，四時有暖寒之別。命局炎燥喜濕潤，命局寒濕喜暖燠。此為專為冬月和夏月所生之命局開具的補氣良方，即冬令不可無火，而夏令不可無水，調候之用神也。

(4) 病藥用神

若八字中四柱皆土，遇日主為　木：盜身過重
火：洩身過重
土：身太強
金：土旺埋金
水：身太弱

上述狀況均以木為其喜用，為病藥用神。

用更一般的方法去知道自己的喜用神是什麼：

1、概論法

就是把八字當成一個整體，不必細分是哪個日干，概括論斷在整體上的一種喜用，特別是冬天和夏天出生的人普遍適應，因為冬天比較冷，需要火來取暖；夏天比較熱，需要冷氣降暑。春、秋則氣比較平，不如冬、夏明顯。

(1) 冬天出生的，八字沒有丙丁巳午火，以木火為喜用神。
(2) 夏天出生的，八字沒有壬癸亥子水，沒有庚辛申酉金，以金水為喜用神。
(3) 春天出生的，又多見甲乙寅卯木、壬癸亥子水，以土火金為喜用神。
(4) 秋天出生的，又多見庚辛申酉金、戊己辰戌丑未土，以水木為喜用神。

2、得令法

這個方法，其實就是分析八字的方法了，對八字基礎知識不是太瞭解的人，只能排出八字之後，按條件去對應，此法大致上的分析，普遍性還是適用的，少數一些命格不一定很正確，但對一個不懂八字的人，很具參考性。

1、日干為甲乙木：生於春天，以火土金為喜用神；生於夏天，以水木為喜用神；生於秋天，以水木為喜用神；生於冬天，以火金為喜用神；生於四季最後一月（即：辰、戌、丑、未月），以水木為喜用神。

2、日干為丙丁火：生於春天，以水土為喜用神；生於夏天，以金水為喜用神；生於秋天，以木火為喜用神；生於冬天，以木火土為喜用神；生於四季最後一月，以木火金為喜用神。

3、日干為戊己土：生於春天，以火土為喜用神；生於夏天，以金水木為喜用神；生於秋天，以火土為喜用神；生於冬天，以火土為喜用神；生於四季最後一月，以木金水為喜用神。

4、日干為庚辛金：生於春天，以土金為喜用神；生於夏天，以土水金為喜用神；生於秋天，以火木水為喜用神；生於冬天，以火土金為喜用神；生於四季最後一月，以水木火為喜用神。

5、日干為壬癸水：生於春天，以金水為喜用神；生於夏天，以金水為喜用神；生於秋天，以木火土為喜用神；生於冬天，以火木土為喜用神；生於四季最後一月，以金水為喜用神。

註：四季最後一月即是辰、戌、丑、未土月，一般是農曆的三、六、九、十二月。

3、經驗法

這個方法，也很實用，自己仔細去回想在過去幾年，每個人最真實的運氣好壞時段，總結一下自己的運氣，就可以大概知道自己的喜用神是什麼五行。此法適用性亦很高，就是經驗性的總結，然後直接帶入。

(1)上半年運氣比下半年好的人，可能是八字喜用神為木火的。
(2)下半年運氣比上半年好的人，可能是八字喜用神為金水的。
(3)上午、中午運氣比下午、晚上運氣好的人，可能八字喜用神是為木火的。
(4)下午、晚上運氣比上午、中午運氣好的人，可能八字喜用神是為金水的。
(5)虎、兔、龍、蛇、馬、羊這六年運氣，整體比猴、雞、狗、豬、鼠、牛這六年運氣好的人，可能八字喜用神為木火。
(6)猴、雞、狗、豬、鼠、牛這六年運氣，整體比虎、兔、龍、蛇、馬、羊這六年運氣好的人，可能八字喜用神為金水。

第八節　用八字之六親十神格論斷姓名

（要知道本命是什麼格局，請至（www.abab.com.tw）下載八字軟件（免費版）

喜用神架構好了之後，接下來就是要把你的六親十神，放入你的名字中了，依據你八字中十神的好壞強弱，把你要加強的十神予以佈置在姓名中，把你不想要的十神予以制化或宣洩其氣。

十神概論

十神即是：比肩、劫財、食神、傷官、正財、偏才、正官、七殺、正印、偏印的總稱。

命理學按月令透出之五行將八字分為食神格、傷官格、正財格、偏才格、正官格、七殺格、正印格、偏印格等。每種格局的人，或者八字中某種五行特別旺相者，其人為人處世都有一些明顯特徵，分述如下：

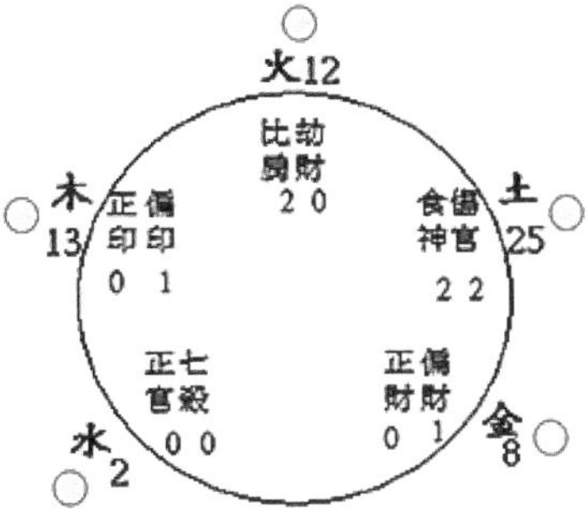

強弱：身強
星座：牡羊
忌神：火木
喜用神：金水
空亡：申酉辰巳
血型：
格局：傷官格
命宮：庚午
胎元：己未
胎息：壬辰
天運五行：土

出生後6年10個月又25天交大運

姓名	蔡佳林		性別	女
14	15	4	1999	西元
14	29	2	88	農曆
時	日	月	年	日期
比肩	日元	傷官	食神	主星
丁 火	丁 火	戊 土	己 土	天干
未 土	酉 金	辰 土	卯 木	地支
乙丁己	辛	癸乙戊	乙	藏
偏印 比肩 食神	偏財	七殺 偏印 傷官	偏印	副
冠帶 49-64	長生 33-48	衰 17-32	病 1-16	十二運星

地支：未、卯半三合；酉、辰合；辰、卯害；沖

八字中的比肩

【比肩基本特性】：比肩為幫扶日主之星，比肩之性又較為純正，為人穩健心細，做事腳踏實地，一絲不苟，比肩的人溫和而能堅持恆一，耐心忍耐，比肩的人善於精打細算。基本上，比肩在十神中偏向物質型。比肩之人自信自尊，好攀比，不服輸，人不犯我，我不犯人。競爭、耗財、口舌官非、婚姻不順。

【比肩發吉顯性】：多得兄弟姐妹、朋友助益，競爭中得名得利，富裕。

【比肩發凶顯性】：官非口舌、破財、病災、婚災。

八字中的劫財

【劫財基本特性】：劫財亦為幫扶日主之星，但是，劫財之性又較駁雜，做事不拘細節，天馬行空，我行我素；劫財的人浮躁卻又善變；劫財的人較浪費。劫財亦為物質型十神。自信，武斷，鬥志高昂，以行動解決問題；投機取巧，野心勃勃，人不犯我，我也犯人，辦事不達目的，誓不甘休，打架鬥毆、官災牢獄，破財、剋妻剋夫、剋父，競爭奮鬥。

【劫財發吉顯性】：意志堅強、競爭得利、事業有成。

【劫財發凶顯性】：打架鬥毆、偷盜搶劫、官災牢獄，破財病災、剋妻、剋夫、剋父。

八字中的食神

【食神基本特性】：食神為長壽之星、生財之星、娛樂歌舞之星。性情溫和，行事穩健，對人誠懇厚道，喜歡吃喝，歌舞娛樂；食神格的人大都比較現實，利益重於友情，有時過於勢利而惹人厭；食神旺的人較聰明，多數人會自以為是，恃才傲物，行事較能專一，且持之以恆，雄心內斂而不外露。食神為精神型十神。聰明仁慈，通情達理，和氣生財、與世無爭。平安、福氣、口福、娛樂、運動、才華、財源。

【食神發吉顯性】：平安、福氣、多才多藝、經濟條件好、身體健康。

【食神發凶顯性】：疾病、勞累、貧困。

八字中的傷官

【傷官基本特性】：傷官為洩秀嶄露才華之星，主聰明而自負，思維敏捷，反應迅速，性格外露，表達能力強；傷官太旺者，好吹噓，我行我素，展露才華，狂傲乖張，言語尖銳，氣量狹小是其主要特點，慾望強烈永不滿足。

【傷官發吉顯性】：才華、洩秀、多才多藝、技術方面較易有成果。

【傷官發凶顯性】：傷病災、降職失業、不利事業，婚姻感情。

八字中的正財

【正財基本特性】：行事穩健保守，低調不張揚，腳踏實地，樸素無虛華，注重家庭，非大男人主義，喜歡做家事，不注重享受，做事仔細，謹慎有耐心，誠實講信用，一步一腳印，認為成功必須努力。

【正財發吉顯性】：積蓄、節儉、財富、健康、賢妻、事業有成。

【正財發凶顯性】：破財、辛苦、疾病、婚變。

八字中的偏財

【偏財基本特性】：為人慷慨大方，喜歡逞強好勝出風頭，有一擲千金的氣概，因此人緣還不錯，酒肉朋友多，喜以投機取巧方式賺取錢財，喜歡賺大錢，一夜致富，錢財、才華、事業，吃喝玩樂。

【偏財發吉顯性】：財富、事業有成、多才多藝、四海之內皆兄弟。

【偏財發凶顯性】：貧困、疾病、婚變、玩世不恭、鋪張浪費。

八字中的正官

【正官基本特性】：遵守紀律，法治規章，寡言持重，行事拘謹，上進心強，長幼有序，尊重體制，為人正直，做事條理分明，數理分析強，頭腦冷靜理性。

【正官發吉顯性】：擁有名聲、地位、權力、事業。

【正官發凶顯性】：行為隨便、不拘小節、我行我素、內心壓力、慢性病、貧賤、失業。

八字中的七殺

【七殺基本特性】：七殺為小人，為鬼，武星，暴力，好勇鬥狠，詭計多端，為達目的不擇手段，重權力利益，寡廉鮮恥，喜歡玩弄權術，駕馭他人，名利重於一切，兩性關係氾濫。

【七殺發吉顯性】：有勇有謀、為王、名聲、地位、權力、事業。

【七殺發凶顯性】：性情暴躁、為寇、傷殘、疾病、牢獄、爭鬥、小人、貧賤。

八字中的正印

【正印基本特性】：正印屬文星，主學業和榮譽、官位。正印旺者，可以得到上級或長輩的關照，依賴心較重，虛偽做作，理想主義之幻想型，實踐能力弱。

【正印發吉顯性】：成績好學歷佳、榮譽、地位、靠山、貴人。

【正印發凶顯性】：輟學、失業、懶惰、損名、貧窮、疾病。

八字中的偏印

【偏印基本特性】：偏印亦為文星，主學業和榮譽、地位，印旺者，可以得到上級或長輩的關照，善於巴結上司，討好長輩，偏印為人果敢取巧，敢做敢當，偏印注重實效，亦善於投機鑽營。

【偏印發吉顯性】：貴人、福氣、成就、學術、榮譽、地位。

【偏印發凶顯性】：喪志、病災、偏執怪誕、不穩定、破財、休學、失業。

十神生剋圖

日主（日主）

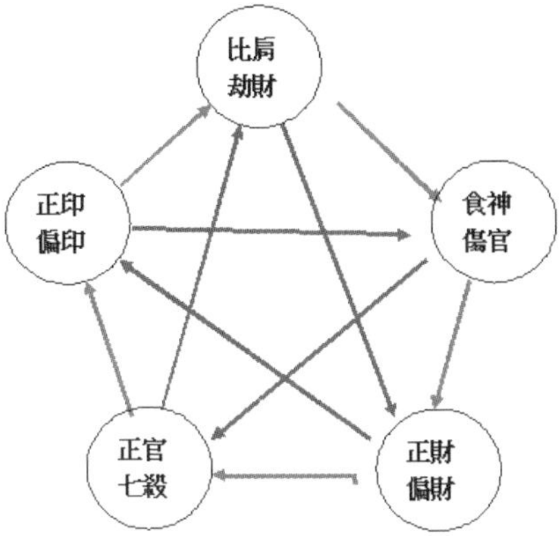

外圈箭頭線為生：比劫生食傷，食傷生財，財生官殺，官殺生印，印生比劫。

內圈箭頭線為剋：比劫剋財，財剋印，印剋食傷，食傷剋官殺，官殺剋比劫。

第三章

姓名學取名禁忌法則

百家姓　北宋初年著于錢塘

趙錢孫李　周吳鄭王　馮陳褚衛　蔣沈韓楊
朱秦尤許　何呂施張　孔曹嚴華　金魏陶姜
戚謝鄒喻　柏水竇章　雲蘇潘葛　奚范彭郎
魯韋昌馬　苗鳳花方　俞任袁柳　酆鮑史唐
費廉岑薛　雷賀倪湯　滕殷羅畢　郝鄔安常
樂于時傅　皮卞齊康　伍餘元卜　顧孟平黃
和穆蕭尹　姚邵湛汪　祁毛禹狄　米貝明臧
計伏成戴　談宋茅龐　熊紀舒屈　項祝董梁
杜阮藍閔　席季麻強　賈路婁危　江童顏郭
梅盛林刁　鐘徐邱駱　高夏蔡田　樊胡凌霍
虞萬支柯　昝管盧莫　經房裘繆　干解應宗
丁宣賁鄧　郁單杭洪　包諸左石　崔吉鈕龔
程嵇邢滑　裴陸榮翁　荀羊於惠　甄麴家封
芮羿儲靳　汲邴糜松　井段富巫　烏焦巴弓
牧隗山谷　車侯宓蓬　全郗班仰　秋仲伊宮
寧仇欒暴　甘鈄厲戎　祖武符劉　景詹束龍
葉幸司韶　郜黎薊薄　印宿白懷　蒲邰從鄂
索咸籍賴　卓藺屠蒙　池喬陰鬱　胥能蒼雙

第三章

姓名學取名禁忌法則

姓名學在取名時，有很多要注意的禁忌法則，不能不知，否則取出來的名字不但不能對你的人生有所裨益，相反的，如果犯了這些禁忌，會帶來負面的不良結果。

第一節　文字姓名對命運的影響力

中國的文字源自於象形體，從甲骨文、金文、古文，至周朝後演變成大篆、小篆，漢朝以後演變成楷書、行書、草書等各種文體，由此可見文字隨著朝代不同，筆劃數也跟著改變，怎麼可用固定的筆劃數去論會演變的文字，可見筆劃學術的破綻百出外，更有男用女字、女用男字簡直亂了套。

製字先師倉頡，倉頡造字之時，仰則觀天象，俯察於地，觀鳥獸之紋，與地之宜，進取諸身，遠取諸物，以通神明之德，以類萬物之情，結合五行、八卦而創造文字，每一個字均有其典故與由來，其一筆一劃含有天地間之靈動力與影響力。後代的人把文字歸納為【六書：象形、指事、會意、形聲、轉注、假借】等六種造字的由來，孔子曾說：「人如其名。」又說：「聞其名，知其性；觀其眸，知其心。」證明名字的影響力，確實是存在的！取名有禁忌，好壞在其中，姓名本來就與文字有密切的關係，還需六韜堪天輿地之哲理詮釋及六十甲子納音，陰陽消長三分增一，三分損一的原理，再避用語音八煞及罡氣文字，這樣取名才合乎邏輯。

文字即是符，經常被人叫就是咒，所以名字就如同符咒一般。一個好的名字，叫的人越多，會越旺；一個壞的名字，叫的人越多，就會越衰。既然姓名文化積厚留光，自然有它的道理存在。

第二節　一般取名禁忌法則

一、命名不可犯上

取名字須符合春秋禮數，人倫之道。不能與父母親的名字有一樣的字，還有祖父母、舅舅及舅媽都不能同字或同音，用了代表犯上。

古法有云：「天上天公，地下母舅公」，所以不可用與此類長輩姓名同字或同音字做為名字，否則易形成意外多災，其格局也會受限。倘若犯上，其名字的破壞力，容易讓人諸事不順，一事無成，甚至發生意外，或在臨門一腳的時候出問題（無論國語或閩南語，同音同字都不行）。只是長輩界定於，主要是指「祖父母，外祖父母」及「父、母」，也包括親母舅及舅媽，其他如：伯、叔、嬸、姑、姨等均不在此限。

二、忌用怪僻字取名

「怪僻」字比「繁難」字更少見，因而更難認識和理解。所謂「怪」，即罕見為怪；罕見便不認識。

所謂「僻」，即不常遇到，人跡罕至；不常遇到也望洋興嘆。「怪僻」字是離開字典大家都不認識的字，用這樣的字取名字的確是有故意找麻煩的意味，這種做法自然會受到多數人的反對。注意：冷僻文字易造成懷才不遇，盡量不用。

三、忌用繞口字取名

有些名字讀起來費勁、聽起來吃力，搞不好就會讀錯、聽錯。原因何在？取名用字拗口，幾乎成了「繞口令」。

如令州鳩、紀機基、孫州仇、夏亞一、金進欽、周嘯潮、胡富芬、耿精忠、姜嘉鏘、張昌商、陳真仁、胡楚夫、陳雲林、呂勵芝、傅築富等。

四、忌用貶義詞取名

名字應當音、義、形兼美。用「貶義」詞取名，不符合「義美」的要求，因而應當忌用。但是，從古至今，用「貶義」詞取名的現象層出不窮，這是應當引起注意的。

讓我們先看一下用「貶義」詞取名的典型例子：希卑、慎揆、唐士恥、鄭葩才等，這些名字的「貶義」鮮明，一望即知，不必解釋。還有一類是需要略加評點的，如史（失）策、胡篤（糊塗）。

五、忌用諧音取名

劉產、梅月京、范健、姬崇良、范統、曾建仁、秦壽生、龐光、杜棋言、魏昇紫、沈晶柄、杜子騰、歐品康、史珍香。

六、忌用狂妄字取名

取名用字不能太狂妄，太放肆。

因為狂妄、放肆是缺乏修養的表現，它不僅是一種自我暴露，而且也是對他人的不敬，容易引起反感。古代用「狂妄」字取名的如強梁、張元勳、李存霸、史萬歲、阮萬齡等；現代用「狂妄」字取名的有、冠雄、震球、震寰、震宇、人傑、冠英、天寶……所以，名字不要以狂妄、放肆為「美」，那實際上是一種「醜」，同時也是給自己的一生承受沉重的壓力，這就是取名忌用「狂妄」字的道理。

七、忌用粗野字取名

粗與細是相對的，野與文是相對的。所謂「粗野」字就是粗糙的未經加工的帶有原始味道的字詞。

美的名字應當是一件精緻玲瓏的藝術品，「粗野」是與它格格不入的。它是用詞粗魯、俗氣、未經加工。如番薯、狗蛋、野貓、牛仔、石頭、黑孩、毛妹等。

八、不用「繁難」字取名

「繁」字是指筆劃多結構複雜的字，這樣的字寫起來麻煩又不好看。所以名字中繁字多了就會造成黑白失調、黑鴉鴉的一片，透不過氣來，令人產生憋悶感。「難」字是指不易認讀的字，也是不常用的字。這樣的字一般人不認識，既不會讀，也不理解它的意思。用這種字取名字，就會影響交流，妨礙名字社交功能的發揮。

九、名二（名字的第三字）應避免用蹩腳字形

否則易造成勞而無獲，晚年辛苦，忙碌一生，終究兩手空空。例如：貞，英、瑛、美、典、棋、祺。

十、應避免用單名（男女皆同）

易造成勞碌又不聚財。

十一、男名禁忌

如古聖三公（三官大帝）：堯、舜、禹這三個字，都屬於平民百姓禁用的文字。以前皇帝

名如：康熙、雍正，乾隆，歷代如李世民（唐太宗）、朱元璋（明太祖）等等，我們是平凡人，都要避免使用。

十二、女名禁忌

1、女生忌用「曼、宛、玉、萍、枝、梅、霜、雪、月、霞、貞、亭、冰、夏、冬」等文字，因這些文字皆帶有冷傲、孤獨、淒涼之意境，勞碌不休，肩挑萬擔，易有剋夫、剋子、晚年孤獨或健康不佳之狀況。

2、女人忌用男性化名字，有如女人當男人用，常要挑起家庭責任，性格男性化，感情婚姻路難走。女人能力強，男人得輕鬆，先生不像樣，太太哭倒牆。

第三節　字音、字義選擇

一、字音選擇

1、避免姓和名的聲母、韻母相同，如「汪文微」，「包波邦」。

2、避免姓名的字音與不雅之詞語諧音。如李思、韓淵、史詩、杜子達等名字，看字義都很文雅，但容易在口語裡讀成你死、喊冤、死屍、肚子大等。

3、避免姓名的四聲相同，如柳景選，全是三聲，張湘霜，全是一聲，讀起來不順口。

上述三點，第二點一定要避免使用，第一、三點則還好。

二、字形字義選擇

1、不要用太俗的字，如：張三、楊偉、柯淑芬等。

2、不要取太洋化的名字，如：喬治、亨利、約翰等。

3、不要用太冷僻的字，如：周鞫。

4、筆劃不宜太多。

5、名字的部首、偏旁要避免相同，如：江潮源、佟倔修、林桂霖、鐘銘鈞。

第四章 姓名學忌用的字

百家姓
北宋初年著于錢塘

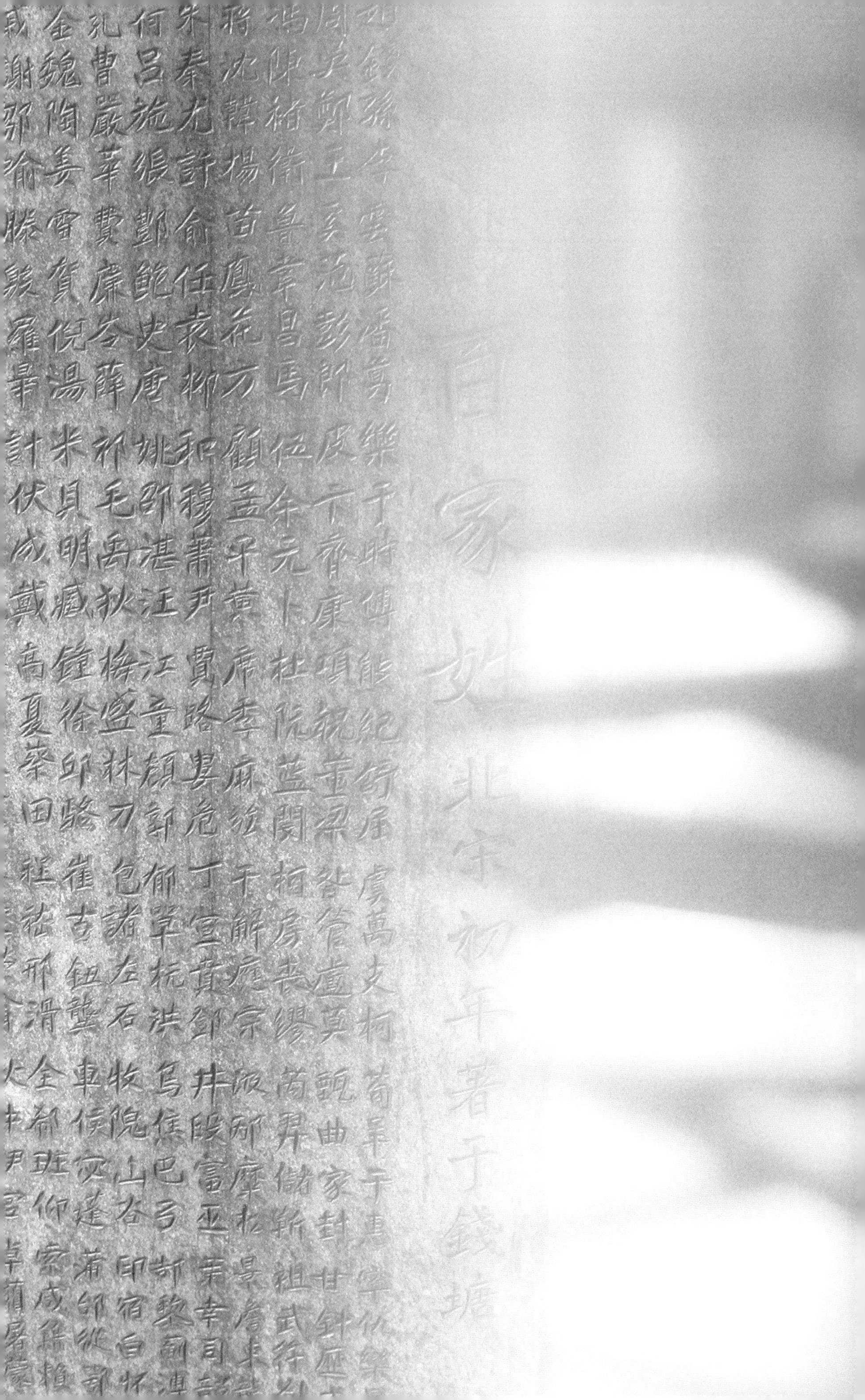

第四章

姓名學忌用的字

姓名學的用字是很特別的，很多字在一般文章中或日常生活中是不錯的字，但在姓名學中卻是非常不好的字。

例如：「正」字，表示心性不穩定，不輕易相信別人，人際關係欠佳，一生起伏較大。

「明」字，表日月反背，衝突，心性陰晴不定，一生都較不穩定。

「淑」字，表遇人不淑，一生追逐，但結果仍令人失望。

因此本章特別提出這些特別文字，讓要取名的讀者，盡量避免使用。

第一節　名字中忌用的字

你的名字如果同時剛好有下列兩個字，則會有下列現象：

- 大部份工作與事業都比較容易遭受挫折
- 健康條件都較差，身體都比較容易病痛
- 為人處事不夠穩重
- 個性和情緒上都比較容易衝動
- 心理思想上都比較幼稚不成熟
- 財運上都比較不容易守成，財來財去一場夢
- 男女關係衝突多
- 感情婚姻上比較不容易和諧
- 意外傷害開刀、車禍、血光之災
- 貴人遠離，容易犯小人

斌、烈、國、慶、麗、秀、玲、莉、鈴、伶、珍、素、辰、銘、民、琴、雪、助、聰、瑞、儒、慧、君、宇、岳、展、勝、勤、勳、勇、津、建、貞、真、靜、樑、娥、愛、威、成、盛、城、盈、益、義、儀、磊、勉、瑜、偉、緯、瑋、文、涵、郁、芬、岱……

以下這些名字都是任何人都禁用的名字

霜、雪、慈、蓉、容、月、枝、梅、冬、霞、貞、冰、夏、雅、涵、孟、熙、震、宜、心、曉、紫、乙、山、燕、云、勻、芬、男、睿、芮、靜、佐、佑、大、小、怡、長、辰、于、妤、玉、曼、宛……

這些字暗藏有刑偶傷子

水、戈、勻、正、玉、桃、川、凡、石、裕、怡、娟、卿、仲、茂、乃、王、月、日、天、王、守、先、州、克、枝、武、依、卓、洲、妍、若、紋、倩、勉、祥、超、勛、勤、煌、韶、興

字義暗藏有刑偶傷子，其配偶或子女可能健康不佳或成就格局不高。

台中有對夫妻，夫：丙申年◎文裕，妻：己亥年◎文玉

生有二男，長男23歲亡，次男17歲死

夫妻名字各有一字刑偶傷子，結論是白髮人送黑髮人，豈可不慎選名

這些字女人用到會薄倖多災

于、治、盈、卉、文、雪、洋、雲、鳳、寬、再、亮、省、滿、嬌

這些字隱藏有體弱多病多厄、身弱短壽

珠、絹、熙、滿、賜、嬌、賦、準、黛、鵬、琦、嚴、蘭、雲、豫、寶、繡、添、鑾、立、丁、士、淑、純、芬、如、玉……等字隱藏有身弱短壽。如台灣首富郭台銘之亡妻：林淑如，雖是千億富豪亦不能保住妻命

這些字是代表有雙妻格

由、仙、助、相、茂、章、振、彩、業、港、圖、福、動、聲、聰、川、子、天、王、木、石、壯、泉、洲、恩、桐

這些字會有刑剋雙親的現象

万、介、力、日、天、欽、勤、龍、泳、帥、禹、勁、祿、山、輝

第二節　名字要注重排行用字

此為特殊意義文字需知：關於「排行」的長幼之序

乾：八卦裡面的「乾」卦，代表老父。

震：代表長男。長子以外的兄弟用之則剋兄長，取代長男的地位。

冠：代表一家之主，一家之主泛指父親、長兄或丈夫。除了上述三者之外，冠字出現在名中者，會有剋長上的力量，假若女性用於名中，對父、兄、夫、長子四者皆剋。

乾、震、冠、伯：四個字只可用於長男。

伯、仲、叔、季：此乃排行用字的典範，依序：長男、次男、三男、四男，切不可錯用排序，否則長幼無序，家中必起爭執。

下面為取名時忌用之字

a、男忌用：堯、舜、禹、兒、熙、文、元、正、政

b、長輩名：乾、天、伯、叔、仲、坤

c、女忌用：春、枝、梅、霜、雪、霞、雲、花、娥、亞

d、歹命型：玉、素、秀、敏、貞、淑、琴、嬌、雲、麗、鳳

e、個性弱：坤、敏、清、淯、毓、有、海、朋、育

f、福份薄：文、亮、男、柔、力、真、益、英、光、美、克

h、不快樂：陽、光、哲、振、隆、充、克、友、亮、先

男女名禁忌

【堯、舜、禹】

古聖三公為民間信仰之「三官大帝」。古聖先賢的名諱，「堯」、「舜」、「禹」，民間節慶所敬拜的上元賜福天尊、中元郝報天尊、下元延壽天尊，也就是所謂的道教尊稱三界公、三官大帝，最好忌用之。

清朝雍正年間，有一位名將叫做「年羹堯」，是一位開疆闢土的武將，功高震主，到後來也是不得善終。所以如果使用偉人名諱，或許過程中很厲害，但結果往往讓親人傷心，最好也不要用，用者亦易導致意外禍事發生。

【仙、聖】

此類名字用之為犯上之格，一般人承受不了，易導致意外多災。

而其中聖字，除生肖為鼠的人用之損害性較少，其餘生肖需避免使用。

第三節　名字的字形也要很注意

【文】

為彎腳字根，大生肖視為追逐；小生肖為逃命。除猴、馬用之損害性較小，其餘需避免使用。會有懷才不遇、不定、不安的感受，同時平常的努力，在即將完成結果的時候，也會造成失敗的遺憾。

【「ㄨ」、「儿」、「八」】

這三個都是彎腳字根，如：又、文、貝、典、光、先、元、政、興、克、兒、真，必須依各生肖的喜忌而定。

【正】

為上下顛倒、不上不下、高不成低不就之意，心性不穩定，不輕易相信別人，人際關係欠佳，一生起伏較大。

【明】

為日、月，正沖反背之字，用之易心性不穩，起伏較大，除了龍、虎之生肖者，用之損害性較少，其餘生肖應避免用之，但最好都不要用。

【于】

「于」字中雖有自己之意，但字中藏有「子」字形，對生肖為蛇、馬、羊者屬禁用字。

【一】

這個字會暗藏惡疾，不得善終，因為「一」為「生的結束，死的開始」，所以萬萬不能用。

【中】

拆字後，除生肖雞尚可用之，其餘皆不理想。

【純】

會有愛情煩惱，或憂心勞神，或身弱多疾，除非萬不得已，否則不用。

【幸】

辛苦字型，會暗藏不順，盡量不要使用。

【如、汝】

「女」藏有汝之意，意即「我」，凡生肖為龍、馬、雞、豬者用之，即為自刑。

其五行亦須再論一次，如屬猴，則其五行再論一次金，形成金金相剋。

【京】

淒涼字型，會暗藏不祥，盡量不要使用。

【ㄙ】蹺腳字型

表安逸、穩定。

忌用生肖：龍、蛇、馬、雞。

喜用生肖：鼠、牛、虎、兔、羊、猴、狗、豬。

肖兔之人少用【卿】字，因為卯被分開，會與人共事一夫，或與人共用一妻。

肖龍之人少用【昌】，昌字兩個口，龍開口兩次，君無戲言，出現在第三字，可能娶二房。

男人第三字少用【雲】，雲變化多端不穩定，主事業錢財不穩定。

肖羊之人，用【秀】桃花多，第三字更是忌用秀，禾為人的主食，羊吃了會蹧蹋，而有再一次之意，代表蹧蹋感情，再找另一人，可能有外遇傾向，或離婚再嫁再娶。

【吟】字少用，有呻吟味道。

第四節　女孩子命名有哪些禁忌

女性忌用單名

雖少年老成，才華洋溢，明辨是非，但主一生勞碌，情字難行，財聚財散。

女用男名主勞碌

女性在命名時，應避免過剛、過強之字。因文字呈陽性，女性朋友用之則一生勞心，勞碌不休，肩挑萬擔，甚至會剋夫，要養家活口。結婚以後，一個家庭是由一個男主人和一個女主人組成，當女人要取代男人的時候，他的男人不是沒路用，就是在外常不在家。女人當男人用，這輩子不需要男人，一輩子婚姻感情的路會走得很辛苦。

女名忌用之字

【春、夏、冬、梅、雪、貞、霜、霞、露、冰、亭、枝、月】

這些字大多帶有冷傲、孤獨、短暫、無靠、淒涼之意，用之易有剋夫、剋子、晚年孤獨，或美好事物皆為短暫之意。這些寫照通常不是大家所希望的結果。如果用了這些字，也會對感情、錢財、健康產生一些不好的影響，尤其是疾病方面，多注意腎臟、膀胱、子宮、卵巢、腳等器官病變。晚年孤獨，健康不良等現象，也容易影響到婚姻幸福及婚後生活（兩夫妻會相聚少離別多），有福祿難全的現象。如霞、露等字意屬於稍縱即逝的美好事物，未婚時，也許表現不凡，人人稱羨，但結婚後容易有財富健康無法兩全狀況。

【亞、姿、伶、次】：

容易在感情上委曲求全。姿：為女性次女的意思（第二個女人），女性用之，則一輩子婚姻感情的路容易退位，心境上受委曲，先生易犯爛桃花。亞、次：為「第二」的字意，除非配偶是第二次婚姻，否則配偶多半易有桃花運，令本人心境受委曲，感情不順。伶：為藝妓名伶、侍妾之流，台語稱「細姨命」，心境上是一種美好的表象，委曲勞苦的內在感受。

【冰、冬、韋、爰】：

容易在心性上會有孤傲、冷酷之個性。韋、爰文字有孤僻、冷傲之意，用在名字裡個性和心境會有孤傲之氣，嚴重者造成自閉。冬、冰文字中帶有寒冷之意，用在名字裡會造成冷傲的個性與勞苦的心境，同時造成體質寒冷，健康狀況婦科不佳。

【淑、芬、花、萍、茹、雲、芳、真、美】

易勞而無獲之字，盡量避免使用字形含有刀字部的名字，如：芬、花此二字陰邊「逢人帶刀」，婦女容易子宮出問題，影射任何努力到最後都是為人作嫁，我們付出耕耘，別人等候收成，多半白忙一場，勞而無獲。茹、莠：「茹」字意為吃苦，含辛茹苦、茹毛飲血、艱辛困苦的味道，（莠）字意是雜草。萍、浮萍為無根之草，漂浮不定，隨波逐流，永遠沒有自己的方向，用在人的名字上，會讓一個人的命運喪失自己的方向，一輩子最終也是白忙一場。淑此字用於「名一」用字時，文字陽邊是「又」字根，奔跑之意，大動物在追逐，小動物在逃命，女性朋友用在感情時，代表付出卻得不到所愛，即使婚後，內心世界亦缺乏安全感，此字用於「名二」用字時，則會工作、事業不順。

以上任何字，用在人的名字裡，就是吃苦一生，婚姻感情、事業工作、錢財運等都會事與願違過一輩子。

【秀、英、美、琴】

女性朋友可用在名字中間字「名一」，用在「名二」用字時，均失去福氣，僅現其勞碌，容易勞而無獲。不喜置用於名字的末尾字。

【春、夏、桂、冬、靜】

桂：女人多災厄春：中年多災。夏：有愛情厄，中年有災。冬：中年多災。

靜：名字有「靜」字者如果用於名一，則會說話不客氣、不服輸、講話讓人不舒服、不會討老公歡心；如果用於名二，則會做事龜毛強勢、行為讓人不舒服、老公看了就火大，所以感情容易摩擦生變。

【茵、婥、渝】

茵：有如地毯，任人踐踏。婥：姿態柔美。這是一個「僻」字，但易有婦女病。

【渝】：這個字太消極。「渝」意思是違背，例如忠貞不渝、生死不渝。《說文》也將「渝」解為「變污也」，即由白變黑，引伸由好變壞。誰希望自己兒子入黑社會？

【素】：女名用此字，會過於強悍。

女性屬龍、屬虎，不可取娥、妤、妮字，因女字部首和我、予、尼都帶入自己生肖，會形成一山不容二虎、一天不容二龍，互鬥之情形。狗、馬亦不可用，變成罵。尼：孤、清高。

第五節　哪些字是不利女人感情的字

麗、離、莉、豔、燕、雁、彥、娜、妃、芬、紛、飛、菲、伶、玲、淩、靈、穎、瑩、盈、怡、儀、、露、霜、冰、雪、君、晶、蕊、姬、亭、韋、于、予

也許你會問，老一輩的女性有人也是取這些字啊？也是跟老公走了一輩子呀！何來不利

感情之說？乍聽之下好像也有些道理，不過我們都別忘了，時代在變、大環境也在改變，環境在變，這些字的能量也會產生變化。在古代女人要是被休了，那是件很恥辱的事情，在現代來說，分手、離婚已經是司空見慣的事情了，所以必須要結合當下的環境來論。

不過影響感情的因素有很多，不只是姓名一個因素而已，只是這些字更容易影響人的感情。可能妳的姓名中有這些字，但也不一定感情就會不好，沒有這些字，感情也不見得一定會好，只是有這些字的中獎率更高一些。

第六節　名字也要注意：諧音效應

1、【麗、離、莉】

三個字中，麗、莉與離是諧音，離就是代表離開、分離、離別、離婚的意思。

2、【豔、燕、雁、彥】

這四個字的諧音是「厭」，厭倦、厭惡、厭棄、厭恨、厭煩的意思。

3、【妃、芬、紛、飛、菲】

這五個字的諧音是「分」與「飛」，分有分開、分別、分手的意思，飛則是飛走了，同時妃字在古代又代表天子的妾，無法扶正的意思。

4、【伶、玲、淩、靈】

這四個字諧音都是「靈」，靈一般指的是神靈、靈魂，有虛無的、跳脫紅塵之外的意思。另外，伶有戲子之意，在以前是被輕視的及不受尊重，很容易成為別人小妾、填房。

5、【怡、儀】

這兩個字諧音是「姨」，有阿姨的意思沒關係，關鍵是有姨太太的意思。

過於嚴寒

我們常講擦出愛情的火花，在命理上那些天寒地凍的命格，也往往比較消極、被動，感情運比較晚或者桃花比較少。

【露、霜、冰、雪、寒、凝】這幾個字都比較有點太冷豔不可接近了，其實露字容易出現爛桃花，由於有露水情緣的意思。

過於陽剛

女人姓名中用了一些比較陽剛的字，比較會有男人的性格，這樣容易會由於個性過強而導致感情不順。

【君、晶】兩個字，君有君王、君子的意思的，是男權的象徵。晶字其實按本意倒不是太男性化，問題就出在中國的文字是象形文字，這個晶字是三個太陽組成的，而太陽代表男人的意思，三個男人同時出現，並非好事。

字義不吉祥

一個好的名字，一定是被賦予一個好的定義。比如澤東，恩澤東方的意思。話說現實中很多人都不太瞭解自己名字的本義。

1、【萍】：這個字首先讓人聯想到的就是浮萍，沒有根。

2、【蕊】：花蕊容易招蜂引蝶，爛桃花，煩惱叢生。

3、【姬】：有妾的意思，又有舞女的意思。

以上的字都是略做舉例，而且都是單字，這些字和其他字組合起來也不一定就是原來的意思，僅做個參考。

名中間孤單的字

姓名中間不可用的孤單字，中間字代表感情宮，經過統計【亭、韋、于、予】都是孤單字型，無依無靠，單字站立，所以仍以離婚格論，無姻緣，切記勿用。

第五章 能取個99分的名字嗎？

百家姓
北宋初年著于錢塘

第五章

能取個99分的名字嗎？

在本書第二章已經提到，命名、改名不只是要生肖，還要八字、三才五行、六親十神排列，排除不好的字義文字、春秋禮數、筆劃特質……面面俱到，才是最周全的姓名學。名字絕對不只是代號，名字有正負兩面的磁場，左右你一生的行運。

根據筆者個人觀察，單獨使用某派系命名的名字，其對一個人的正面影響力約略如下：

1、單純八字　低於5％
2、筆劃數　約5％
3、三才五行相生　低於5％
4、字讀音五行　低於5％
5、天運派　約20％
6、字形字義　約10％

7、生肖姓名學(含陰陽五行、拆字法)　約45%

8、甲子乾坤六親法(含八字喜用神、三才五格)　約45%

也就是說你如果只用單一派姓名學,再怎麼找都無法找到60分以上的格局,唯獨能夠結合多派,去蕪存菁,才能架構出一個99分的名字!

試問!你希望只找到10分、30分、50分…的名字嗎?

你希望因為一時馬虎,錯改名字,幾年之後再重新改名字嗎?

還是因為錯改名字而對姓名學失去信心,以後不敢再相信?

既然要改名,為什麼你不能找真正的綜合派呢?要生肖有生肖,要看八字有八字,而且還能用六親法看得更深、更遠、更準。想做就做到最好,想改就一改到最好,對自己的人生運勢大大加分。

姓名學確實是一股很大的輔助力量,但並不是每個人改了名字之後就會變好,而是要改對了才有正面的幫助,好的名字給你也要配合你肯衝、肯拼、肯動、看清方向,用對方法。不是宅在家天上就會掉下錢來,而且錯改名字不只是命理老師的責任,委託人自己要負更大的責任,因為自己沒找到對的老師。

第一節　姓名學的加分與減分

筆者曾經有幾次把名字交給客戶的時候，客戶當面問我：老師，我改了名字以後是不是就會大富大貴，我立刻回答說：不會！客戶馬上露出疑惑的表情，我說如果改了名字以後就會大富大貴，那我就不會在你面前了！請讀者們千萬特別注意：姓名學的力量（影響力）確實很大，但它是一個「加成」與「減成」的力量。下列的公式可以讓讀者一目瞭然：

自身的努力×（1＋姓名學的力量）＝這一生的成就

50×(1＋50%)＝75　一般的努力，普通好的名字

50×(1＋60%)＝80　一般的努力，更好的名字

50×(1＋80%)＝90　一般的努力，更更好的名字

50×(1＋90%)＝95　一般的努力，很好的名字

50×(1＋100%)＝100　一般的努力，非常好的名字

50×(1－20%)＝40　一般的努力，不好的名字

50×(1－50%)＝25　一般的努力，更差的名字

50×(1 - 60%)= 20　一般的努力，更更差的名字

50×(1 - 70%)= 15　一般的努力，很不好的名字

50 X(1 - 80%)= 10　一般的努力，非常不好的名

上述的公式，讓讀者很容易可以明白一件事，同樣是一般的努力（50分），但一生的成就卻可以因為名字的好壞所造成的加成與減成效果，其成就可以從最好名字的100分，到最差成就的10分。

第二節　姓名學首重其架構

有時候想想也會心疼，那麼多人一直為自己的名字所困擾，有些人覺得自己名字不好聽，有些人覺得自己名字不好，帶給他們人生某方面或各方面的不順心，而為了不知道該找誰幫他們改名字而躊躇不前，坐困愁城，怎麼找就是在死胡同裡重複轉來轉去，一直無法跳出保守或固執的老觀念，即使我有心盡力，在這裡大聲呼籲，也只能幫助那些能夠想通、想透，能適時轉念的有緣人。

如果你正在找尋一本完美，或近乎完美的姓名學，告訴你目前除了「多角度綜合」別無他選，也就是「四柱綜合生肖姓名學」，就是我這本書《99分姓名學》只有它面面俱到，看得夠深、夠遠，對你才有真幫助，千萬別再錯過。

長期以來，許多追求筆劃數吉數或是單用生肖要三合、三會、相生……的人，到頭來很多人還是要回來找比較專業的命理師重新把名字改過，從我這十幾年的時間投入在這門功課之中發現，有八成以上的人會很在意筆劃數吉凶，也有近七成以上的人也會很注重生肖的影響力，只有三成的人會要求依照八字喜用神來造格局，更有絕大多數人不知道筆劃數、五格之中還隱藏著六親互動的關係，這個隱藏之數的影響力才是姓名學最重要的基本架構，生肖姓名學、筆劃數是用來選字之用。

也難怪大家不知如何著手，畢竟不是專業，因緣際會讓筆者巧遇已退隱多年的五術大師之後才瞭解姓名學的專業與精深，更經過這幾年不斷的琢磨、演練，在海峽兩岸數以千計的客戶身上印證，才能走到今天把它實際活用的程度。

談到命理，各派都緊閉門戶，自立山頭，不肯包容外來學術，閉門造車的結果導致瞎子摸象，以偏概全，搞到最後也不知該聽誰的，大家一片茫然，最後導致這門功夫退步不前，結果活該倒楣的還是花錢的人。其實多一份包容把命理的實質內涵往上提升真的不難。

生肖學其實有它出奇的精華所在，只是大家的使用方法錯了，生肖學只重皮不重骨的論述，倒也被熱衷於姓名學的人士廣為利用，最後變成以訛傳訛，有樣學樣，導致錯誤百出，俗話講：「好運的得時鐘；歹運的得龍眼」運氣好一些的誤打誤撞還能找到好名，有的可就沒有這種幸運了。

其實一個名字的好壞，最重要的還是要有強勁的基礎架構，架構排好了之後再配合生肖找出最適當的字，如此一來整個格局四平八穩，對一生走勢有莫大幫助。

以下舉幾個例子，使用六親法算給大家參考：

【例二】：

	1	08	天格（金）正印
外格（土）16 正官	李 07	19	人格（水）
	登 12	27	地格（金）偏印
	輝 15		

34 總格（火）正財

右例基本格局：

人格19水、**總格**34火都是大凶之數，可是卻造就出總統級人物。

34、19大家都說不好，結果呢？

用六親法才能精準看透筆劃數真正的吉凶。

總格的**正財**代表他的老運還不錯，一生的辛苦老來口袋滿滿。

有財會比較積極主動，想拼。

正官+正財或是偏財，要創業、當老闆、升職都滿強的。

【例二】：

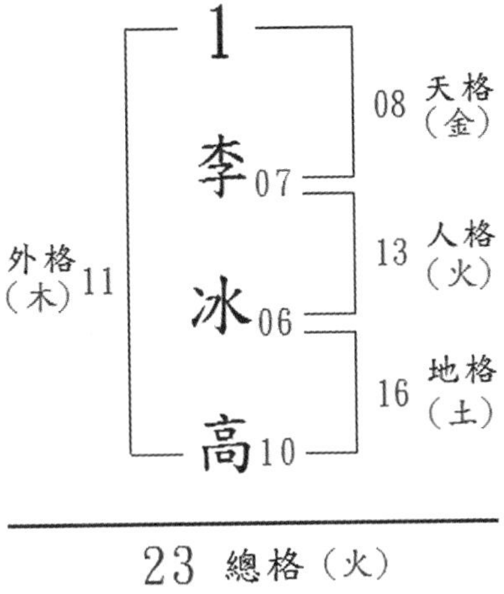

正官+正財：

個性正直，不貪非份。

財、官、印俱佳乃高官之格局。

所以這個格局是真正的好格局，非凶數。

六親法與筆劃數的結果天壤之別，所以你要是筆劃數有凶數也不必擔心，未必你的凶數就是不好。

六親法講求生剋適中，生我太多反為懶，我生太多為付出，說句白話，你想賺別人的財，你的財也必須被賺；出外想逢貴人，你也要是別人的貴人，如此才公平。

所以不要只看表面筆劃數，表面的筆劃數只是方便立五行而已，要論筆劃數的吉凶除了使用六親法別無他門。

格局找對了，一輩子的方向大致底定，就看你的生長環境、教育……如何來培育你。

從生肖的角度來看，李前總統名字「登輝」二字未必對生屬狗都是正面的，只能用「馬馬虎虎」幾個字來形容，生肖用字對他的幫助雖有，但未必都是正面，比如說屬狗用「登」，冠冕對他有幫助，男性朋友之間互動良好，男性比較有助力，女性方面較差；「輝」屬狗逢軍升格，事業體加分，但升格亦嫌太晚，光隱喻日，天狗食日，是個敗筆。生肖雖還有幾分影響，也還需強而有力的六親法搭配，才能奠定他一生崇高的地位。

六親法＋生肖，兩者配合起來可說是天衣無縫，具有互補的作用。

【例三】：

現任的馬英九總統。1950年7月生，屬虎。

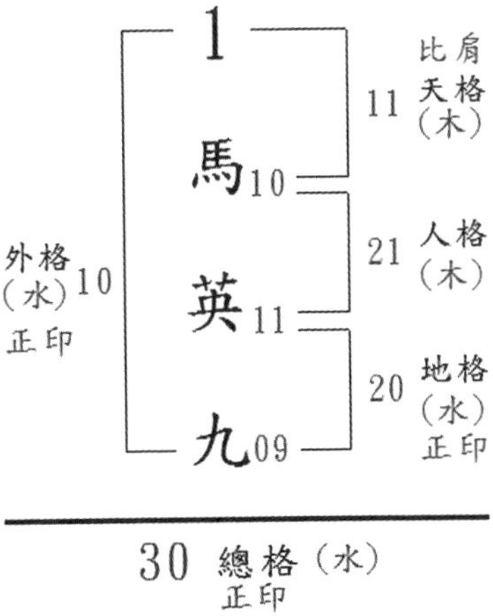

左例基本格局：

地格20水

總格30水

外格10水

都是大凶之數，可是卻造就出總統級人物。

10、20大家都說不好，結果呢？

用六親法才能精準看透筆劃數真正的吉凶。

這個名字筆劃數還真不好！從生肖姓名學的角度來看，老虎生在姓馬的家庭，形成三合，長上貴人助力非常大，但「英九」二字除了英字陰邊有大可得女性平輩相助，基本上是破格的名字，不得男性平輩的助力，也不得屬下的助力。「九」字寅申沖，而大姓寅午三合，助長與申相沖力道更大，試問一國元首能只靠長上的助力，而不需平輩的助力與屬下的助力嗎？

這就是生肖姓名學的缺點。

【例四】：

另舉一例供大家參考，名字看來跟生肖學沒有兩樣，但用六親法立了四柱格局，把個性特質、工作運、桃花事件看得一清二楚。

1

成 07

龍 16

1

08 天格（金）正財

23 人格（火）

17 地格（金）偏財

外格（木）02 正印

23 總格（火）比肩

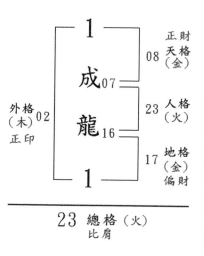

人格23，火，特性，開朗，大方，性急，野心大，自信心強，驕傲，容易目中無人，事業一直往外發展，是個誇張型的人，說服力強，企圖心旺，適合交際，生意上有一套。

人格23，火，剋**天格**、**地格**金，也是目中無人的主因之一，在家是老大。

天格正財，早出社會拼事業，很早賺到錢，婚姻明顯，但逢地格偏財容易有爛桃花，因為偏財為妾，所以一生桃花事件多，財太旺又表勞碌命，東奔西跑，遊走他鄉求財，甚至日夜顛倒工作性質時間比較長。

另外生肖馬喜逢龍，龍馬精神配事業體強，江山一片，得員工、朋友、下屬助力，事業長紅，投資運佳，財庫飽滿，姓氏成藏戈金犬，又是三合格科名佳得祖蔭具功名，但出生於民國43年，天干為木，戈金剋木，所以早年辛苦，備受折騰方能成就。

六親法就是講求生剋適中，這個名字剋人較多，主觀會比較強，比較不在乎別人的感受，想怎麼樣就怎麼樣。

兩個財導致工作辛苦勞碌，長年在外居無定所。

就以成龍先生的名字來講，單用生肖是看不出有雙妻命格，易逢桃花，事業體勞碌，主觀過強等等，所以用生肖學還必須搭配六親法，才能看得更深入。

因此，好的姓名一定得把格局架構造好了之後，再加入了生肖喜用文字，這樣才能互補不足，面面俱到，趨近周詳，才能真正幫助你的人生。

生肖有人不在乎，但它也佔有45％的影響力，尤其是用字若是與生肖刑、沖、破、害，殺傷力之大有時候就不只是45％而是100％都有可能發生。所以當四柱格局造好之後，必須加入生肖學，用對了字運勢再加分，轉運相對會更快，效果更宏大。

99分姓名學

這種六親法＋生肖學的互補法我把它定位成「四柱綜合生肖姓名學」，就是這本書《99分姓名學》，使用六親法＋生肖學找出來的名字表面看起來與生肖學沒有兩樣，但它最大優點是已經看過八字，找到最理想的三才五格架構，排除最不好的筆劃數特質，找出最合適的六親互動，然後再加入生肖用字，該注意到的都注意了，真的比那些單一學術姓名學好太多太多了，希望這套學術能夠有機會造福更多想要改名、取新名字的朋友。

第三節　以八字五行為架構

一般而言，在姓名的五格中，「人格跟總格」，或者「人格」，或者「總格」，必須架構你八字所欠缺的五行！

例如八字缺水的人，「人格跟總格」，或者「人格」，或者「總格」的筆劃數最好是9、10、19、20、29、30、39、40、49、50、59等水的筆劃數。但凶的筆劃數盡量不選。

八字缺火的人，「人格跟總格」，或者「人格」，或者「總格」的筆劃數最好是3、4、13、14、23、24、33、34、43、44、53等火的筆劃數。但凶的筆劃數盡量不選。

以八字喜用為架構

更精確的架構是，在姓名的五格中，「人格跟總格」，或者「人格」，或者「總格」，必須架構你「八字的喜用神」！

例如你的八字喜用為木，「人格跟總格」，或者「人格」，或者「總格」的筆劃數最好是11、12、21、22、31、32、41、42、51、52等木的筆劃數。但凶的筆劃數盡量不選。

若你的八字喜用為土，「人格跟總格」，或者「人格」，或者「總格」的筆劃數最好是5、6、15、16、25、26、35、36、45、46、55、56等火的筆劃數。但凶的筆劃數盡量不選。

六親十神的考量

當喜用神定位以後，接下來要考慮把十神放在你的姓名架構中。

例如八字中的喜用神是水、木，則人格中要佈局水或木，而十神中無食傷，則必須佈局食傷，十神中無財，則必須在三才五格中佈局財，十神中無官，則必須在姓名架構中佈局官，而過旺的六親食神則必須加以制化！

取名時，五行與六親十神佈局架構之方法舉例：

【例一】：林小姐

1969年1月20日辰時生坤造

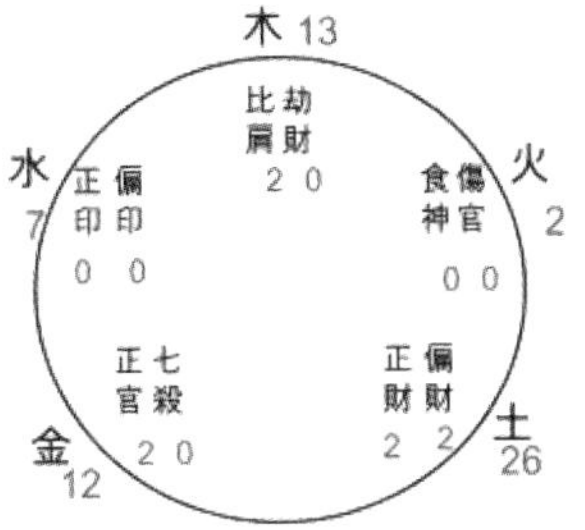

強弱：身弱
星座：摩羯
忌神：土
喜用神：木水
空亡：寅卯辰巳
格局：偏財格
命宮：甲子
胎元：丙辰
胎息：庚午
天運五行：土

姓名	林小姐		性別	女
8	20	1	1969	西元
8	3	12	57	農曆
時	日	月	年	日期
正官	日元	比肩	正財	主星
庚 金	乙 木	乙 木	戊 土	天干
辰 土	未 土	丑 土	申 金	地支
癸乙戊	乙丁己	辛癸己	戊壬庚	藏
偏印 比肩 正財	比肩 食神 偏財	七殺 偏印 偏財	正財 正印 正官	副
冠帶 49-64	養 33-48	衰 17-32	胎 1-16	十二運星

出生後4年5個月又29天交大運

該八字喜用神為水、木，故人格佈局以五行木，又其八字中，食傷不顯，所以格局中架構食傷，以補先天之不足。又身弱財旺無法任財官，架構比肩與印星，強化日主。

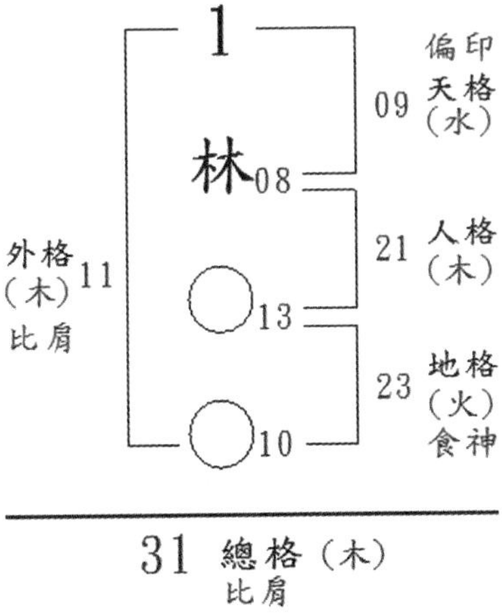

【例二】：許先生　1980年7月6日子時生乾造

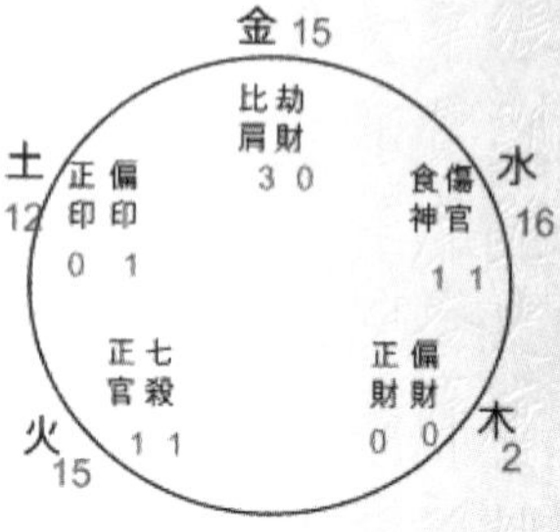

強弱：身弱
星座：巨蟹
忌神：水火
喜用神：金土
空亡：子丑申酉
格局：正官格
命宮：丙戌
胎元：癸酉
胎息：乙酉
天運五行：木

姓名	許先生		性別	男
0	6	7	1980	西元
0	24	5	69	農曆
時	日	月	年	日期
七殺	日元	食神	比肩	主星
丙 火	庚 金	壬 水	庚 金	天干
子 水	辰 土	午 火	申 金	地支
癸	癸乙戊	己丁	戊壬庚	藏
傷官	傷官 正財 偏印	正印 正官	偏印 食神 比肩	副
死 49-64	養 33-48	沐浴 17-32	臨官 1-16	十二運星

出生後0年5個月又7天交大運

該八字喜用神為土、金，故人格佈局以五行金，又其八字中，財不顯，所以格局中架構正偏財，以補先天之不足。身弱，再補印星及比肩，以強化日主。

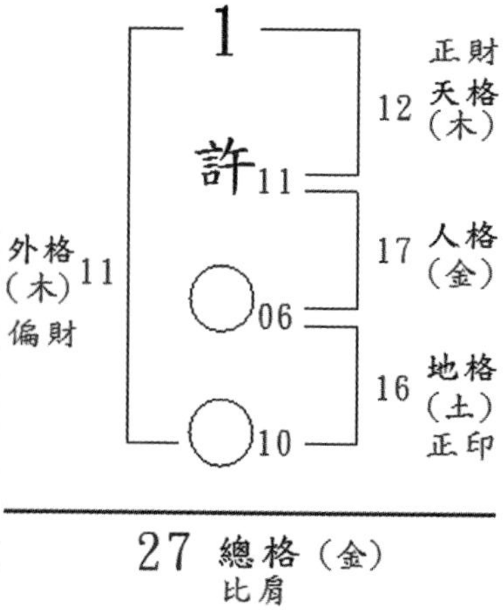

第四節　綜合派論斷

【例一】：許庭心　農曆81（壬申）年8月生　屬猴喜用神火、木

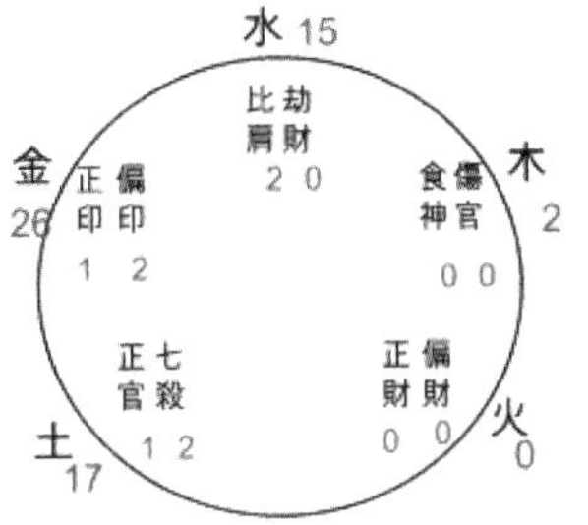

強弱：身強
星座：處女
忌神：水金
喜用神：木火
空亡：戌亥午未
格局：正印格
命宮：壬子
胎元：庚子
胎息：丁酉
天運五行：金

姓名	許庭心		性別	女
16	13	9	1992	西元
16	17	8	81	農曆
時	日	月	年	日期
七殺	日元	正官	比肩	主星
戊 土	壬 水	己 土	壬 水	天干
申 金	辰 土	酉 金	申 金	地支
戊壬庚	癸乙戊	辛	戊壬庚	藏
七殺 比肩 偏印	劫財 傷官 七殺	正印	七殺 比肩 偏印	副
長生 49-64	墓 33-48	沐浴 17-32	長生 1-16	十二運星

出生後1年11個月又23天交大運

天格>木，劫財，剋父母，得不到長輩緣
地格>火，傷官，外向活潑但破壞婚姻
總格>土，偏財，財旺勞碌格，事業工作容易分心
外格>土，偏財，同上

綜合派論斷：

●生肖：出生年與許的午火相剋，不得父親的緣，天資較弱。頭部容易受傷、破相。

庭巳蛇與生肖猴子剋重，較不得女性朋友、平輩女性的襄助，小人多。心為肉不得食，工作事業不如意，財難留住。

●六親法：天格劫財剋長上、父母之兆，得不到長輩的照顧提攜。

財旺不易專心，讀書也不專心，具勞碌之象，什麼事都想做。

●三才相生但無助。

●筆劃數皆優，但顯現出來的還是凶、無助。

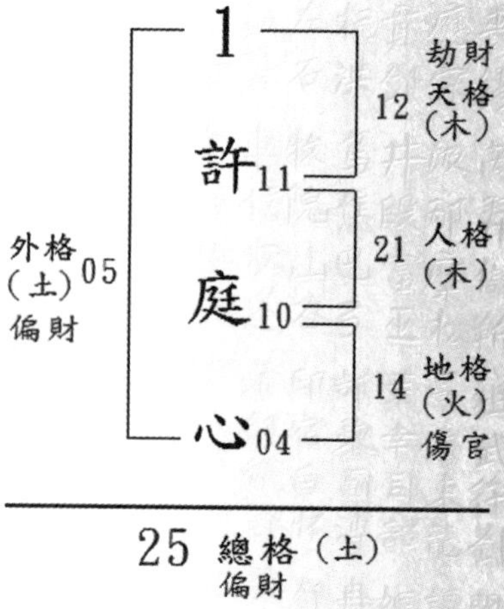

【例二】：許加汯

農曆97（戊子）年11月份生屬鼠喜用神土、火

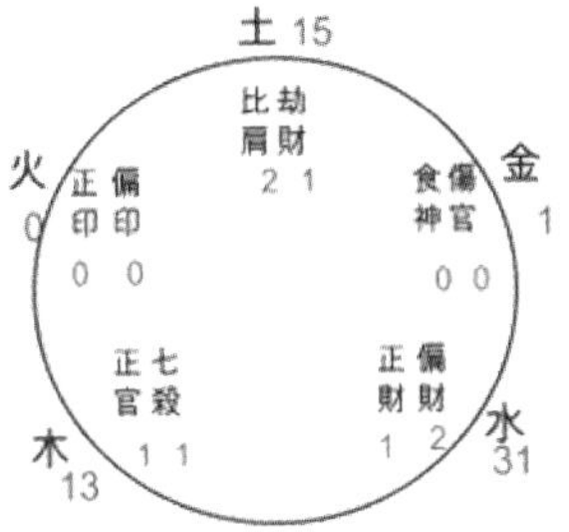

強弱：身弱

星座：摩羯

忌神：水木

喜用神：土火

空亡：午未辰口

格局：偏財格

命宮：乙卯

胎元：乙卯

胎息：甲寅

天運五行：火

姓名	許加汯		性別	男
2	25	12	2008	西元
2	28	11	97	農曆
時	日	月	年	日期
七殺	日元	正官	劫財	主星
乙 木	己 土	甲 木	戊 土	天干
丑 土	亥 水	子 水	子 水	地支
辛癸己	甲壬	癸	癸	藏
食神 偏財 比肩	正官 正財	偏財	偏財	副
墓 49-64	胎 33-48	絕 17-32	絕 1-16	十二運星

出生後3年9個月又26天交大運

天格＞木，七殺，小人較多，從小用錢較不知節制

人格＞土，比肩

地格＞火，正印

總格＞火，偏印，印多，依賴性較重

外格＞水，正財，外格財適合創業或全力衝刺

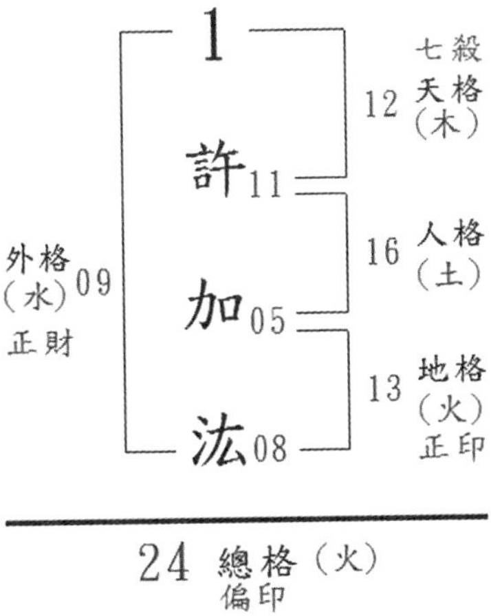

綜合派論斷：

●六親法；外格正財全力往外認真賺錢、奮鬥。

●喜用神：土（用神）安排於人格，主動積極，火（喜神）安排於地格及總格，妻助多，老運好。

●生肖學：出生年戊子年，出生於許家，與母親關係很好，母親助力很多，子午正沖，與父親不和。

加字鼠喜洞穴得地，得男性平輩之助。鼠五行為水，泫字有水比旺吉財旺，喜蹺腳安逸之象。

●總格24數筆劃數優。

【例三】：陳旭彥　農曆60（辛亥）年09月生屬豬八字喜用神火、土

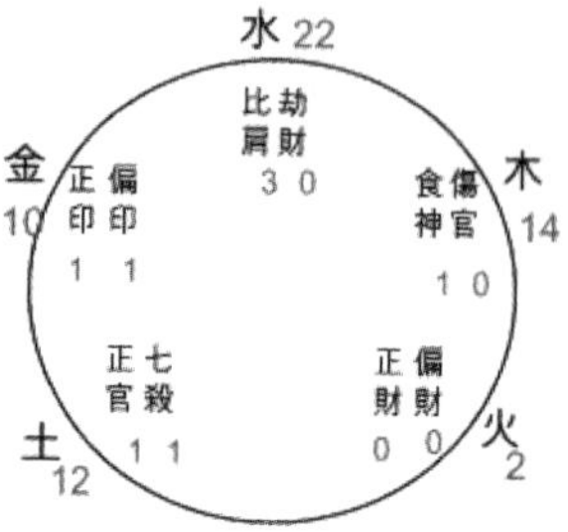

強弱：身強
星座：天蠍
忌神：水金
喜用神：火土
空亡：寅卯辰巳
格局：建祿格
命宮：戊戌
胎元：庚寅
胎息：丁亥
天運五行：金

姓名	陳旭彥		性別	男
16	13	11	1971	西元
16	26	9	60	農曆
時	日	月	年	日期
七殺	日元	正官	正印	主星
戊 土	壬 水	己 土	辛 金	天干
申 金	寅 木	亥 水	亥 水	地支
戊壬庚	戊丙甲	甲壬	甲壬	藏
七比偏 殺肩印	七偏食 殺財神	食比 神肩	食比 神肩	副
長生 49-64	病 33-48	臨官 17-32	臨官 1-16	十二運星

出生後1年9個月又0天交大運

天格17　金，正官
人格22　木，比肩
地格15　土，正財
總格31　木，劫財
外格10　水，偏印

綜合派論斷：

●筆劃派：筆劃數吉凶參半。

●生肖派：屬豬的人生在陳家，從小母親管教嚴，旭字陰邊隱藏猴，豬遇猿猴似箭投，犯小人，女性朋友無緣，夫妻無緣，豬逢日犧牲又具高危險性，兄弟及平輩無助。彥字強出頭，招怨，陰邊「彡」，犧牲奉獻，無財無庫，晚輩無緣。用字錯誤影響力很大。

●六親法：總格劫財，一生都在損財，口袋空空。

●三才五格：喜用神不現，反倒是忌神充斥，一生運勢受阻。

陳君運勢一直不順，人際關係不佳，貴人少，單身。一直為金錢、事業煩惱奔波，工作不定。

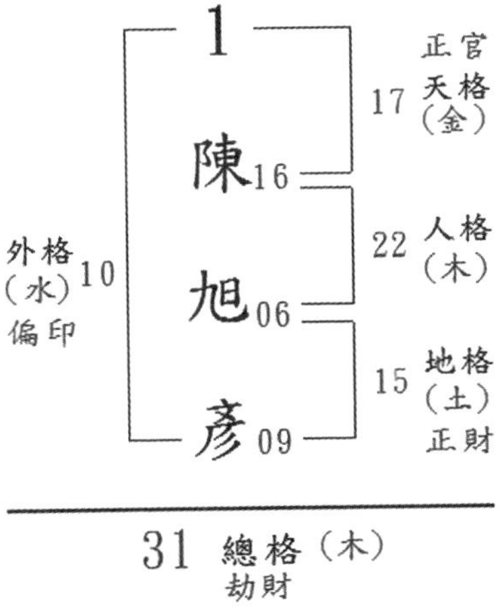

【例四】：林筠儒農曆79（庚午）年9月生屬馬喜用神火、土

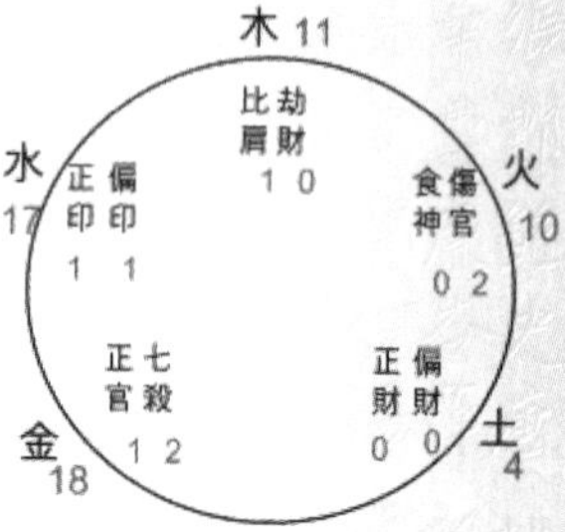

強弱：身強

星座：天蠍

忌神：木水

喜用神：火土

空亡：戌亥午未

格局：偏印格

命宮：乙酉

胎元：戊寅

胎息：己巳

天運五行：土

天格 9 水，偏印

人格 21 木，比肩

地格 29 水，偏印

總格 37 金，七殺

外格 17 水，七殺

姓名	林筠儒		性別	女
18	15	11	1990	西元
18	29	9	79	農曆
時	日	月	年	日期
正印	日元	傷官	七殺	主星
癸水	甲木	丁火	庚金	天干
酉金	申金	亥水	午火	地支
辛	戊壬庚	甲壬	己丁	藏
正官	偏財偏印七殺	比肩偏印	正財傷官	副
胎 49-64	絕 33-48	長生 17-32	死 1-16	十二運星

出生後2年6個月又28天交大運

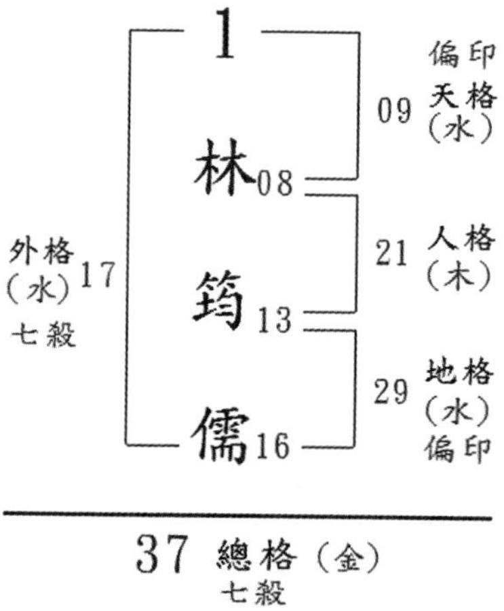

綜合派論斷：

●筆劃派：筆劃數全吉。

●生肖派：屬馬的人生在林家，從小父母親寵愛有加，筠字跟男性朋友相處不錯，男友也對她好，但自己卻沒有很珍惜，本身對女性朋友也很好，很有自信。儒字財運不錯，喜歡做投機生意。

●六親法：八字有正官，名字出現兩個七殺，造成官殺混雜，追求者眾，但男友卻一個換一個，未來對婚姻亦不利，用錢亦不知節制。又八字已印旺，名中再現兩個偏印，造成依賴心過重的個性。

●三才五格：喜用神全不現，反倒是忌神充斥，一生運勢受阻。

林女是經生肖姓名學老師改過的名字，但對八字喜用神的配置，以及六親十神未加以有效調整，因此到處受寵，遊戲人生，未來堪虞。

【例五】：張羽霈 農曆63（甲寅）年8月生屬虎 喜用神火、土

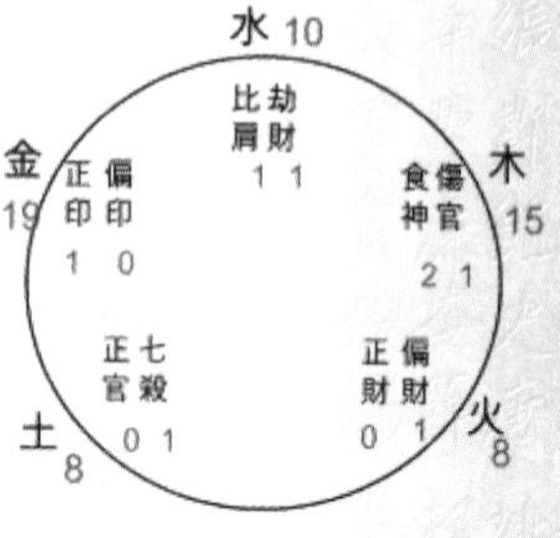

強弱：身強
星座：處女
忌神：水金
喜用神：火土
空亡：子丑子丑
格局：正印格
命宮：丁卯
胎元：甲子
胎息：丁卯
天運五行：水

天格 12 木，正財
人格 17 金，比肩
地格 21 木，偏財
總格 32 木，正財
外格 16 土，正印

姓名	張羽霈		性別	女
10	18	9	1974	西元
10	3	8	63	農曆
時	日	月	年	日期
傷官	日元	劫財	食神	主星
乙 木	壬 水	癸 水	甲 木	天干
巳 火	戌 土	酉 金	寅 木	地支
庚戊丙	丁辛戊	辛	戊丙甲	藏
偏七偏 印殺財	正正七 財印殺	正 印	七偏食 殺財神	副
絕 49-64	冠帶 33-48	沐浴 17-32	病 1-16	十二運星

出生後3年4個月又6天交大運

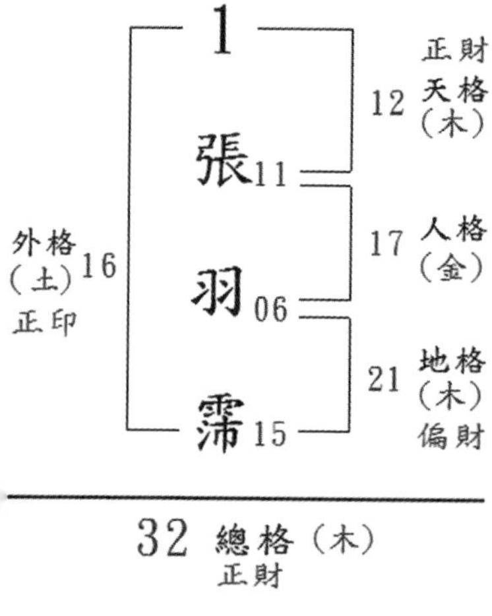

綜合派論斷：

●筆劃派：除天格外（天格筆劃數不論吉凶），筆劃數全吉。

●生肖派：大姓陰邊為弓，乃蛇也，蛇遇猛虎似箭投，與母親關係不好，對母親不孝，與父親則還不錯。羽字，如虎添翼，與同輩、朋友都還不錯，感情也不錯。霈字陽邊、陰邊都是水生寅虎，有財有庫，不陰不陽市，也讓她善於投資做生意。可以說是具有老闆名、老闆運，又有老闆命。

●六親法：八字本就身弱財很旺，名字又有三個財，財旺到極點，不但窮忙，身體健康不佳，又沒賺到錢。

●三才五格：喜用神不現，反倒是忌神充斥，一生運勢受阻。

張女又是一個典型生肖姓名學老師改過的名字，但對八字喜用神的配置，以及六親十神未加以有效調整，因此不但收入不穩定，仍然單身，茫然過日。

第六章

十二生肖之姓名學

用字指南

百家姓

北宋初年著于錢塘

戚　金　沈　何　朱　蔣　馮　吳
謝　魏　曹　呂　秦　沈　陳　鄭
鄒　陶　嚴　施　尤　韓　褚　衛
喻　姜　華　張　許　楊　魯　韋
滕　雷　費　鄧　俞　鳳　昌　馬
　　賀　廉　鮑　任　花　方　苗
羅　倪　岑　史　袁　萬　鳳　卞
澤　湯　薛　唐　柳　　　烏　　
計　祁　姚　和　顧　伍　戚　樂
伏　貝　毛　邵　孟　于　元　卜
成　明　禹　湛　平　元　康　黃
竇　戚　狄　汪　尹　　　項　能
其　高　鐘　江　賈　斤　杜　祝　紀
夏　夏　徐　盛　童　路　婁　危　阮　藍　閔
麥　秦　邱　林　顏　裴　屈　危　房　羿　閻
田　駱　丁　邵　危　危　丁　于　柏　芮　宗
炅　程　崔　包　諸　丁　宣　解　管　莫　繆
柴　祜　吉　諸　鈕　左　杭　董　房　屠　宗
崇　滑　嵇　邢　龔　石　洪　卻　宗　緱　鄔
秋　全　車　牧　烏　井　殷　酆　尚　荀　桂
仲　郗　侯　隱　候　富　摩　鮑　曲　于
伊　班　安　山　巴　弓　印　昇　家　甘
宮　仰　逄　谷　蒲　印　勢　司　封　武
卓　索　咸　籍　賴　屠　蒙　韶　針　存
甯　屠　蒙

第六章 十二生肖之姓名學用字指南

在瞭解整個姓名學的架構之後，接下來就是要知道如何用生肖姓名學來選用適合各種生肖的用字，準備取一個好名字了。

本章詳述十二生肖之特性及其喜忌，以及其刑、沖、破、害、三合、三會的狀況跟其所帶來的影響。

第一節 【子鼠之人】可用與不可用之字

子鼠五行為水，十二生肖排行第一，貴為天子，是大生肖只要有人的地方就有老鼠，老鼠對人類來說，是關係密切的動物，牠分佈在全世界的每一個角落，牠們幾乎是無孔不入，無洞不鑽，無論在什麼惡劣的環境，都可以生存，即便是鋼筋水泥的，或是野外的山區，牠都有辦法挖洞棲息，此外，老鼠適應性之強無可比擬，植物的根、莖、枝、葉、果實都可以實用，所以不論棲息在任何地方，都沒有缺乏糧食的危機。

生肖屬鼠的命格解析

屬鼠之人，聰明、機伶，好運氣來自於勤勉而具企圖心的性格。總是希望能勝過別人，這種好勝心如果適當的發揮，能幫助在各方面都獲得頂尖的成就。

屬鼠之人，心思細膩，做事謹慎有計畫，對於繁瑣的、細節性的工作能將它處理得有條不紊。但是生性保守，不喜歡冒險，可能會因為過度小心謹慎而缺乏樂觀豪邁的開創性。

屬鼠之人，有生意頭腦，社交能力也很好，喜歡認識新朋友，加上聰明勤勉和旺盛的企圖心，從事批發、買賣、貿易都能得心應手。如果這旺盛的企圖心太過於偏激，那就可能變成一個為達目的不擇手段之人。

尤其在感情方面，太過於偏執可能會導致卑劣邪惡的心態發生，甚至在性慾方面出現變態粗暴的行為。

適合在鼠年出生的姓氏

賀、袁、彭、高、牛、程、苗、常、顧、康、蕭、王、石、田、申、司、吳、呂、宮、洪、汪、祝、商、谷、游、潘、顏、嚴、哈、黃、龐、龍、龔、農、牟、侯。

不適合在鼠年出生的姓氏

馬、朱、徐、許、馮、姜、熊、丁、毛、巴、倪、佟、章。

屬鼠的喜用字

你如果是屬鼠，首先要瞭解老鼠的特性，才能瞭解名字的好壞。

老鼠喜歡披彩衣（漂亮）或戴冠，得王及掌權，喜吃五穀雜糧，能得洞穴或得水或得木則屬佳，如又得龍、得猴成三合局，如得豬、得牛成三會局，名字中如有符合下述條件者為好名。

一、老鼠天生喜歡打洞又喜歡黑暗，喜歡洞穴草叢，以便做為藏身之所。所以名字中宜有「口」、「宀」、「門」、「戶」、「广」、「艹」等字根，代表洞穴可安身立命。

例如：向、右、嘉、寶、君、台、因、圖、圓。

得「ㄙ」也可代表翹腳休息。例如：宏，雄，參。

二、老鼠在生肖排名為第一生肖，排名最前面的生肖，當然在十二生肖中，當王戴王冠最適合。名字中宜選用有「王」、「令」、「冠」、「壹」、「尊」、「爫」、「亠」、

「君」等字最得體。例如：冠、玲、珂、珈、琴、君、珺、帝，爵、為、愛、爭。

三、老鼠之生肖屬子，如遇申（猴）、子（鼠）、辰（龍）為三合局，如有「申」、「萬」、「轅」、「袁」等猴字型；「辰」、「麗」、「麒」、「麟」等龍字型的字形，幫助力大，恰是遇貴人運強，財運更加順暢。例如：振、雲、玖、媛、農。

四、名字中如有亥（豬）、子（鼠）、丑（牛）為三會局，老鼠與豬、牛為三會北方水。三會的力量也有貴人運，對自己也有所幫助。字形中如有「亥」、「豪」、「家」、等豬字型；或「丑」、「牛」、「生」、「紐」等牛字型，會很棒。例如：加、豪、眾、聚、生、產。

五、老鼠喜歡在夜間活動，字形喜歡有「夕」、「銘」、「名」字邊，表一生安全，壓力少。例如：多、夜、夢、銘、夙、名。

六、老鼠是一種偏愛五穀雜糧的雜食性動物，喜歡在田裡活動。因此，名字中適合用以「豆」、「米」、「禾」、「麥」、「粱」、「心」、「艸」、「田」為部首的字。例如：豔、豐、栗、精、秩、秉、麴、怡、恆、念、恩、朋、期、田、苗。

七、老鼠喜歡披彩衣漂亮，以華麗其身。如果有字根如「彡」、「巾」、「系」、「示」、

「衣」、「疋」、「采」邊最佳，顯得高貴。例如：素、結、囊、裴、席、布、潔、釋、彬、彭。

屬鼠的忌用字

你如果是屬鼠，首先要瞭解老鼠不喜歡的情況，才能瞭解名字的好壞

屬鼠之人不喜歡字有人字邊，就像「過街老鼠，人人喊打」，避免有火字形，因「水火不容」，避免有馬字形（子午正沖），避免有羊字形（鼠羊相遇一旦休），避免有奔跑字形（逃命），避免有太陽字形（不喜歡見日），如果名字中有以上所舉例之字形，就表示名字有破格。

一、屬鼠之人避免使用有「羊」、「妹」、「朱」的字形，因為子未相害，「羊鼠相逢一旦休」傷害力非常大。例如：群、達、羚、美、善、羨。

二、屬鼠之人避免用「辶」、「几」、「弓」、「邑」的字根，因其形如蛇，鼠懼蛇，蛇會吞鼠，遭受到傷害，小人很多。例如：張、邱、鄧、那、選、造、達。

三、不喜歡當老二，忌用：士、卿、臣、工、丞、相、志、翠，不得志，能力無法施展。

四、屬鼠之人對有午或馬字之字形，應避免用之，否則犯了對沖，傷害力大。例如：許、

竹、騰、駿、馳。

五、屬鼠之人避免有「火」及「土」之字形，因為子為水，水火相剋土剋水，身心不安。例如：炎、炫、煜、燦、為、照、熊、燕、軍、坤。

六、老鼠也會怕人，所謂人見鼠必喊打，老鼠見人則四處逃竄，不但貴人不現，還小人充斥，因此，要避免以「人」、「亻」為部首的字，以免造成傷害。例如：仙、伯、偉、仁、仕、任、仲、何、佳、俊、值、律、從、徹、徵、以、得、德。

七、由於老鼠是習慣在夜晚活動的動物，因此，所謂見光死的避諱，顯得急躁與不安。即需要避免使用以「日」為字根的字，否則也易產生危險。例如：昭、智、曹、曾、書、意、是、暉、昇、晃、旦、晨。

八、屬鼠之人避免有「心」、「忄」及「月」之字形，老鼠見肉現危機，因屬鼠所看到的肉常常是補鼠器裡的誘餌，因此一生容易有貪小便宜而吃大虧的現象。例如：慈、惠、思、芯、愛、朋、意、恭、勝、期、悅、怡、蕊、恆、性、情。

與子鼠有關之：沖、刑、破、害、合、會　用字範例

【沖】　子午相沖 - 不可用

駛、騏、驎、驕、駿、駐、馳、駕、馭、駙、驍、勳、熙、熊、驊、馮、照、焦、騰、炫、炯、煉、煒、炳、焄、燿、南、楠、朱、紅、火、赤。

【刑】子卯相刑 - 不可用

逸、昂、冕、晚、勉、迎、柳、仰、朋、卿、朱、權、春、林、朝、東、村、桃、柱、木、服、期、明、月、棟、四。

【破】子酉相破 - 不可用

鳳、鶴、鴻、鵑、鵑、鳴、兆、翁、雁、翠、翰、翎、兌、翎、翔、翡、鷹、鶯、羿、翃、習、雅、進、雄、集、雕、離、非、飛、耀、壅、雋。

【害】子未相害 - 不可用

羚、美、翔、祥、洋、妹、味、義、姜、詳、朱、儀、善、幸、澤、群、烊、佯、南、茱、珠、達。

【合】申子辰合 - 可用

申、紳、麒、寰、宸、袁、園、坤、麗、貝、祖、祐、瓏、振、晨、麟、農、震、環、君、雲。

【會】亥子丑會－可用

生、豪、家、緣、象、眾、孩、聚、造、物、牧、毅、該、核、皓、薩、鈕、隆、牲。

生肖屬鼠，名字中有正沖字根之現象

烽、焜、輝、煌、煒、煥、煦、熔、駕、騏、燈、驛、炎、炫、燕、駿、馳、駐、駒、騫、騰、驊、焦、然、煉、熙、驥、驤、炯、炳、烈。

子午正沖，水火不容，運途難通，鼠馬相遇，財難聚，情路難行，親友反目。

如果用於名一

個性上：依陽邊字根不同，而外在顯性第一印象給人感覺不一，如炫字陽邊外緣不差，但實際為非常自我，個性偏激。

人際上：小人當道，口舌是非。

感情上：衝突不斷，情路坎坷，易遭背叛。

健康上：胃潰瘍，筋骨較容易痠痛，且易產生心臟血液方面疾病。

婚姻上：另一半生肖忌諱屬鼠、牛、雞，否則會加速刑剋。

如果用於名二

學業上：身體欠佳，影響學習能力。

事業上：有心無力難施展。

財運上：有財無庫，破財投資難成，晚年淒涼，子息無緣。

健康上：下半身生殖泌尿系統易出問題，血液循環不佳。

生肖屬鼠，逢相刑字根之現象

勉、迎、明、卿、棟、東、柳、逸、朝、昂、冕、晚、良緣難求，人際不彰，逢木帶洩，逢月帶刑。

如果用於名一

個性上：企圖心薄弱，較隨遇而安，且易投機取巧。

人際上：表面上看似熱心，輕易允諾別人條件，實則未去執行，終究讓人識清而遠離。

感情上：另一半個性較為強勢，良緣難求，婚姻難圓。

健康上：易腸胃弱，筋骨欠佳，且肝功能不太好。

婚姻上：另一半生肖忌諱屬鼠、猴、雞。

如果用於名二

學業上：事倍功半，考運較差。

事業上：凡事須靠自己，好下屬難覓。
財運上：有財無庫，較為浪費錢難守，不善理財，易做投機生意。
健康上：筋骨、子宮、卵巢較差，易有痠痛，流年逢雞年事事不順心。

生肖屬鼠，名字中帶六害（羊）字根之現象

洋、羚、珠、南、羢、善、妹、詳、美、群、儀、祥、姜、義、未、幸、達、翔。
羊鼠相逢一旦休，意外血光，貴人遠離，身心俱疲。

如果用於名一

個性上：無論是熱心付出，或任性而為，都容易讓人有難相處之感覺。
人際上：真心付出，皆易受到背叛，一生小人不斷。
感情上：情路坎坷，真心換絕情，只有心碎，難逢真情。
健康上：須注意血液方面的疾病，皮膚過敏之現象，腸胃功能差的症狀。
婚姻上：難有好姻緣。

如果用於名二

學業上：無法靜心，考運不佳，學非所用，喜歡往外跑。
事業上：事業宮破，心想事不成，懷才不遇，有志難伸。

財運上：不善理財，無財庫。

健康上：注意筋骨受傷。

生肖屬鼠，名字中有「土」字根的現象

土、地、在、均、坤、城、圭、垣、壠、基、塗、鋾、堅、堉、境、增、培、堂、墨、壁、塘、壘。

土剋子鼠千斤擔，身心鬱卒無奈，委曲求全。

如果用於名一

個性上：個性較悶，企圖心弱，委曲求全，把事放在心裡，不會說出來，個性壓抑，心事誰人知，易得憂鬱症。

人際上：無法得到女性助力，易形成表象好，暗裡憂。

感情上：另一半個性較強，良緣難求。

健康上：腸胃、脾臟、筋骨不佳，易得憂鬱症，須注意內分泌易失調。

婚姻上：另一半生肖忌諱屬鼠、牛、兔、豬。

如果用於名二

學業上：會因陽邊字根好壞而有不同的結果。

事業上：女性下屬小七歲以下則無助力，男性則因天干五行及名字的字根不同而異。

財運上：不聚財，自己省吃儉用，賺錢給別人用，財去人安樂，晚年無福勞神，與女兒緣份淺。

健康上：易有痛風、筋骨、泌尿系統問題，女性則婦科不順，注意開刀。

生肖屬鼠，名字逢「肉」字根之現象

志、忠、恕、思、恩、應、念、意、惠、慮、愛、愈、慈、慧、惇、惟、慶、憲、月、悅、恬、怡、恆、恆、愉。

老鼠逢肉現危機，心性、做事險中求。

如果用於名一

個性上：小聰明，異想天開，做事易險中求。

人際上：剛開始會得到朋友的信任，對其有幫助，得到小便宜，但容易因小失大。

感情上：投機心重，貪得無厭，易搖擺不定。

健康上：須注意腸胃稍弱。

如果用於名二

學業上：由於陽邊論學業宮，所以需依陽邊字眼而論好壞吉凶。

事業上：無法得到女性下屬的助力。
財運上：不善理財，若論投資剛開始有小利潤，但終究大損失。
健康上：下肢筋骨、婦科稍弱。

生肖屬鼠，名字逢「小」字根之現象

臣、亞、次、士、仕、少、相、卿、叔、仲、小、季、臣、姿、力、工。
老鼠逢小為降格，易委曲求全，有志難伸。

如果用於名一

個性上：隨遇而安，企圖心弱，自信不足。
人際上：犧牲奉獻，為別人的貴人。
感情上：大多委曲求全。
健康上：上半身：脖子以下，肚臍以上，器官功能皆稍弱，尤其心肺功能較弱。

如果用於名二

學業上：讀書事倍功半，難學以致用。
事業上：替別人打江山，為人抬轎。
財運上：賺錢別人享受，不善理財，無法約束下屬及兒女，易被小孩爬到頭上。

健康上：下半身筋骨稍弱。

生肖屬鼠，逢「立」字根之現象

昱、翊、竑、章、立、童、竟、竣、端、競、靖、竫。

老鼠站立現危機，有財無庫易傷財。

如果用於名一

個性上：缺乏自信心，行事不穩，規劃能力弱。

人際上：貴人遠離，卻為別人的貴人，小人不斷。

感情上：愛在心裡口難開。

健康上：上半身腸胃、心肺功能皆弱。

婚姻上：另一半生肖無特別禁忌，以虎、龍、猴、雞為佳。

如果用於名二

學業上：心靜不下來，事倍功半，難學以致用。

事業上：常做冒險投資，格局受限，下屬無助力。

財運上：有財無庫，不善理財，財去人安樂。

健康上：下肢筋骨較弱。

生肖屬鼠，名字有「日」字根的現象

昇、昌、明、易、星、章、竟、耀、書、曹、映、春、昭、昱、時、晉、晃、皓、普、智、暉、暖、暘、旭、旺、昆、曆、曉、曄、曜、曦、書。

子鼠逢日見光死，五行水火相沖剋。

如果用於名一

個性上：性子過於急躁、容易不安，虎頭蛇尾。

人際上：過於急躁，行事欠缺考慮，易受人利用，而犯小人。

感情上：個性過急，良緣難尋，易把對象給嚇跑。

健康上：易便祕，皮膚過敏，高血壓。

如果用於名二

學業上：依天干五行不同而過程不同，但皆學非所用。

事業上：無下屬可依靠，且工作運不佳，升遷困難。

財運上：不善理財，財去人安樂，晚年子媳不孝。

健康上：筋骨、泌尿系統弱，婦科、血液問題皆差。

生肖屬鼠，名字逢「蛇」字根之現象

延、廷、迎、通、造、逢、週、運、迪、迺、建、迅、道、達、遠、適、遲、連、進、逸、邁、弘、強、引、弦、張、弼、凡、肌。

「辶」、「廴」部為眼鏡蛇或奔跑之蛇。

「弓」部為杯弓蛇影，引申為蛇。

「几」部如掛在樹上的蛇。

鼠逢巳蛇心難安，蛇鼠一窩突圍難。

如果用於名一

個性上：個性急躁、不安，時而膽小，異想天開。

人際上：無法信守承諾，行事不定，易使貴人遠離，且犯小人。

感情上：良緣難求，婚姻宮破。

健康上：腸胃、過敏體質，腎功能欠佳，三十七到四十三歲後易有水腫現象。

如果用於名二

學業上：影響學習能力。

事業上：陽邊佳，則工作尚可，卻易賠了健康。

財運上：不宜任意投資，不善理財，有錢宜置不動產。

健康上：過敏體質及易有血液、水腫、婦科不佳等症狀。

生肖屬鼠，名字中逢「人」字根之現象

信、修、仁、介、仍、仕、以、偉、健、仲、依、仲、任、伯、伸、估、佩、佳、保、倍、儒、俊、儀、億、儷、倢、倩、值、倫、傑、傳、來、伊、佑、佺、俐、僑。

過街老鼠，人人喊打。

如果用於名一

個性上：膽小怕事，優柔寡斷，企圖心及規劃能力差。

人際上：耳根子軟，易被牽著鼻子走，無主見，貴人遠離。

感情上：愛在心裡口難開。

健康上：上半身筋骨不好。

婚姻上：另一半生肖忌諱屬鼠、兔、虎、蛇、雞。

如果用於名二

學業上：無法專一，學業難成。

事業上：須看陽邊，但不宜有女性下屬。

財運上：有財亦無庫，投資金錢遊戲必破，妻無助力或不得夫財。

健康上：易傷及腳、筋骨，婦科不佳。

生肖屬鼠，逢「木」字根之現象

桃、榕、榛、杉、材、村、桐、梅、杞、柳、柔、東、林、枝、柱、栩、株、根、桂、梓、梧、棉、棋、森、楓、業、柄、柏、榮、樂、樓、標、樟、權、杏、杰、楨。

鼠逢木帶刑（子卯刑）、洩（水生木）

如果用於名一

個性上：有一顆助人的熱心，但答應別人卻做不到，標準的沒問題先生。

人際上：遇事無關緊要的心態，做事難以讓人放心，所以貴人遠離。

感情上：怨偶一對。

健康上：腸胃稍弱。

婚姻上：另一半的生肖忌諱屬猴、雞。

如果用於名二

學業上：心有餘力不足。

事業上：對女性下屬太好而招惹爭議。

財運上：財庫破，花錢不知節制，財去人安樂。

健康上：筋骨稍弱。

第二節【丑牛之人】可用與不可用之字

丑牛五行為水，為祭典中三牲之一，是小生肖。

牛進田中，一人一牛，體能相若，恰如其分，牛是田中之畜，適才、適所、適用，才能充分發揮牛的能耐。

牛對於再重的負擔也能竭盡心力負荷到底，不達目的絕不罷休，堅毅的牛一向堅持己見，以自己的步調去完成夢想。

丑，屬於十二地支的第二位，方位是北北東方，若以一天的時間來看，是午夜一點至三點之間，正是草木皆眠的時候；若以四季來分，則是十二月，正是家人圍爐團聚的月份。

生肖屬牛的命格解析

屬牛的人很有責任心，也很會為別人著想，在團體中能顧全大局，所以人緣極佳，仁慈而不自私，很合群，常常委曲自己，成就他人。

因為合群，所以喜歡和朋友在一起，所結交的朋友也大都是正直、高貴、誠懇的人。和朋友相處會令你感到愉快，也會為你帶來好運。

屬牛的人忍耐力強，做事情很有毅力，穩定度夠，但有時會因過於執著而缺少通融性，也不擅長臨機應變，但是內心深處總是有一股希望能為別人帶來幸運，造福他人的善念，所以如果只是追求自己的利益，滿足自己的私慾，這樣的工作反而會讓你覺得無趣。因為你喜歡為人服務，所以很適合在政府機構或是服務業或是從事社會福利性質的工作。

雖然外表看起來似乎有點固執，但其實你擁有很敏銳的直覺，也常常有不錯的開創性的想法，除了關心大眾的福祉之外，也喜歡追求自己心智上的成長。

適合在牛年出生的姓氏

田、潘、連、毛、洪、郭、李、溫、梁、孟、斐、翁、姚、康、龍、農、張、牛、江、孔、池、沉、石、谷、黃、苗、游、金

不適合在牛年出生的姓氏

馬、朱、徐、姜、丁、武、盛、狄、章、楊、熊、許、馮、成、倪、佟

屬牛的喜用字

你如果是屬牛，首先要瞭解牛的特性，才能瞭解名字的好壞

牛喜歡有洞穴住，喜歡吃五穀雜糧，如能得水、得木、得草最佳，得蛇、得雞成三合局，

得鼠、得豬成三會局，得田符合屬性，得柵欄得休息，名字中如有符合下述條件者為好名。

一、有「艸」字部首的字對牛很好，因牛以草為主食，名字有艸字部，代表糧食豐富，內心世界充實，一生吃穿不虞匱乏。

例如：芝、萍、豐、苗、蓮、芃、芊、芙、芮、芳、英、若、莓、茱、茹、荃、莉、莎、菊、菲、蓮、萱、葦、葶、薀、蓁、蓉、蓓、蔚、蕾。

二、有「宀」、「广」、「門」、「戶」、「冊」、「聿」、「曲」、「冂」部的字，代表牛可在屋簷下休息，有溫暖的家，表示一生比較不會那麼辛苦。例如：宜、家、宛、宏、宗、宣、同、再、庫、廣、庚、府、庸、廈、閎、閔、扁、津、肅、肇、肄、曲。

三、有「田」、「甫」、「原」的字根，牛在田野，吃草或耕田，都適得其所，悠哉享受美食，或勤勞耕田，盡其牛的本份。

例如：男、野、苗、甲、略、富、由、迪、申、伸、源、原、縓、甫、輔。但因田有四個洞，須注意表面上事業得心應手，私底下財庫破洞，到頭來兩袖清風。

四、牛以素食主糧，如有「禾」、「叔」、「菽」、「麥」、「稻」、「豆」的字根，則可得溫飽，屬牛者名字中，如有以上字根，表示糧食豐盛，不虞吃穿。

例如：粲、梁、程、科、麥、穠、秀、秉、秋、科、豎、豔、豊、豐、豎。

五、有「辶」的部首，其形象似蛇。及有「酉」、「鳥」、「羽」的部首可得三合局，因為「巳、酉、丑」為三合，即牛與蛇、雞稱「三合」，互有幫助，一生中貴人多。例如：鸞、鳳、菲、羽、白、雀、雁、毛、雅、雋、邁、遷、迅、迎、連、遠、迪。

六、三會部首喜遇「亥」、「家」、「豪」、「子」、「季」、「存」、「淳」等字互有幫助，遇事能迎刃而解。例如：豪、家、象、孩、孔、孜、孝、孟、季、學。

七、牛喜小不喜大，所以喜歡「臣」、「卿」、「二」、「丞」、「士」、「少」、「小」之字形。

例如：少、妙、尚、臨、王、亞、幼、卿、寸、小、臣、相等字根。

八、牛喜歡晚上，可休息。字形喜歡有「夕」、「銘」、「名」字邊。

例如：多、夜、夢、銘、夙、名、外、夠。

九、牛喜蹺腳「厶」，可以悠閒休息。例如：閎、宏、弘、雲、芸、云、鉉、雄、炫、玄、參。

十、牛除了能耕田外，也具有拉車的能力，因此，在名字中用「車」為部首的字，則具有牛升格為馬的味道，表示能力受到肯定，即使在工作上很辛勞，但因為認命和擔當的特性，所以，很容易受到上級的賞識。例如：軒、連、軾、運、軻、軋、軍。

屬牛的忌用字

你如果是屬牛，首先要瞭解牛不喜歡的情況，才能瞭解名字的好壞

屬牛之人不喜歡字有人字邊，或肉字邊，或馬字邊，或羊字邊，或狗字邊，或龍字形，也不喜披彩衣變漂亮，也不喜得王、掌權，或戴王冠，或持武器，或有奔跑之字形，如果名字中有以上所舉例之字形，就表示名字有破格。

一、屬牛之人避免用「心」、「月」、「忄」的部首，因為那是肉的偏旁主葷食也。牛不食葷，如果屬牛者，名字有肉的偏旁者，便易有食不下嚥的感覺，有精神被掠奪的味道，以及失落感。例如：忠、愛、志、恆、懷、怡。

二、屬牛之人避免有「日」、「山」、「丘」、「屯」、「艮」的部首，因為牛在太陽下耕作，變成「氣喘牛」。牛走山路也很辛苦，牛上山頭步履維艱，表示一生中較勞祿，時而又衝勁不足，亦不得貴人之相助。例如：亦、春、晶、崇、峻、峰、純、良。

三、屬牛之人避免有「王」、「玉」、「主」、「君」、「帝」、「大」、「長」、「冠」的部首，人怕出名豬怕肥，牛也忌肥大，牛、豬逢大有祭天的味道，雖然有祭天的榮耀，但其犧牲的代價太高了。牛太大時，易成為犧牲品。例如：央、奎、璋、瑞、理、珍、玫、玟、玥、玲、珖。

四、自古以來，便有以牛、豬、羊祭祀的習慣，所以，對屬牛的人而言，必須避免在名字中用「示」字根的字，否則即使擁有榮耀，卻是以生命代價來換取的，實在是得不償失。例如：示、鼎、祥、祺、祈、禎。

五、屬牛之人避免用「羊」的部首，因為牛與羊為「對沖」，即丑與未對沖，容易有生離死別的跡象，以及不如意之事發生。例如：群、達、妹、善、儀、美、義。

六、屬牛之人避免用「馬」的部首，因為「牛頭不對馬嘴」，「風馬牛不相及」、「自古白馬怕青牛」，牛與馬相害，表示一生與人意見不合。例如：驥、騰、駱、騏、騫、夏、丙、竹、丁。

七、屬牛之人避免有「彡」、「巾」、「衣」、「采」、「示」、「系」的部首，為披彩衣之象。牛如果披上彩衣，不是變成祭品，就是一生為別人無怨無悔地付出，直到老死為止。例如：紋、維、市、幅、祖、彬、彩、禮、裘、祥、裴、褶、衫、裕、裙。

八、屬牛者的名字要避免用以前帝王的名字，因為，稱君為王對屬牛者來說，只會添增辛苦，對健康和抵抗力都有所損害。例如：「雍」、「熙」、「堯」、「舜」、「禹」，或是朱元璋、李世民等帝王名諱。

九、屬牛之人避免用「人」的部首，因為牛逢人耕田，有被控制、為其工作之意。

例如：仁、任、仲、仙、修、仕、佳、俊。

十、屬牛之人避免用部首有耳朵的字根（左耳右耳皆是），會有被人牽著走，被人控制而不自由，不能自我發揮的感覺。用在名一人際關係受限；用在名二則事業財運會受限。例如：邵、鄰、阜、陣、陳、陽、隆、隨、階、隋、陪、際、隘、阡、都、陌、邑、郁、部、祁、郊、鄲、郡、郎。

十一、屬牛之人不喜強出頭，如「亠」，強出頭，犯小人，愛雞婆，容易招怨。例如：文、衣、依、主、柱、辛、彥、享、亨、高、言、語、亦、京、禎、真、貞、右、永、上。

十二、屬牛之人避免用「口」的部首，因為有犧牲奉獻之意。例如：品、喜、高、官、橋、喬、加、嘉、僑。

與丑牛有關之：沖、刑、破、害、合、會　用字範例

【沖】　丑未正沖　-　不可用

祥、儀、茱、美、達、翔、幸、善、澤、羚、南、朱、義、未、報、珠、群、洋、妹、姜。

【刑】丑戌相刑－不可用

然、茂、盛、誠、獻、威、成、戎、獲、献、城、狄、狀、武、猛、猷、戰、戴、戌。

【破】丑辰相破－不可用

晨、麟、宸、農、麒、誼、誌、麗、言、雲、雨、五、京、展、民、貝、就、涼、龐、麓、寵、瓏、震、振、塵、慶、尤、君、鹿。

【害】丑午相害－不可用

駿、騰、驊、駐、騏、駱、許、彤、杰、然、馮、夏、炳、竹、燦、駒、珠、燕、馳、火、炎、焱、赤、朱、紅、為、烈、煌、榮、瑩、照。

【合】巳酉丑合－可用

(虫)螢、蜂、虹、蛇、蝶。

(弓)張、弼、強、引、弘。

(辶、廴)庭、莛、廷、建、進、迪、連、造、遠、迎。

(鳥)鳳、鶯、鳴、鴻、鵑、鸞。

(羽)翁、翼、羿、翰。

(隹)雄、進、淮、雅、潗。

【會】亥子丑會－可用

家、豪、毅、濠、孔、字、學、孟、享、李、好、存、泰、孫。

生肖屬牛，名字正沖所產生的現象

義、群、祥、洋、妹、美、善、幸、茱、未、達、澤、珠、翔。

如果用於名一

個性上：內心矛盾。

人際上：易得罪人，而且犯小人，容易遭人陷害，與家人緣淺。

感情上：情路難行，真心換絕情，良緣難求。

健康上：易生體質過敏、腸胃及筋骨的問題。

婚姻上：夫妻間同床異夢，溝通困難，無共同興趣及嗜好。

如果用於名二

學業上：無法專心，課業不佳。

事業上：坐不住，不喜歡待在家裡，學非所用，且工作運極差，易受下屬連累，工作、事業極不穩定。

財運上：由於工作、事業受阻，無財亦無庫。

健康上：腳易受傷，意外血光開刀，亦有筋骨痠痛問題，生殖泌尿系統差，易有糖尿病
及水腫現象。
家庭上：與兒子緣淺。

生肖屬牛，名字帶形剋的現象

然、茂、盛、誠、成、威、獻、城、武、猛。
牛狗相刑，刑傷破財，人際不彰，反遭出賣

如果用於名一

個性上：缺乏企圖心，做事有頭無尾。
人際上：一生為別人的貴人，替人抬轎。
感情上：情路難行，通常為馬車夫之戀，愛在心裡口難開。
健康上：需注意筋骨及呼吸器官的問題。
婚姻上：另一半的生肖忌諱屬牛、龍、羊、雞、狗。

如果用於名二

學業上：不喜歡念書。
事業上：學非所用，導致日後職場工作運不佳。

財運上：易產生金錢借貸之糾紛，為錢傷腦筋，勞而無獲。
健康上：須防意外多災，及婦科問題。
家庭上：在家無權，與兒女緣淺，通常是小孩管爸爸。

生肖屬牛，名字帶龍字根的現象

晨、辰、麒、麗、展、民、貝、君、宸、農、詩、話、言、謀、誼、記、震、振、慶、誌、麟。

龍牛同度，有橋無路，心性較弱。

如果用於名一

個性上：企圖心較弱，不善於規劃，易神經質。
人際上：濫好人，易成為別人的貴人。
感情上：異性緣弱，不善追求，愛你在心口難開。
健康上：腸胃較弱，中年後需注意肝的病變，筋骨亦不佳。
婚姻上：另一半的生肖忌諱屬牛、虎、兔、龍、狗。

如果用於名二

學業上：課業差。

事業上：無法專注，學非所用，導致工作運差、懷才不遇、有志難伸的狀況。

財運上：過於浪費，不善理財，財去人安樂，錢財不聚，妻無助力。

健康上：筋骨、腳易受傷，且多意外。

家庭上：由於最後一字產生破格，日後子女不親近，本身亦無福可接受子女之孝順。

生肖屬牛，名字帶「六害」的現象

驊、騰、駿、騏、駒、馮、驕、彤、杰、然、照、燕、熙、熹、炳、燦、燁、炯、炎、為、烈、榮、炫、煜。

自古白馬怕青牛，帶六害不可用之，因此有馬字形或火字根之字，生肖屬牛不適合用。

如果用於名一

個性上：個性較急躁，且任性。

人際上：率性而為，我行我素，且較固執，易犯小人。

感情上：良緣難求，異性緣差。

健康上：腸胃不佳，易有過敏體質，上半身筋骨及血液和心臟易出現問題。

婚姻上：另一半的生肖忌諱屬鼠、牛、猴、雞、豬，可減少夫妻溝通問題，產生聚少離多之現象。

如果用於名二

學業上：無法專心於學業上

事業上：因健康狀況不佳，工作、事業難發展。

財運上：不善理財，財庫破，不可從事金錢投資，每投必敗破大財。

健康上：下半身筋骨、腳容易出狀況，抵抗力弱，過敏體質，意外多災。

家庭上：跟女兒緣份淺。

生肖屬牛，逢「大」字根及「抬頭」字根的現象

天、君、主、玉、冠、奇、瑛、珍、夫、堂、騰、奕、瑋、琴、琦、文、育、瑞、玟、璋、璃、璀、琮。

屬牛之人逢大，強出頭，犧牲奉獻，一生辛苦。

如果用於名一

個性上：強出頭，愛面子，好管閒事。

人際上：表面上的人際關係不差，但實際上只是替別人出頭的貴人，自己有事時，卻很難找到別人幫忙。

感情上：只能暗戀，默默關心，愛你在心口難開。

健康上：勞碌命，工作過於勞累而傷身，不做事時，又容易腰痠背痛。

婚姻上：另一半的生肖忌諱屬兔、羊、牛、豬，不易溝通。

如果用於名二

學業上：事倍功半，讀不出什麼好成績。

財運上：無福可享，賺錢別人享用。

事業上：凡事只能靠自己，校長兼敲鐘，難得到有力之下屬。

健康上：筋骨、生殖泌尿系統易出問題。

家庭上：為子女犧牲奉獻，無福可享。

生肖屬牛，逢「人」及「耳」字根的現象

仲、儀、修、偉、佑、仁、以、信、佳、依、介、從、德、聲、郡、倍、郝、郁、倫、伯、傲、傳、僅、聰、聯、陽、耿、陸。

逢人耕田，逢耳受制。

如果用於名一

個性上：遇事消極，企圖心弱，心事誰人知。

人際上：對人付出，為別人的貴人。

感情上：不易遇到賢妻良母型女人，晚婚，或大女七歲以上。
健康上：腸胃稍弱。
婚姻上：另一半的生肖忌諱屬鼠、虎、蛇。

如果用於名二

學業上：學非所用。
事業上：做得多，得到的少，無得力部屬。
財運上：有財無庫，不宜投資。
健康上：下半身筋骨較差。

生肖屬牛，名字逢「日」字根的現象

日、昌、明、旭、暉、昀、星、昱、智、昭、昕、映、普、書、暖、暄、會、旺、晃、旻、昆、曜、耀、輝、朝、宣、曉。

如果用於名一

個性上：個性急躁，不善規劃，無頭蒼蠅，毫無頭緒的奔波，勞碌命。
人際上：付出多，得到的少，為別人的貴人。
感情上：心無定性，內心空虛，異性朋友無助力。

健康上：腸胃不佳，肝腎發炎，筋骨易痠痛。

婚姻上：另一半的生肖忌諱屬鼠、兔、蛇、狗、豬。

如果用於名二

學業上：讀書無頭緒，沒方法，事倍功半，日後難學以致用。

事業上：校長兼敲鐘，做得多，得到的少，下屬無助力。

財運上：有財無庫。

健康上：下半身筋骨較易出問題。

生肖屬牛，名字帶「肉」字根之現象

心、思、慧、怡、志、育、朋、憶、有、忠、郁、念、憲、恬、情、恆、惠、慈、意、懷、恩、情、愛、勝。

牛吃五穀不吃肉，有志難伸。

如果用於名一

個性上：患得患失，優柔寡斷，無企圖心。

人際上：由於做事舉棋不定，人際關係不佳。

感情上：婚姻宮破格，情路辛酸，真心換絕情。

健康上：腸胃不佳，易有過敏體質現象。
婚姻上：另一半的生肖忌諱屬兔、龍、馬、羊、雞。

如果用於名二

學業上：讀書難專心，學業不佳。
事業上：工作無力，不積極。
財運上：過路財神，賺錢給別人用。
家庭上：財庫破，無地位，兒女情份弱。
健康上：筋骨、腎易出問題。

生肖屬牛，名字帶「山」字根之現象

岳、崇、峻、峰、崢、嶺、崙、崑、崧、嶸、岱、嵐、岑、涔、崧、嵩。

牛上山頭，動力不足。

如果用於名一

個性上：自信心弱，散漫不經心。
人際上：施恩無功，易犯小人。
感情上：良緣難求，遇不到好女人。

健康上：腸胃較弱，氣喘毛病。

婚姻上：另一半的生肖忌諱屬龍、蛇、馬、猴、狗、豬。

如果用於名二

學業上：讀得很辛苦。

事業上：自己做得很累又無下屬可幫忙，工作運不佳，容易窮忙。

財運上：錢財不聚，無財運。

健康上：筋骨易痠痛

第三節【寅虎之人】可用與不可用之字

寅虎五行為木，王者之態，是大生肖。

寅，屬於十二地支的第三位，方位是東北東方，若以一天的時間來看，是清晨三點到五點之間，正是黎明的前奏；若以四季來分，則是正月，正是草木孕育新芽的時期，表現出欣欣向榮的氣象。

老虎，在山林中霸氣稱王，生活領域範圍很廣，得隨時確保自己的地盤，是肉食性動物，在山林中耀武揚威，在平地卻完全沒有發揮才能的餘地，才有「虎落平陽被犬欺」這句話。

生肖屬虎的命格解析

屬虎之人眼光遠大，具有領導能力，在團體中常會成為領導者或意見領袖，喜歡幫助別人，能夠與他人合作，和同伴之間也相處得很好，個性大方又和藹可親，是個有人緣的人。

而你的好運和財富就來自於你的受人喜愛和廣得人緣。屬虎的人經濟能力都相當不錯，是個幸運富有的人。

雖然有人緣，但因為太有主見，如果不懂得協調、溝通的話，往往會太自以為是，自我意識強烈，因此會讓人覺得太霸道。

你對於宗教和哲學思想也會感到有興趣，一旦信仰某種宗教，就會成為非常虔誠的信徒，而且你能夠運用敏銳的心去感受周圍的所有人、事、物，所以你可以成為稱職的神職人員。

從事旅遊活動會為你帶來好運，尤其是跟水有關的旅行。你很有機會在旅途中遇見能幫助你的貴人，也能在旅行中結交到志同道合的好朋友，更能從旅遊經驗中充實自己的心靈，開拓世界觀、和提升眼界。

也適合擔任教師、演說家、劇作家，或成為出色的祕書。你對於抽象的理論比一般人更容易理解，也更容易掌握到其本質與細節的部份，所以你也有機會成為優秀的科學家。

適合在虎年出生的姓氏

馬、馮、汪、成、許、丁、游、潘、蕭、沈、梁、李、孟、洪、江、武、盛、狄。

不適合在虎年出生的姓氏

袁、石、田、谷、侯、申、張、連、毛、徐、倪、佟、章、楊、黃、苗、顧、龐、龍、龔、農、鈕、金。

屬虎的喜用字

你如果是屬虎，首先要瞭解虎的特性，才能瞭解名字的好壞。

老虎喜歡有洞穴住，如能得山部，披彩衣為佳，能得王掌權最佳，又戴冠，吃肉最棒，能得水、得木、得森林更好，得馬、得狗三合局，有奔跑字形更有前途，名字中如有符合下述條件者為好名。

一、虎喜有「肉」、「月」、「心」、「忄」之字根，因老虎為肉食性動物，有以上字根，表示糧食豐富，內心充實，體力佳，一生不愁吃穿。例如：惠、慈、憲、愫、羨、有、望、育、能。

二、屬虎的人，「寅」、「卯」、「辰」，須注意有「辰」不可用，因龍虎鬥。喜歡有「卯」、「東」、「兔」之字根，因寅、卯、辰為三會，合成木局，一生得貴人相助。例如：柳、昂、印、勉、東。「寅」可比旺。例如：黃、演。

三、老虎如遇「馬」、「午」、「南」、「騰」、「火」、「戌」、「然」、「犬」、「獻」之字根即成三合局，因寅、午、戌成三合，能互相幫助，貴人多且有助之意。例如：盛、威、城、騁、騫、然、列、狄、猷、楠。

四、虎喜歡有「氵」、「水」、「冫」之字根，因為水能生寅（虎）生木能得助力，受人提拔。例如：汀、漢、涵、濤、泉、求、泰、凍、冰、永、池、汎、江、沁、沂、沈、洺、沐、沖、沛、河、湘、泉、洋、津、洧、海、淳、清、湧、添、泓、波、泰、泯。

五、虎喜歡有「衣」、「糸」、「巾」、「采」、「彡」之字根，可華麗老虎之身，增加其威風俊秀，表示一生受人尊重。例如：初、衮、表、裘、形、彤、彬、彰、潔、紀、紅、紋、純、素、影、常、彥、沛、布。

六、虎喜歡有武器隨身，「矢」、「斤」、「戈」代表虎牙、虎爪，一生擁有好本領。例如：矩、知、智、斯、新、蘄、沂、祈、頎。

七、虎喜歡有「林」、「木」之字根，為老虎適得其所之意，因老虎大都棲息在森林，又稱森林之王，可以讓老虎充分發揮其潛能。例如：東、松、桂、杜、樊、森、榮、朱、朵、機、權、杉、材、杜、杆。

八、虎喜歡有「山」、「丘」、「屯」、「艮」之字根，雄霸山林，智勇雙全，福壽興家。例如：岳、峽、岌、岑、崑、崙、峰、崗、岩、峭、峙、嵩、崧、良、純、頓、崴、凱。

九、虎喜歡有「王」、「君」、「令」、「大」、「將」、「力」之字根，老虎為森林之王，並喜發號司令，可掌大權，有威權之意，一生為老闆或主管格局。例如：璇、璞、奉、瑪、玲、球、璦、玟、珍、琵、瑤、瓊、瓏。

十、虎喜抬頭、加冠，如「宀」、「冖」，倍增其威嚴，一生讓人看得起。例如：靜、爭、睬、錚、文、衣、主、柱、辛、彥、享、亨、高、言、語、亦、京。

屬虎的忌用字

你如果是屬虎，首先要瞭解虎不喜歡的情況，才能瞭解名字的好壞。

屬虎之人不喜歡字有人字邊就像「人見老虎就怕」，不吃五穀雜糧，遇蛇、遇猴成三刑，也不喜開口字形，不宜見草原或平地字形（虎落平陽被犬欺），如果名字中有以上所舉例之字形，就表示名字有破格。

一、屬虎之人避免有「田」的字根，因為老虎入「艸」、「平」、「原」及到「田」間，都有「虎落平陽被犬欺」之意，一生中總會被人欺負。

例如：芳、苔、茶、荷、留、當、甸、平、評、源、甲、男、届、畢、當、雷、畊、壘、蕾、疆、璠、畇、異、畸。

二、屬虎之人避免有小「口」、大「口」的字根，因為老虎開口，便傷人，以及老虎有受困之感，不易展現其威，一生志向無法發揮。

例如：回、顧、圖、國、歐、呂、古、尚、史。

三、屬虎之人避免有「門」、「柵」、「欄」、「宀」、「广」之字根，老虎被關在家裡，發不了威，不易展現其威勢之感。例如：閃、開、閩、關、間、家、庭。

四、屬虎之人避免有「小」、「士」、「臣」、「幼」的字根，老虎宜大，才有威風，稱「小」就變成病貓，會有體弱多病的感覺。例如：少、尖、妙。

五、屬虎之人避免有「示」之字根，因為老虎進不了宗廟、祠堂，表示不登對，會沒人緣。例如：祥、社、祐、福、禮、祁、祈、祖、祝、祥、祤、禎、祺、禧。

六、屬虎之人避免有「虎」之字根，因為「一山不容兩虎」，會有言詞傷人的味道。例如：號、處、彪、盧、虛。

七、屬虎之人避有「申」、「袁」、「侯」的字根，因為「寅」與「申」正沖，表示一生會與人對立，意外、血光、身體病痛。例如：坤、紳、伸、珅、媛、侯、遠、環。

八、屬虎之人避免有蛇的字根，如「一」、「丨」、「邑」、「虫」、「虹」、「強」、「遠」。因為「寅」與「巳」相刑害，「蛇遇猛虎似刀戳」，一生小人超多。例如：邦、鄔、郁、川、虹、尤、屯、仁、迅、逢、進、造。

九、屬虎之人避免有「人」或「彳」的字根，因為老虎不喜歡被人控制，也會被人所傷。

例如：代、仲、伍、佰、住、得、從、微、徵。

十、屬虎之人避免有「日」、「光」的字根，因為老虎不愛在大太陽下，因為會很辛苦。例如：旦、星、暢、晨、書、宴、普、昱。

十一、所謂「龍虎鬥」，即是指虎會和龍互鬥傷害，因此，要避免用「貝」、「辰」、「龍」、「言」字根的字。用在名一，會影響婚姻感情，甚至離婚；用在名二，錢財存不住，會破財。例如：顧、預、頌、頗、賓、穠、宸、農、龍、誠。

十二、所謂的「與虎謀皮」的顧慮，且虎皮易有被展示的危險，因此，名字中應避免有「皮」字根的字。例如：皺、皮。

十三、屬虎之人忌有「豆」、「米」、「禾」、「麥」、「粱」類五穀雜糧素食字根，因為虎為葷食動物，因為有食物，卻不是自己喜歡吃的食物，看得到吃不到，個性上顯得有氣無力，事業上無企圖心，工作辛苦卻勞而無獲，心想事不成之故也。例如：粉、粧，栗、粟、秋、科、穆、秀、莉、豐、豎、登、凱、黎、精、麴、麵、樑。

十四、虎不喜蹺腳「ㄙ」，容易造成懶惰，做事不認真。例如：閎、宏、弘、雲、芸、云、鉉、雄、炫、玄。

十五、屬虎之人避免用部首遇有耳朵的字根（左耳、右耳皆是），發展受到限制，不能自我發揮的感覺。用在名一則人際關係受限；用在名二則事業財運會受限。例如：邵、隆、鄲、郡、隋、陪、阡、都、邑、郁、郎、阜、陣、陳、陽。

與寅虎有關之：沖、刑、破、害、合、會 用字範例

【沖】寅申相沖 - 不可用

坤、遠、侯、珅、伸、紳、環、袁、寰、園、暢、猿、祖、示、神、申。

【刑】寅巳刑害 - 不可用

之、逸、道、引、弘、張、強、虹、進、達、述、迪、連、廷、建、川、六、遵、弼、越、超、迎。

【破】寅亥相破 - 不可用

家、豪、毅、豫、緣、聚、核、濠、壕、篆。

【合】寅午戌合 - 可用

騰、驊、駐、馮、煌、朱、夏、南、城、然、狄、狀、猛、戊、駿、騎、騏、成、威、茂、誠、盛。

【會】寅卯辰會－可用

青、勝、東、林、諒、棟、冕、宸、農、振、麗、麟、龐、貫、震、月、印、卿、財。

生肖屬虎，逢正沖「申猴」字根的現象

坤、伸、坤、遠、侯、袁、暢、福、禎、禮、祺、寰、祖、宗。

山中無老虎，猴子稱大王，猴五行為金，虎五行為木，金剋木局。

如果用於名一

個性上：委曲求全，做事企圖心弱，內心不易安定。

人際上：人際關係不佳，別人只會佔你的便宜。

感情上：早婚必破，良緣難求。男女年紀相差七歲以上較好。

健康上：筋骨不佳，三十五歲左右必傷腰椎，筋骨易痠痛。

如果用於名二

學業上：心慌難定，課業不佳。

事業上：學非所用，無下屬宮，不利升遷，工作運勢不佳。

財運上：財庫大破，左進右出，口袋空空。

健康上：意外多災，易傷筋骨。

生肖屬虎，逢蛇字根帶三刑六害的現象

連、建、通、進、弘、引、強、達、逸、道、蟬、宛、婉、之、川、迪。

廴、辶部：為眼鏡蛇或攻擊性之蛇。

弓字：杯弓蛇影，引申為蛇，蛇為大蟲也，蛇遇猛虎如刀戳。

几字：如蛇在樹上之形。

如果用於名一

個性上：想太多，遇事遲疑，常錯失良機。

人際上：易得罪人，一生小人不斷。

感情上：婚姻宮破格，與另一半溝通、互動不佳。

健康上：腸胃不好，筋骨欠佳，易生暗疾。

如果用於名二

學業上：好動，不想念書，影響功課。

事業上：學非所用，工作運勢極差，易被人陷害。

財運上：有財無庫，不善理財，與女兒緣不深，或管教困難。

健康上：意外多災，必傷筋骨。

生肖屬虎，名字中逢「豕」、「豬」字根帶破的現象

家、豪、毅、象、眾、聚。

如果用於名一

個性上：雖有企圖心，卻不善規劃，做事只做一半。

人際上：易犯小人，人際關係稍弱。

感情上：婚姻宮破格，夫妻易起爭執。

健康上：腸胃、泌尿系統較弱。

婚姻上：另一半的生肖忌諱屬蛇、馬、猴。

如果用於名二

學業上：陽邊若佳則有助力。

事業上：不宜有女性下屬。

財運上：有財無庫，錢有去無回。

健康上：意外多災，需注意下半身肢體健康。

生肖屬虎，逢「土」字根的現象

地、堂、均、坤、培、基、土、在、堅、埼、壘、坡、壁、塑、塘、境、堇、墨。

會產生木剋土的現象，任性、固執，土字邊多在名字陰邊，因此主要論內心。

如果用於名一

個性上：任性、固執，過於堅持己見。
人際上：因較難溝通，容易讓人避而遠之。
感情上：過於自我，表面上受傷的是別人，但實際上受傷的是自己。
健康上：脾胃、內分泌易失調。

如果用於名二

學業上：陽邊若佳則有助力。
事業上：對女性下屬要求過高。
財運上：花錢不知節制。
健康上：脾氣大易上肝火，易傷到筋骨，下肢易出現問題。

生肖屬虎，逢小「口」字根之現象

吉、員、品、和、君、呈、哲、嘉、喜、台、召、右、名。
虎喜逢大洞穴，但忌開小口。

如果用於名一

個性上：虎開口帶刑剋，個性過於剛強。
人際上：易得罪人及易惹是非。
感情上：婚姻宮不佳，過於霸道，另一半非常委曲。
健康上：胃、呼吸系統功能不佳。

如果用於名二

學業上：陽邊若佳則有助力。
事業上：做事雖積極，但升遷無望。
財運上：有財無庫，用錢較無節制。
健康上：腳易受傷而引起日後痠痛，注意下半身開刀。

生肖屬虎，逢「金」字根之現象

金、鈞、鈴、銀、銓、銘、鋒、鉉、錄、錦、錫、錩、鍊、鎮。
老虎逢金，心無奈，委曲求全無人知。

如果用於名一

個性上：委曲求全，無企圖心。
人際上：給人畏畏縮縮、無企圖心及易被人牽著鼻子走的感覺，為別人的貴人。

感情上：委曲求全，良緣難求，心事無人訴。

健康上：呼吸系統較弱。

如果用於名二

學業上：陽邊若佳則有助力。

事業上：做得多，得到的少。

財運上：為錢煩惱，賺錢別人用。

健康上：下半身筋骨問題多，注意車刀關。

生肖屬虎，逢「人」字根之現象

信、修、仟、佑、伊、伯、伸、佳、倍、偉、仲、俊、介、儀、以、任、仁、佐、佩、僑、億、儒、倫、健、偵、傑、傳。

老虎遇到人，不是虎死，即為人傷。

如果用於名一

個性上：內心世界個性較拗，易猜忌，陽邊若佳則有助力。

人際上：常給人有不易溝通之感覺，且脾氣不佳，而影響人際之互動。

感情上：婚姻宮不佳，另一半的個性較兇悍。

健康上：筋骨、腸胃不好。

婚姻上：另一半的生肖忌諱屬蛇、猴、雞。

如果用於名二

學業上：陽邊若佳則有助力。

事業上：陽邊若佳則有助力，但女性下屬無助力。

財運上：有財無庫，不宜金錢投資。

健康上：腳易受傷。

生肖屬虎，逢「平原」字根之現象

芳、芊、華、蓉、芸、茜、荷、芝、芬、花、苑、苓、苗、苡、若、英、茗、莉、莎、茵、萬、葉、葦、蓁、茹、草、芷、芹、菀、蓬、蓮、萍

虎落平陽被犬欺。

如果用於名一

個性上：易委曲求全。

人際上：為別人的貴人。

感情上：委曲求全，容易遭另一半背叛。

健康上：筋骨及心肺功能較弱，易心悸。

婚姻上：另一半的生肖忌諱屬虎、龍。

如果用於名二

學業上：內心空虛，坐不住，無法專心，考運不佳。

事業上：工作不順，不得長上賞識，替他人打江山，卻難得回報

財運上：守財不易，妻不得夫財，勞而無獲。

健康上：筋骨、生殖泌尿系統不佳。

生肖屬虎，逢「五穀」字根之現象

豐、荳、米、和、登、程、麥、秋、利、秉、秀、蓁、福

虎不吃五穀，養份不足，易生不滿。

如果用於名一

個性上：易生不滿，缺乏企圖心及規劃能力。

人際上：主動力不夠，親和力較差，一切主控權皆操縱在別人。

感情上：良緣難求，易委曲求全，夫妻缺乏共同興趣與理念。

健康上：腸胃、筋骨、心肺功能皆差。

婚姻上：另一半的生肖忌諱屬虎、蛇、狗、龍、猴。

如果用於名二

學業上：事倍功半，學非所用。

事業上：工作辛苦，但收穫卻少。

財運上；勞而無獲，妻無助力或不得夫財。

健康上：筋骨、腳、腎、婦科、下半身皆不佳。

生肖屬虎，逢「日」及「翹腳」字根之現象

昌、明、輝、耀、昆、智、昭、昕、映、普、先、興、書、雄、宏、芸、日、云、雲、時、晃、旻、光、克、

老虎見日懶洋洋，又逢翹腳變病貓。

如果用於名一

個性上：企圖心較弱，隨遇而安，懶散成性，不夠積極。

人際上：雖不致得罪人，心太軟，是濫好人。

感情上：不夠積極，情路難走，良緣難求，婚姻難圓。

健康上：腸胃稍弱，逢翹腳字根易傷筋骨。

婚姻上：婚姻宮不佳，另一半的生肖忌諱屬蛇、豬。

如果用於名二

學業上：心不定，坐不住，學非所用。

事業上：執行力不夠積極，難讓上司賞識，亦難讓下屬認同，升遷不易。

財運上：花錢較兇，不懂節制，投資必破。

健康上：筋骨較弱。

第四節【卯兔之人】可用與不可用之字

卯兔五行為木，祭典中觀禮者，是小生肖。

兔子的個性十分柔順，彷彿初露光芒的朝陽，和煦可人，但別以為兔子溫和好欺負，「狡兔三窟」，就可看出兔子是何等的深謀遠慮；「兔子不吃窩邊草」，可見兔子十分警戒周邊環境。兔子愛吃草是人盡皆知，而兔子更喜歡吃豆子來磨牙就鮮為人知了。

卯，有冒出的意思，屬於十二地支的第四位，方位是正東方，若以一天的時間來看，是清晨五點至七點之間，正是太陽初升，即將普照大地的時刻；若以四季來分，則是二月，正是萬物生長、萌芽的時節，以「兔」來代表「卯」是最適合不過了。

生肖屬兔的命格解析

兔年生的人具有能靜能動的個性，反應敏捷，常常有一些嶄新而獨特的想法，同時又能夠積極的去執行，所以在工作職場上更能發揮你的才能，也因此常常能成為職場上的領導者。

不過一回到家裡，卻又是居家型的人，喜歡待在家裡，也會與配偶共同分擔家務。

喜歡有變化性、有挑戰性的工作，因為對自己的能力相當有自信，所以不大喜歡屈於別人的權威之下，最怕受到約束與牽制，這使得你在別人眼中有時會顯得特立獨行。但是你性格中所具有的開荒拓野的特性，仍會使你在事業領域都能與眾不同，迅速累積財富、獲得成功。

也因為腦筋動得快，又具備行動力，所以有時難免會因為思考未周全就貿然行動，而遭到碰壁的情況，幸好敏捷的思維又會讓你立刻調整方法和策略，繼續向著目標邁進。

因為對自己的信心和所獲得的成就，使得你不會主動去接觸宗教方面的事物，你對宗教的看法是比較消極、被動的，你不會真的把它當作精神寄託的目標。

適合在兔年出生的姓氏

潘、洪、田、黃、苗、游、姜、李、汪、溫、康、盛、江、池、沈、石、谷。

不適合在兔年出生的姓氏

翁、鄔、金、譚、鈕、鄭、楊、熊、斐、姚、顧、龐、龔、袁、侯、申、張、連、毛、徐、倪、佟、章。

屬兔的喜用字

你如果是屬兔，首先要瞭解兔的特性，才能瞭解名字的好壞。

兔子喜歡有洞穴住，披彩衣為佳，有五穀得溫飽，能得水、得木、得森林、得草為適得其所，如有羊或豬之形為三合局，得柵欄可休息，名字中如有符合下述條件者為好名。

一、兔子喜歡名字中有小「口」、大「口」、「宀」、「冖」、「广」、「入」之字根，因狡兔三窟，兔子喜歡在洞穴裡竄來竄去，有個安全的家，一生食祿、財祿不缺。
例如：只、味、同、哈、唯、四、容、宙、黃、宥，但「安」、「宇」兩字除外。

二、名字宜用有「寅」、「虎」、「嵩」、「丘」、「良」、「獻」之字根，因寅、卯、辰為三會局可得貴人助。

三、名字喜有「亥」、「未」之三合字根，朋友很多，可得貴人相助，感情也會琴瑟和鳴，事業騰達，錢財暢通。
例如：家、核、豫、象、毅、孩、豪、該、群、洋、祥、翔、詳、妹、美、善、束、果、樺、樸、末、業。

四、名字宜用有「彡」、「系」、「衣」、「巾」之字根，兔子著重有漂亮的毛色，可華麗其外表，可得人緣，受人喜歡。例如：紀、練、絢、彩、衫、莊、袁、縣、約、綠。

五、名字宜有「艸」之字根，因兔子為素食動物。例如：苗、莎、蕭、華、菁、葦、芷、蔣、花。

六、名字宜有「禾」、「米」、「豆」、「麥」、「粱」、「稷」、「稻」、「叔」，以上均為五穀雜糧，為屬兔者喜用之字根，可得溫飽。

例如：豊、麥、稠、稿、積、豔、豐、精、粒、黎、秀、麻、豎、粉。

七、若名字有「月」、「夕」字，月有比旺的效果，夕可休息。清秀多才，溫和廉正，安富尊榮。

例如：棚、朋、望、朝、期、朦、朧、勝、前、靜、多、夜、夢、銘、多、夙、名、服、朗。

八、屬兔之人喜小不喜大，喜歡有「小」、「少」、「士」、「臣」、「卿」、「二」、「丞」之字形，因小得位，長大犧牲奉獻。

例如：少、妙、臨、亞、幼、卿、寸、小、臣、相。

屬兔的忌用字

你如果是屬兔，首先要瞭解兔不喜歡的情況，才能瞭解名字的好壞。

屬兔之人不喜歡字有人字邊，或肉字邊，也不喜得王、掌權，或戴王冠，或持武器，或有奔跑之字形，遇龍則成相害，遇雞是六沖，如果名字中有以上所舉例之字形，就表示名字有破格。

一、屬兔之人避免選用有「日」、「陽」之字根，因為犯了日月沖之象，兔又代表「月」兔，遇有「日」的字根，則會日月對沖，有危機，心性不定，善變，容易與人對立，尤其異性之間的對立特別明顯，因此對婚姻感情甚為不利，會有良緣難求，夫妻不睦的現象。財運上也會有財去人安樂之象。

例如：旦、亦、昇、旭、明、昭、晁、晨、景、晶、暉、晰、旬。

二、屬兔之人避免選用有「人」的字根，俗云：「守株待兔」，表示生活恐懼，一生不安，危機四伏，犯小人，沒貴人。

例如：倫、偉、傑、士、修、但、得、從、律、使、佳、俠、復。

三、屬兔之人避免選用有「大」、「君」、「冠」、「帝」、「王」之字根，因兔子為小動物，無福稱「大」、稱「王」，會有壓力過重，承擔不起之感。

四、屬兔之人避免選用有「山」、「林」、「艮」之字根，因為兔子若處在森林、山中，日子過得比較驚心動魄，時時有危機。例如：崗、森、山、艮。

五、屬兔之人避免用有「心」、「忄」之字根，兔子是草食動物，見到「肉」會有失落感，看得到而吃不得也，凡事不能順心，個性畏縮，沒有自我的思想與定見，遇到喜歡的人、事、物、亦只是愛在心裡口難開，不敢勇於追求。

例如：忍、思、慧、慈、悠、息、慶、憲、恬、怡、情、悅、惟、慎、愫、憶。

六、屬兔之人避免用有「辰」、「龍」、「貝」、「鹿」、「京」、「雲」、「左」、「言」之字根，因為與地支卯辰相害三刑，「玉兔見龍雲裡去」，傷心，沒有助力，人際關係差。例如：穠、農、晨、振、麟、慶、寶、韻、諒、晾、佐、語、議、講、記、許、評、詮、麒、瓏、宸。

七、屬兔之人避免選用有「酉」、「西」、「雞」、「金」之字根，因以上諸字根均代表西方「卯」與「酉」對沖，表示一生中無助力，做什麼都不對，血光，車關，刀關，是非，口舌，小人。例如：銀、鋼、錦、要、醒、羿、習、翔、鸞、凰、醫、翁。

八、屬兔之人避免選用有抬頭、加冠字根，如「采」、「亠」、「爫」，否則容易造成無謂的壓力，承擔過重的責任。

九、另外，還有兩個字不可用之，一個是「宇」，因為，字的下半部是「于」，也就是「我」的意思，我也是屬兔則會轉成「冤」字，便是承受冤枉之意了。另一個是「安」，因為安的下半部是「女」，也就是「汝」的意思，具有屬兔本身之意，和宇一樣會有「冤」的意思，所以，必須避免用這兩字。

十、三口與四口：

姓名三個字中合起來有三個口，可稱王。

姓名三個字中合起來有四個口，則心機重，好猜疑，善於算計。

與卯兔有關之：沖、刑、破、害、合、會 用字範例

【沖】卯酉相沖 - 不可用

耀、雅、鴻、雁、翠、鳴、翰、進、翎、鵑、雙、雍、雋、鶯、羿、翃、習、翊、翔、翌、翡、雄、兆、非、兌、飛。

【刑】子卯相刑 - 不可用

存、孔、孝、孟、李、郭、詠、享、季、學、字、厚、純、敦、永、承、泰。

【破】午卯帶破 - 不可用

騏、騄、馮、駒、驊、炎、為、瑩、珠、烈、煌、燕、朱、杰、馴、駐、紅、驃、炫、騰、夏、榮、照、燦、火、駿、煜、許。

【害】卯辰為害 - 不可用

五、晨、宸、農、麗、展、民、貝、言、尤、龐、君、雲、雨、京、誼、誌、瓏、麟、震、

振、慶。

【合】亥卯未合－可用

豪、家、緣、濠、眾、毅、美、姜、妹、祥、善、群、洋、茉、幸、羚。

【會】寅卯辰會（卯辰相害，兔遇虎，所以寅卯辰三會屬兔者不用）

虔、彪、朗、盧、峻、峰、雲、振、宸、農、誼、誌、涼、民、瓏、演。

【生肖屬兔】－不可用，名字逢酉雞正沖字根的現象

耀、翠、鳴、翰、進、翡、翎、鵑、羿、翊、翌、雄、雅、鴻、兆、菲、雁、鴦。

【酉】－不可用：雞之本位。羽：鳥、雞才有羽毛。隹：短尾鳥為隹。

雞兔正沖，萬般皆無奈。

如果用於名一

個性上：畏畏縮縮，委曲求全。

人際上：犯小人，容易遭受背叛、陷害。

感情上：委曲求全，情路坎坷，真心換絕情。

健康上：三十歲左右易筋骨痠痛，脊椎容易側彎，心肺功能欠佳，且易有憂鬱症的現象。

婚姻上：另一半的生肖忌諱屬鼠、兔、雞、狗。

如果用於名二

學業上：無法靜心，書讀不好，學非所用。

事業上：常換工作，升遷困難，得不到上司的賞識，易遭下屬陷害，缺乏執行能力，在家亦無地位。

健康上：初期筋骨痠痛，下肢易受傷，意外多災，中年後易有肝臟之問題。

財運上：一事無成，終日為錢傷腦筋，即使有財亦無庫，投資必破。

生肖屬兔，名字帶刑字根的現象

孝、孟、季、泰、享、學、字、敦、詠、兔、子（鼠）。

內心鬱卒，有始無終，易遭陷害。

如果用於名一

個性上：意志不堅，行事常半途而廢。

人際上：表面上朋友多，實際上卻無知心的朋友，易遭陷害。

感情上：有始無終，感情一旦投入，無疾而終。

健康上：筋骨稍差，需注意腎臟、膀胱、泌尿系統。

婚姻上：另一半生肖忌諱屬鼠、兔、蛇、馬。

如果用於名二

學業上：若陽邊佳，則有助力。
事業上：若陽邊佳，則有助力，但女性下屬無助力。
財運上：若論投資，剛開始可獲小利，但最後終吃大虧，先有後無。
健康上：筋骨、泌尿系統較弱，注意易犯刀刑。

生肖屬兔，逢「破」字根的現象

騲、驛、駿、煜、駒、騏、煌、燕、騄、杰、馴、駐、照、燦、

兔子逢馬帶破又帶洩，個性散漫。

如果用於名一

個性上：企圖心弱。
人際上：信口開河，虎頭蛇尾，反遭唾棄，終究貴人遠離。
感情上：愛在心裡口難開，良緣難求。
健康上：肝火較旺，筋骨無力易痠痛。
婚姻上：另一半生肖忌諱屬鼠、牛、猴、雞。

如果用於名二

學業上：若陽邊佳，則有助力。

事業上：若陽邊佳，則有助力，但女性下屬沒有助力。

財運上：出手大方，花錢不知節制，財去人安樂。

健康上：筋骨、婦科不佳，易影響腎臟、血液循環。

生肖屬兔，逢六害「龍」字根的現象

貝、言、尤、晨、宸、農、麗、誌、麟、民、雲、雨、京、誼、震、詠

玉兔見龍雲裡去。

如果用於名一

個性上：做事無厘頭，問東回答西，讓人丈二金剛摸不著頭緒，易患得患失。

人際上：捉摸不定，易讓貴人遠離，且犯小人。

感情上：情路難行，婚姻宮破格，另一半個性較強、兇悍。

健康上：腸胃、筋骨不佳，中年後影響肝功能。

婚姻上：另一半的生肖忌諱屬牛、虎、龍、羊、狗。

如果用於名二

學業上：若陽邊佳，則有助力。
事業上：工作運差，升遷困難，帶不動下屬。
財運上：有財無庫，投資易破，晚年無福可享。
健康上：腳易受傷，筋骨、婦科問題多，注意犯刀刑。

生肖屬兔，逢「日」字根的現象

昇、易、昌、昱、昕、映、普、書、景、旻、昀、春、昭、時、明、昆。
月中藏卯兔，日中藏金烏，雞兔正沖。

如果用於名一

個性上：急躁、不安，缺乏規劃能力。
人際上：人際關係不佳，易與人衝突，遭人陷害。
感情上：良緣難求，情路坎坷，真心換絕情，易遭背叛。
健康上：肝炎，筋骨差。
婚姻上：另一半生肖忌諱屬鼠、兔、蛇、狗、豬。

如果用於名二

學業上：心浮氣躁，書讀不好，學非所用。

事業上：若陽邊佳，則有助力，但不宜有女性下屬。
財運上：有錢是非多，財去人安樂，投資必破，晚年淒涼。
健康上：筋骨、下半身功能皆差，意外多災。

生肖屬兔，逢「金」字根的現象

金、鈞、鈴、銘、銓、鍊、鎔、鈺、銀、銅、鋒、釗、錄、錦、錫、鎮。
兔五行為木，逢金剋木，身心俱疲。

如果用於名一

個性上：無奈，抑鬱寡歡，企圖心弱。
人際上：若陽邊佳，則有助力，但易犯女性小人。
感情上：委曲求全，另一半個性及脾氣較強。
健康上：筋骨、肝膽較差，腰易受傷。
婚姻上：另一半生肖忌諱屬虎、兔、馬、羊、狗。

如果用於名二

學業上：若陽邊佳，則有助力。
事業上：若陽邊佳，則有助力，但不宜有女性下屬，易遭背叛。

財運上：有財無庫，晚年淒涼，女兒緣淺，不易管教。
健康上：下半身筋骨、腳易痠痛。

生肖屬兔，逢「肉」字根的現象

志、忠、念、思、怡、心、恆、恕、恩、恬、愛、慈、慧、悅、情、惠、愉、愈、意。
兔子逢肉心慌慌。

如果用於名一

個性上：舉棋不定，易患得患失。
人際上：凡事沒主意，缺乏主見，容易被牽著鼻子走。
感情上：情路難行，婚姻宮破格。
健康上：易患憂鬱症及躁鬱症，肝、筋骨也容易出現問題。
婚姻上：另一半生肖忌諱屬牛、兔、龍、馬、羊、雞。

如果用於名二

學業上：若陽邊佳，則有助力，但易受健康因素而影響學業。
事業上：校長兼敲鐘，女性下屬除了對自己無助力外，還容易受其所害。
財運上：無福可享，晚年奔波勞碌。

健康上：下半身筋骨不佳。

生肖屬兔，逢「人」字根的現象

佩、佳、俊、信、仁、來、以、仲、任、伯、伶、佑、保、修、倫、健。

兔子逢人，守株待兔。

如果用於名一

個性上：守株待兔，做事不積極，企圖心及規劃能力較差，龜毛。
人際上：被別人牽著鼻子走，缺乏主見，沒貴人，常遭陷害。
感情上：良緣難求，不善追求，為情破財。
健康上：腸胃、肝、筋骨較差。
婚姻上：另一半生肖忌諱屬鼠、虎、兔、蛇、羊、雞。

如果用於名二

學業上：若陽邊佳，則有助力。
事業上：不宜有女性下屬。
財運上：賺錢別人用，不宜投資，必破財。
健康上：下半身健康稍差。

生肖屬兔，逢「土」字根的現象

均、坤、堅、埼、城、培、基、土、在、地、堂、塘、境、增。兔五行為木，逢土為木剋土，過於自我。

如果用於名一

個性上：任性、固執，堅持己見，易與人格格不入。
人際上：過於自我、任性，人際關係差。
感情上：過於自我而讓另一半委曲求全。
健康上：脾胃、肝、筋骨皆差。
婚姻上：另一半生肖忌諱屬鼠、豬。

如果用於名二

學業上：若陽邊佳，則有助力。
事業上：對下屬要求過高，而讓有心、有能力之人望之卻步。
財運上：花錢過於海派，有錢宜置不動產。
健康上：筋骨、腳易受傷。

生肖屬兔，逢「大」字根的現象

帝、君、大、天、道、元、冠、太、夫、奇、王、玟、玲、玫、珊、珍、珮、琇、琪、琬、琳、琴、琦、瑋、交、文、瑞、瑩、璧、環、瓊。

兔子逢大，強出頭，犧牲奉獻。

如果用於名一

個性上：強出頭、好面子、愛管閒事，常將事情攬到自己身上。

人際上：犧牲自己、照亮別人，吃力不討好。

感情上：犧牲奉獻，喜歡的愛不到，不喜歡的時常來報到。

健康上：肝臟功能較差。

婚姻上：另一半的生肖忌諱屬牛、羊、豬、兔。

如果用於名二

學業上：讀書無方，有心讀卻讀不好。

事業上：做得多，但得到的少，事倍功半，一生勞碌，別人坐享其成。

財運上：無福可享，賺錢別人用。

健康上：筋骨較差。

生肖屬兔，逢「蛇」字根的現象

廷、迪、建、凰、凰、凱、弘、張、強、迺、迅、迎、近、逑、選、邁、通、逢、連、進、凡、風、逸、道、

蛇為兔子天敵，危機四伏，兔子逢蛇心難安。

如果用於名一

個性上：企圖心弱，優柔寡斷，膽子較小，遇事膽怯。

人際上：與姐妹緣淺或受其壓迫，易犯小人。

感情上：婚姻宮破格，另一半個性較強，良緣難求。

健康上：心臟、筋骨皆差。

婚姻上：另一半的生肖忌諱屬鼠、虎、兔、猴、豬。

如果用於名二

學業上：若陽邊佳，則有助力。

事業上：不宜有女性下屬，女兒難帶，雖愛她，但卻不得其喜歡。

財運上：漏財，守不住錢。

健康上：腰痠背痛、血液循環不佳，中年腎臟、婦科易出狀況。

第五節【辰龍之人】可用與不可用之字

辰龍五行為木，王者之風，是大生肖。

辰，是十二地支的第五位，方位是東東南方，若以一天的時間來看，是上午七點到九點之間；若以四季來分，是春末的三月，是萬物快速生長的時節。

龍是祥瑞的象徵又是靈物，所以順理成章的被拿來做君王之喻，「龍者君也」，帝王自認是龍的化身，代表天意、君臨天下。龍也是十二生肖中，唯一虛構、傳說中的瑞物珍獸。是中國人所創，也成了中國傳統文化的一部分。千百年來，國人常把美好的願望寄託於動物之神，以祈求平安吉祥；因此被賦予吉祥的四靈，廣受民眾尊敬喜愛，龍是四靈之一，古人認為四靈具有無比的神力，傳統建築物或廟宇常裝飾四靈圖或龍吟虎嘯的壁畫。

龍既是瑞獸，自然不食人間煙火，只要逢雨遇水，就能凌雲騰空，又能興風作浪，更會呼風喚雨、「神龍見首不見尾」，高深莫測，集萬千寵愛於一身，非常有能耐。

生肖屬龍的命格解析

自信、聰明而有活力，有一種夢想家的氣質，能憑空想像一些事物，一方面是朋友眼中的點子王，也能夠憑著卓越的判斷力，以穩健高尚的態度去獲得財富並拓展事業版圖。

屬龍的人做起事來認真專注，追求完美，但有時又會給人不切實際的感覺，剛開始會朝著目標努力去做，但一遇到挫折，脾氣就會急躁起來，再加上愛挑剔的個性，往往會把事情扔下不管，因此，不適合固定性的薪水階級工作，最好是做能自由自在伸展個性、發揮長才的事業，尤其是需要想像力的工作，如室內設計師、建築師、藝術及文化工作者，廣告設計等等，有創意性的皆可。

屬龍的女性往往會將重心放在工作上，是一個典型的現代職業女性，雖然重心在工作，若一旦有了家庭，她們還是能把事業和家庭都兼顧。

會時時注意社會的經濟脈動，而對於「美」的事物也具有特殊的感受力，所以既蘊含美學氣質又具備經濟價值的東西會特別吸引你。

對於自己所認同的觀念、想法會很堅持，所以一旦有了宗教信仰，就會很虔誠而且滿懷熱情。要注意去體認宗教的真正涵義，以免被表象所蒙蔽而遭受損失。

適合在龍年出生的姓氏

王、游、孫、常、洪、汪、孔、李、彭、潘、泰、江、池、沈、馬、馮、許、丁、袁、侯、申、斐、翁、鄔、金、姚、孟、承、永、冰、溫。

不適合在龍年出生的姓氏

程、嚴、狄、成、龔、農、柳、劉、巴、黃、苗、蕭、康、吳、呂、谷、朱、徐、倪、佟、熊、姜、龐、龍、連、盧、岳、方、石、田、司、宮、商、毛、武、盛、姜。

屬龍的喜用字

你如果是屬龍，首先要瞭解龍的特性，才能瞭解名字的好壞。

龍喜歡得日月精華，披彩衣為佳，能得王掌權最佳，又戴冠，得水最棒，能天上飛，能得鼠、得猴，成三合局，名字中如有符合下述條件者為好名。

一、宜選用有「氵」、「水」之字根，因龍是雨神喜水，龍得水，適得其所，有衝天之勢，成功隆昌，富貴增榮，一生享福，一生能發揮所長，做什麼像什麼。

例如：江、法、海、湯、注、泉、泳、湊、湘、濟。

二、名字宜有「王」、「大」、「君」、「主」、「帝」、「一」、「令」、「主」、「長」、「上」、「首」、「天」之字根，因龍在中國人心中的地位為最大，宜稱「龍王」，發號司令，不宜稱小，表示一生能掌權德貴，受人尊敬。

例如：夫、天、太、旺、奚、珍、琵、瑤、璞、瓊、瓏。

三、宜選用有「申」、「爰」、「袁」、「子」、「馬」、「午」、「鳳」之字根，因申、子、辰三合，龍與猴、鼠為三合局，因龍與馬在一起，會有「龍馬精神」、「龍飛鳳舞」的幹勁，會積極努力開創前程。例如：駐、駿、騫、騰、驂、媛、袁、坤、紳。命名時選用「癶」、「子」、「壬」字根的字，也是會很有幫助之用。

例如：李、存、孝、孟、學、壬。

四、宜選用有抬頭的字根，如「𠫓」、「爫」「亠」，因龍喜歡抬頭，可展露其威，容易成為領導人。例如：真、有、青、育、存。

五、名字宜有「日」、「月」的字根，因龍喜得日、月為其最愛，可增加肖龍者的內心世界充實感及精華，表示一生中非常有才華。

例如：早、昌、昱、晨、暖、書、期、朝、望、朗。

六、宜選用有「星」、「雲」、「辰」的字根，因為龍喜行於天空，而與日、月、星、辰為伍，表示可得貴人相助。例如：雯、霏、霖、騰、濃、振。

屬龍的忌用字

你如果是屬龍，首先要瞭解龍不喜歡的情況，才能瞭解名字的好壞。

屬龍之人不喜歡字有人字邊，就像被下放人間，古代傳說龍不吃肉，也不吃五穀雜糧，也不願見虎、兔、龍、牛、羊、狗，或有奔跑等字形，持武器字形也不可，不喜有洞穴困住，有木、森林、草字形更不可，如果名字中有以上所舉例之字形，就表示名字有破格。

一、屬龍之人避免有「辶」、「弓」、「川」、「几」、「巳」、「邑」、「虫」等蛇的字根，因蛇一般人又稱之為小龍，會有龍降格為蛇之感，由大變小，地位降低之意，膽小懦弱無助，心想事不成，有志難伸。例如：彎、巴、選、邱、郭、虹、蝶、都、州、巢、兄、克、先、遠、遷、健、強、弼、延、蟬、融、蜀。

二、屬龍之人避免有「宀」、「戶」、「門」、「口」之字根，因為龍不喜洞穴，有被困住的感覺，才能無法發揮。例如：宮、字、定、宛、實、園、圓。

三、屬龍之人避免選用「艸」、「平」、「冊」之字根，龍不喜落入草叢，有龍困淺灘之意，才能無所發揮。例如：茵、符、蓁、薰、范。

四、屬龍之人避免選用有「田」、「甫」之字根，龍也不喜歡下田，有受困之意，易受人陷害。例如：迪、戰、畢、疆、專、單。

五、屬龍之人避免選用有「戌」、「成」、「犬」、「國」、「犭」之字根，因辰與戌正沖，犯了正沖，是生肖姓名中的最會與人爭執的字根，一生中看不順眼的人一大堆。例如：威、獄、猛、狀、獅、國、茂、成、晟。

六、屬龍之人避免選用有「山」、「丘」、「虍」、「艮」、「寅」的字根，會犯上了「龍虎鬥」，一生中容易與人有爭執。例如：岳、演、岩、嵐、艱、良、處、島、崔、號。

七、屬龍之人避免選用有兩小「口」、「昌」之字根，會形成「雙口」之意，龍為君，君無戲言、不可開兩次口。例如：昌、倡、喜、喆、師、嚴。男人用「昌」字，隱藏同時存在兩個情，未婚者會腳踏兩條船，已婚者會有外遇。

八、屬龍之人避免有「卯」、「兔」之字根，因為「玉兔見龍雲裡去」，地支卯辰相害，一生中小人不斷。例如：迎、仰、勉、逸、菟、卿。

九、屬龍之人避免有「心」、「忄」之字根，都為「肉」形之意，而龍乃不食人間煙火，葷肉對其而言，更是糟蹋。例如：慕、應、必、懿、恩。

切記：「月」用在生肖屬龍時，只論「月珠」，不論「肉」、「卯」、「兔」。

十、屬龍之人避免選用有「臣」、「士」、「相」、「人」、「小」、「少」、「工」、「卒」之字根，會使龍降格為臣、為士、為人之意，由尊而卑，氣勢下降，志氣會被磨掉。

例如：尖、藏、臨、壯、壹、濤、就、尚。

十一、由於辰戌丑未構成了所謂的天羅地網，因此，避免用「羊」部首的字，否則會有所犯。

例如：羚、群、義、姜、羨、養。

十二、屬龍之人避免有「皿」，皿乃盛物之器，屬龍之人逢之，猶如池中之物，畫中之龍，乃嚴重降格也。例如：盂、益、盈、盆。

十三、屬龍之人避免有「ㄙ」，龍喜在天上翻騰，不喜歡翹腳，若翹腳則個性慵懶。

例如：台、雄、宏、雲、芸、弘。

與辰龍有關之：沖、刑、破、害、合、會 用字範例

【沖】辰戌相沖 － 不可用

戌、武、猷、威、狄、狀、戴、盛、誠、猛、獻、、然、戎、獲、戊。

【刑】辰龍相刑 － 不可用

晨、宸、農、振、麒、麗、展、民、貝、言、尤、君、雲、雨、五、信、龐、京、涼、誼、誌、瓏、震、塵、慶、寵、鹿、鎮。

【破】辰丑相破 － 不可用

星、生、先、隆、牧、特、牡、牟、甦、造、浩、皓、笙。

【害】卯辰相害－不可用

勉、印、東、木、楝、卿、冕、朗、朋、豪、望、朝、郁、春、明、柳、迎、月、林。

【合】申子辰合－可用

紳、珅、暢、坤、袁、環、侯、寰、園、存、孟、孺、孜、詠、學。

【會】寅卯辰會－可用

嵐、妮、丘、峻、月、朋、勉、朝、彪、演、朗、迎、柳、卿、印。

生肖屬龍，逢正沖戌狗字根的現象

誠、威、狄、戰、盛、狀、成、武、然、城、茂。

龍狗相逢為正沖，身心俱疲，徒勞而無功。

如果用於名一

個性上：無企圖心，心性不定。

人際上：易遭陷害，只會招來不好的事情，好的卻絕緣。

感情上：情路辛酸，真心換絕情，易遭背叛、破財。

健康上：筋骨痠痛，呼吸系統不佳，意外多災，一生病痛不斷、災害連連。

婚姻上：另一半的生肖忌諱屬牛、龍、蛇、狗。

如果用於名二

學業上：無法靜心，書讀不下去，功課不佳。

事業上：一事無成，徒勞無功，尤其在三十七歲過後更為顯著。

財運上：一生為錢奔波。

健康上：下半身筋骨易受傷；腎臟、生殖泌尿系統容易出問題。

生肖屬龍，逢相刑字根的現象

晨、震、民、貝、言、君、雲、京、麟、震、慶、鎮、京、麒、語、誼、誌、誠。

龍龍相刑，王不見王。

如果用於名一

個性上：虎頭蛇尾，半途而廢，前功盡棄。

人際上：表面看似不錯，實際卻無助力。

感情上：有始無終，良緣難圓。

健康上：腸胃稍弱。

婚姻上：另一半的生肖忌諱屬牛、虎、兔、龍、羊、狗。

如果用於名二

學業上：學業受阻，日後學非所用。但逢「日」、「月」字根影響較小。

事業上：做事虎頭蛇尾、升遷機會不大。

財運上：不善理財，不適合做投資，必敗。

健康上：注意身體暗疾。

生肖屬龍，逢「破」字根的現象

物、皓、隆、特、牟、紐、星、生、造、先、妞。

龍牛同度，有橋無路。

如果用於名一

個性上：易急躁、不安、神經質。

人際上：看似熱心，卻別有心機，不易得到信任。

感情上：婚姻宮破格，良緣難求。

健康上：消化系統不佳。

婚姻上：另一半的生肖忌諱屬龍、馬、羊、狗。

如果用於名二

學業上：靜不下心，讀書無門，學而無用。

事業上：工作不穩定，升遷困難，下屬宮弱，與小孩緣淺。

財運上：有財無庫，投資易破，不宜有養兒防老觀念。

健康上：下半身及泌尿系統不佳。

生肖屬龍，逢六害卯兔字根的現象

卿、勉、柳、迎、木、逸、春、印

玉兔見龍雲裡去，雞同鴨講為哪樁。

如果用於名一

個性上：神經質，雞同鴨講，難與人溝通。

人際上：酒肉朋友多，遇有問題時，大家規避，且落井下石。

感情上：良緣難求，易多口舌，爭執不斷。

健康上：腸胃、筋骨、肝皆差。

婚姻上：另一半的生肖忌諱屬鼠、牛、龍、馬、雞。

如果用於名二

學業上：心神不定，無法專心於功課。
事業上：工作運差，無法帶下屬，易被拖累，凡事半途而廢。
財運上：財來財去，晚年口袋空空。
健康上：車刀關，意外血光，筋骨易有問題。

生肖屬龍，逢「金」字根的現象

鈞、鈴、銀、銓、錦、錫、鎮、釗、鑾、銅、鋒、錡、銘。
辰龍五行藏木，逢金剋心無奈。

如果用於名一
個性上：較悶，委曲求全，把話藏在心裡，企圖心與規劃能力皆較差。
人際上：內心委曲，與世隔絕。
感情上：婚姻宮破格，良緣難求。
健康上：筋骨易受傷，有憂鬱症傾向。
婚姻上：另一半的生肖忌諱屬虎、兔、龍、狗、雞。

如果用於名二
學業上：陽邊字根若佳，尚有助力。

事業上：女性下屬宮無力，升遷較難。

財運上：賺錢給別人用，晚運不佳。

健康上：下肢容易受傷。

生肖屬龍，逢「土」字根的現象

基、堂、埼、城、地、堅、土、培、均、在、垂、境、增、塘。

辰龍五行藏木，木土相剋傷脾胃。

如果用於名一

個性上：任性、固執，不夠圓融。

人際上：過於自我，不易溝通，沒有貴人。

感情上：良緣難求，家中易多口舌爭執，另一半辛苦。

健康上：易傷及脾胃、筋骨。

婚姻上：婚姻如果沒破裂，皆因另一半的委曲求全。

如果用於名二

學業上：沒特別顯著的成績好壞，陽邊字根若佳，助力較好。

事業上：沒特別顯著的事業好壞，陽邊字根若佳，助力較好。

財運上：有財無庫，出手大方，花錢不知節制。
健康上：下肢易受傷，四十五歲後易出現糖尿病症狀。

生肖屬龍，逢「肉」字根的現象

忠、恩、志、思、慈、怡、憶、惟、恆、恬、悅、情、念、慧、慶、惠、憲、懋、愉、懷。

龍不食人間煙火，看得到吃不到。

如果用於名一

個性上：脾氣古怪。
人際上：思想反覆，給人有難以相處的感覺，沒有貴人。
感情上：婚姻宮破格。
健康上：腸胃不佳。
婚姻上：另一半的生肖忌諱屬牛、兔、龍、馬、羊、雞。

如果用於名二

學業上：沒特別顯著的成績好壞，陽邊字根若佳，助力較好。
事業上：女性下屬宮弱。
財運上：不善理財，財庫破，晚年無福可享且與女兒緣份較淺。

健康上：下半身腹部易出毛病。

生肖屬龍，逢「蛇」、「人」字根的現象

迎、連、造、通、達、逢、巡、廷、建、逸、強、弘、乏、及、匕、虫、毛、几、之、川、德、律、佑、伊、偉、俊、儀、仕、信、仲、仁、佳、傳、佩。

龍為君王，逢蛇逢人均降格，易委曲求全。

如果用於名一

個性上：委曲求全、無企圖心。
人際上：犧牲奉獻，為人作嫁。
感情上：良緣難求，為人作嫁。
健康上：脾胃、筋骨較差。
婚姻上：陽邊字根若佳，助力較好。

如果用於名二

學業上：需依陽邊字根而論，但在求學上會事倍功半，學非所用。
事業上：由於降格，格局變小，乃上班族之格，無下屬之助力。
財運上：財庫破，有財無庫，晚年無福可享。

健康上：腎功能、生殖泌尿系統都要注意。

生肖屬龍，逢盤腿、蹺腳字根的現象

允、文、芸、光、興、俊、宏、弘、紜、先、典。

如果用於名一

個性上：無企圖心，個性懶散。

人際上：委曲求全，為別人的貴人。

感情上：腰、骨易受傷，且內分泌易失調。

健康上：委曲求全，婚姻宮破格。

婚姻上：另一半的生肖忌諱屬龍、蛇、雞。

如果用於名二

學業上：事倍功半，學非所用。

事業上：為人作嫁、事倍功半；下屬宮無力，執行力差，升遷困難。

財運上：財庫破，無法得妻助。

健康上：筋骨較差、抵抗力較弱。

生肖屬龍，逢五穀平原字根的現象

豐、登、秀、蓁、秋、禾、豆、麥、利、秉、和、秦、程、科、原、芳、蓮、芸、芝、若、茜、茵、苗、菊、菁、莎。

龍不食五穀，落入凡間，龍游淺水遭蝦戲。

如果用於名一

個性上：委曲求全，內心充滿不平。

人際上：為別人的貴人。

感情上：情路難行，易遭背叛。

健康上：呼吸系統、腸胃、筋骨皆欠佳。

婚姻上：另一半的生肖忌諱為虎、龍、蛇、狗。

如果用於名二

學業上：心神不定坐不住，無心思學習。

事業上：升遷困難，帶不動下屬，執行力差。

財運上：為誰辛苦為誰忙，終究兩手空空，一生平淡無奇。

健康上：下半身較弱。

生肖屬龍，逢洞穴字根的現象

宇、安、家、富、宏、定、康、圖、閑、團、圓、

如果用於名一

個性上：企圖心弱，凡事隨緣。

人際上：被動性，人際關係較弱。

感情上：犧牲奉獻，良緣難求。

健康上：腸胃較弱，心肺功能較差，血壓易偏高。

婚姻上：另一半的生肖需以陰邊字根而定喜忌。

如果用於名二

學業上：事倍功半，成績平平。

事業上：有志難伸，心想事不成。

財運上：不善理財。

健康上：無特別明顯病症，需搭配依陰邊字根來論病症。

第六節【巳蛇之人】可用與不可用之字

巳蛇五行為火，雖龍而非龍，是小生肖。

蛇，又名小龍或稱長蟲，是夜行動物，性喜葷食、鑽洞或在草地中遊走，沒有腳，靠腹部鱗片運動前進，大蛇不怕人，小蛇怕人，蛇的精力旺盛。

巳，是十二地支的第六位，方位是南南東方，若以一天的時間來看，是上午九點至十一點之間；若以四季來分，是初夏的四月，正是萬物欣欣向榮，萬頭鑽動之象。巳具有蛇的象形，是十二地支中唯一具有字相對生肖的象形文字。

生肖屬蛇的命格解析

屬蛇的人，佔有慾強，具有一顆強烈的好奇心，喜歡新奇的事物，外表冷靜，內心充滿熱情，但疑心病重，有時又會不由自主地產生嫉妒心，你很聰明，凡是需要運用智慧的事情，都能表現得很好，但是單調的、一成不變的例行工作卻會令你感到枯燥、心煩。

很注重生活的情趣和美感，擅長運用靈活的頭腦和幽默感來處理任何情勢，交際手腕一流，很容易贏得別人的好感和信任，是個天生的外交家，也會是個成功的「執行祕書」。

通常是富有同情心，且願意幫助別人的，但是又並非真正的慷慨，不過這都不會影響你受歡迎的程度。

很注重自己的容貌儀態，裝扮得宜，有時還會適時的小露性感，所以桃花運很旺，是個戀愛高手。

在事業方面，尤其是投資做生意，對於別人所提出來的一切資訊和建議，會小心的調查求證。

適合在蛇年出生的姓氏

龍、馬、常、翁、鄖、金、張、高、商、熊、姜、農、龐、龔、宮、祝、苗、顏、嚴、蕭、顧、賀、馮、許、田、司、吳、呂、丁、牛、鈕、鄭、斐、谷、哈、譚、姚、王、陳、巴、朱、柳、劉、毛、成、武、方、石。

不適合在蛇年出生的姓氏

盧、孫、游、池、承、丞、永、李、孟、冰、徐、倪、溫、家、佟、岳、康、孔、洪、沈、汪、泰、江。

屬蛇的喜用字

你如果是屬蛇，首先要瞭解蛇的特性，才能瞭解名字的好壞。

蛇喜歡有洞穴住，能披彩衣為佳，能得王掌權最佳，又戴冠，有肉可吃飽，有火邊，又得森林，也得木，得牛、得雞為三合局，如得馬、得羊成三會局，名字中如有符合下述條件者為好名。

一、適宜有「口」、「冖」、「宀」、「戶」、「广」、「厂」、「門」、「田」的字首，因蛇喜歡在洞穴內有隱匿之所，並可棲息、冬眠，悠遊自如似有一個溫暖的家，進可攻，退可守。如：冠、宏、宮、寬、因、含、句、喬、園。蛇喜歡在有多洞穴的田裡活動，因此，命名時用「田」字根的字，具有多處藏身之優勢。例如：畫、界、思、單、疊、番、當、專、迪。

二、宜有「木」之部首，蛇亦喜歡上樹，有升格變成「龍」之意味，人格提升，受人尊敬。例如：桐、楚、杰、格、樊、楓、機、本。

三、宜有「彡」、「糸」、「衣」、「示」、「采」、「巾」等披彩衣的字首，可轉化為「龍」，猶如變色龍，增其高貴，有升格意味，受人尊敬。例如：緯、絹、純、絲、綺、帆、師、希、紫、繼、納、彥、彤、形、級、祿、禪、祝、製、裳、釋、裁、裕。

四、適宜有蛇形之字根如「辶」、「廴」、「弓」、「辵」、「几」、「巳」、「虫」、

「邑」為同類五行比旺，有家族保護的感覺，一生中貴人也比較多。例如：部、郭、鄭、巴、乙、兆、克、充、兄、夏、凰、弦、疆、通、還、巡、延、建。

五、適宜有「忄」、「心」、「月」之字根，因為蛇為葷食，喜食肉類，表示此生能得溫飽。而「心」是心臟肉、上等肉之意；「月」是中等肉，是蛇的最愛；「忄」是帶骨肉，乃狗的最愛。例如：股、脈、膏、惠、慈、應、志、悠、慧、懿、恭、悅、悟、愉、恆、惟。

六、蛇又叫小龍，喜有龍字形，由小蛇變大龍，「辰」、「尤」、「貝」、「民」、「鹿」等，有擔當有魄力，易受人提拔。例如：麗、麒、京、宸、珉、泯、景、晨。

七、適宜有「酉」、「羽」、「雞」、「丑」、「生」牛的字首，因地支巳酉丑為三合，一生中會有很多貴人。例如：白、習、兆、飛、牡、隆、物、鴻、鵬、鵑、鶯、麗、金、特、翡、牧、生、皓。

八、喜有「馬」午及「羊」未的字根，因地支巳午未為三會，有幫扶的力量。例如：驪、南、駒、許、群、美、馮、杰、烽、炳、祥、妹、義、喜、善、羚、詳、騰、榮、駿。

九、喜小不喜大。例如：士、臣、亞、少、幼。

十、蛇為夜行性動物，不喜見光，喜逢「夕」、「月」。例如：銘、多、名、夙、夜

十一、蛇喜歡在草地、草叢、林間遊走，擁有遊走的空間，是為得地。所以喜有「艸」、「木」之字根。「打草驚蛇」也因風吹草動對蛇提供預警，保護之作用。例如：芽、蘊、茜、蕊、蘇、藏、菊、芬、茶、茂、薛、草。

屬蛇的忌用字

你如果是屬蛇，首先要瞭解蛇不喜歡的情況，才能瞭解名字的好壞。

屬蛇之人不喜歡字有人字邊，就像「人見蛇就怕」，不吃五穀雜糧，吃不飽，如與虎變相害，如與豬成六沖，見太陽怕太熱，有武器字形怕傷人，如果名字中有以上所舉例之字形就表示名字有破格。

一、喜小不喜大，例如：君、長、首、大、王、主、冠。一生好高騖遠、不腳踏實地，想一步登天，只會被看輕，不會被尊重。

二、忌有「水」、「子」之部首字根，因為蛇之地支屬火，遇有「水」之字根，犯了水火相剋之破綻，一生中挫折很多。例如：氾、波、決、游、淵、港、季、存、孫。

三、忌有「亥」、「豕」豬的字根，因為地支蛇與豬對沖，一生中看不順眼的人很多。例如：豫、家、朱、象、豪、孩、核、毅、衆、緣、該。

四、忌有「虎」、「艮」、「寅」、「申」、「袁」部字首，因為「虎」與「蛇」、「猴」為相刑害，古云：「蛇遇猛虎似刀戳」，傷害甚大，會有意外、開刀、血光。例如：峰，峻、虞、虔、處、號、丘、量、卿、仙、山、崢。

五、忌有「日」之字根，因為蛇是冷血動物，怕太陽太熱，蛇大都是在洞穴、樹蔭下活動，鮮少曝曬日光下，遇日會變成人見人討厭的人，或曰見光死，容易急躁、意氣用事，財破。例如：旨、晃、春、昊、曆、智、昌、照、晶、暘、暉。

六、忌有「人」、「亻」之字根，因為蛇不喜歡碰到人，人類是其敵人之一，人類將蛇代表邪惡，見到就要打，也代表小人很多，人際關係不佳，工作不順，財運不佳，易造成夫妻間爭吵不斷。例如：健、何、佳、優、仰、今、仙、俏、備、俠、倉、徠、德、得。

七、忌有「豆」、「米」、「禾」類五穀雜糧素食字根，因為蛇為葷食動物，喜食青蛙等肉類食物，不宜有「豆」等字根，如犯之，則表示其人內心不服輸，脾氣大，又有失落感，因為有食物，卻不是自己喜歡吃的食物，看得到吃不到，心想事不成之故也，貴人遠離，工作上升遷困難，財務上不善理財。例如：粉、粧，栗、粟、秋、科、穆、秀、黎、精、麴、麵、樑、莉、豐、豎、登、凱。

八、忌用有「乂」、「入」、「厶」、「儿」、「八」，蛇本無足，畫蛇添足，多此一舉，做事方面，拖拖拉拉會有事倍功半的感覺；健康上，身體會長一些不該長的東西；人際關係上，愛管閒事。例如：弘、宏、雄、芸、玄、妶、紘。

與巳蛇有關之：沖、刑、破、害、合、會　用字範例

【沖】巳亥相沖　-　不可用

家、濠、緣、豪、毅、眾、聚、核、壕、諑、篆。

【刑】巳寅相害　-　不可用

處、虔、彪、山、爭、靜、郎、嵐、箏、錚、根、爐、獻、盧、丘、岳。

【破】巳申相破　-　不可用

紳、坤、珅、遠、侯、伸、環、袁、寰、祖、祐、園、暢、柛。

【合】巳酉丑合　-　可用

生、隆、牧、翰、耀、鵾、翔、翡、進、雄、翃、雅、集、先、甦、紐。

【會】巳午未會 - 可用

騰、騏、馳、驊、驛、夏、南、姜、詳、味、許、煌、馮、炳、美、妹、翔、洋、善、羚、儀、群。

生肖屬蛇，用正沖「亥」字根之現象

家、豪、毅、豫、緣、閡。

豬蛇正沖心煩亂，病痛纏身情難行。

如果用於名一

個性上：生性較悶，時又急躁。

人際上：人際關係不佳，依「亥」字根出現在陰邊或陽邊而定，易遭背叛，朋友無助。

感情上：每交必破，婚姻宮破格，情路難行，良緣難求。

健康上：易有血液、心血管問題。

婚姻上：另一半生肖最忌諱屬蛇、馬、猴。

如果用於名二

學業上：易受健康因素影響學業，因此學業難成。
事業上：工作運極差，升遷困難，下屬易背叛頂撞，一事無成。
財運上：財運差，財庫破，妻無助力或不得夫財。
健康上：下半身血液循環較差、注意生殖泌尿系統問題。

生肖屬蛇，逢刑破「申」、「示」字根之現象

紳、環、示、祐、暢、祖、伸、袁、神、坤、珅、遠、侯、寰、園。
蛇逢示、申為刑、破、合，任性、固執、心不定。

如果用於名一

個性上：任性、固執、衝突、內心交戰。
人際上：過度堅持，時而反覆不定，易犯小人。
感情上：位於陰邊，則男性異性緣較差，位於陽邊，則女性異性緣較差。
健康上：心肺功能較差。
婚姻上：另一半的生肖忌諱屬虎、兔、蛇、豬。

如果用於名二

學業上：事倍功半，甚而綴學，學非所用。

事業上：工作不穩定，職場不和諧，下屬無助力。
財運上：財庫破，錢財難聚。
健康上：意外血光，下半身及筋骨。

生肖屬蛇，逢六害「虎」字根之現象

山、爭、爐、郎、根、獻、虔、彪、靜、丘、岳、嵐、箏、錚。
蛇遇猛虎如刀戳，意外血光事難料。

如果用於名一

個性上：規劃能力差，任性，難溝通。
人際上：只有表面關係，無真正朋友，朋友無助，易遭陷害，落井下石，小人不斷。
感情上：每交皆破，用心付出，得不到真心，易遭另一半利用，為愛受傷害。
健康上：易患貧血或心血管疾病。
婚姻上：另一半的生肖忌諱屬蛇、猴、豬、虎、龍。

如果用於名二

學業上：若虎字形位於陽邊，則學業難成。
事業上：工作不穩定且升遷困難，易被下屬扯後腿，下屬宮差。

財運上：若虎字形位於陰邊，則錢財不聚。
健康上：易傷及生殖泌尿系統、筋骨痠痛及婦科問題。

生肖屬蛇，逢子、水字根的現象

厚、存、永、沛、江、海、泰、字、郭、享、水、治、孟、季、浩、津、洛、學、孺。

蛇五行為火，水火相沖心急躁。

如果用於名一

個性上：急躁中充滿無奈，易有躁鬱現象，企圖心及規劃能力差。
人際上：女性友人緣淺，個性急躁，沒有貴人。
感情上：婚姻宮破格，且易遭背叛。
健康上：腸易有血液過敏及心血管、腎臟等問題，而易引發腰痠背痛。
婚姻上：另一半生肖忌諱屬蛇、馬、羊，導致溝通困難，最後無話可說。

如果用於名二

學業上：沒特別顯著的成績好壞，陽邊字根若佳，助力較好。
事業上：沒特別顯著的成績好壞，陽邊字根若佳，助力較好。
財運上：有財無庫，晚年為錢傷神，與女兒緣淺，無法管教。

健康上：生殖泌尿系統、男性功能差，女性婦科問題多。

生肖屬蛇，逢「金」字根的現象

鈺、鋐、鈞、錚、鈴、銅、銘、銀、錄、鋒、錕、釧、錫、鐘、錩、鋭。

蛇、馬、羊五行皆為火，火剋金，任性、固執。

如果用於名一

個性上：任性、固執，過於堅持己見，自認為擇善固執。

人際上：不易溝通，難妥協，易有於背後扯後腿的狀況。

感情上：過於任性，婚姻若不破裂，也歸功於另一半委曲求全。

健康上：心臟血液循環較差。

婚姻上：另一半生肖最忌諱屬虎、兔、馬。

如果用於名二

學業上：沒特別顯著的成績好壞，陽邊字根若佳，助力較好。

事業上：對女性下屬要求過高，管女兒較為嚴厲。

財運上：出手大方，不知節制。

健康上：易傷及筋骨，下半身脊椎神經病變，骨刺。

生肖屬蛇，逢「人」字根之現象

德、仁、俊、倫、佑、俐、修、仕、從、律、伯、健、倍、傳、偉、佐。

蛇怕人，人亦怕蛇，生性陰沉難捉摸。

如果用於名一

個性上：任性，時風時雨，難溝通，起伏不定，陰沉難捉摸。

人際上：不易相處，貴人不現，小人環繞。

感情上：婚姻宮破格，多爭執，早婚必破。

健康上：心血管問題，易有過敏現象。

婚姻上：另一半的生肖忌諱屬鼠、虎、蛇、雞。

如果用於名二

學業上：沒特別顯著的成績好壞，陽邊字根若佳，助力較好。

事業上：同上而論，需防女性下屬相剋害或反目成仇。

財運上：不善理財，沒財庫，與女兒互動不佳，晚年孤苦。

健康上：筋骨、腳易受傷，男性功能、女婦科較差，且犯刀刑。

生肖屬蛇，逢「日」字根之現象

昆、旺、智、輝、昌、易、昇、昭、晃、旻、明、昕、映、晏、書、光。

蛇逢日、見光死。

如果用於名一

個性上：較為猜忌、急躁、不安，城府過深。

人際上：偏激，易怒，貴人不現，意氣用事，口舌事非多。

感情上：家庭易生波折，情難續，良緣難求。

健康上：腸胃、血液、心血管易出狀況。

婚姻上：另一半的生肖忌諱屬鼠、兔、蛇、狗、豬。

如果用於名二

學業上：需依陽邊字根而論。

事業上：女性下屬不得力，易被扯後腿。

財運上：財來財去，有錢是非多，與女兒緣淺，晚年堪憂。

健康上：意外多災，中年後易有糖尿病、痛風等問題，女性則婦科狀況多。

生肖屬蛇，逢五穀字根之現象

登、豐、秀、蓁、秋、利、秉、和、程、禾、豆、科、彭、菊、精。

如果用於名一

個性上：易產生不滿心緒，與人之間的溝通常出現誤解。

人際上：貴人不現，只會幫倒忙。

感情上：情路難行，委曲求全。

健康上：腸胃、筋骨較差，心肺功能亦差。

婚姻上：另一半的生肖忌諱屬虎、龍、蛇、狗。

如果用於名二

學業上：學非所用，陽邊字根若佳，助力較好。

事業上：五穀字根若位於陽邊則影響工作事業，位於陰邊則女性下屬無助力。

財運上：五穀字根若位於陰邊，則有財無庫，自己賺錢別人享用。

健康上：筋骨、肚臍以下功能較差。

第七節【午馬之人】可用與不可用之字

午馬五行為火，祭典中為司禮地，是大生肖。

馬是一種極受人喜愛的動物，天生行動快捷，性格活潑開朗。

午，屬於十二地支的第七位，方位是正南方，若以一天的時間來看，是正午十一時至下午一時之間，此時正是日正當中，陽光普照；若是以四季來分，正是農忙的五月，處處充滿朝氣活力。

雖然中國各地都產馬，但是好馬在北方，長江以南無好馬，好馬都以大豆餵食，體格健壯，披上綵衣，追隨主人南征北討，馳騁戰場同享殊榮。

生肖屬馬的命格解析

馬年生的人性格熱情大方，寬大仁慈，善與人相處，天生有人緣，而這些良好的特質正是好運與財富的來源。

屬馬的人勇於表達自我，心中充滿夢想，擁有天馬行空的想像力，喜歡自由自在的生活，你會盡情的享受人生，去體會人生當中的種種樂趣。個性獨立，擁有一種非常美妙的氣質。

個性不受拘束，喜歡社交活動，也喜歡旅行和美食，這是因為有一種享樂主義的傾向存在於靈魂深處，使得你無論現在從事何種工作，到頭來終究會把整個生命專注於追尋快樂的人生。但也因為如此，所以開支可能也較大，守不住錢。不過因為不受拘束的個性，常使得做事不能持久，會給人虎頭蛇尾、有始無終的印象，在感情方面也會出現這種情況，以致於與另一半不能長久相處，必須注意此種性格，方能持家。

因為獨立、開朗、積極，所以即使小時候沒有得到父母、長輩很好的照顧，還是能夠把自己經營得很好，女性可以成為優秀的家庭主婦和母親。

好人緣可以帶來經濟上的利益，甚至也能成為出色的政治人物。

適合在馬年出生的姓氏

盧、毛、成、蔡、黃、苗、程、顏、蕭、顧、王、張、武、熊、姜、龐、龍、彭、倪、佟、許、丁、常、巴、朱、龔、馬、馮、商、賀、譚、柳、連、司、、祝、狄、姜、方、吳、谷

不適合在馬年出生的姓氏

孫、江、游、郭、洪、孟、嚴、牛、徐、呂、高、孔、汪、冰、池、沈、溫、潘、李、宮、哈、鈕、鄭、斐、翁、鄔、金、劉、田、岳

屬馬的喜用字

你如果是屬馬，首先要瞭解馬的特性，才能瞭解名字的好壞。

馬喜歡有洞穴住，能披彩衣為佳，能得王又能傳令更顯高貴，得人賞識，表示有被照顧。有五穀雜糧，有火邊，武器，得森林、得草原平地、得奔跑字形，得虎、得狗為三合局，得蛇、得羊為三會局。

一、宜用有「艸」字根之字，因馬為素食動物，喜歡奔馳在草原中，有草則頭好身壯壯，糧食豐盛，則內心世界充實，名字中如有符合者為好名。例如：芙、荀、茜、蓮、蕎、蘋、茵。

二、喜用有龍之字形，代表「龍馬精神」。「貝」、「辰」、「農」、「京」、「言」，積極、生氣、活力、有幹勁，容易得勢成功之意。例如：農、穠、辰、龍。

三、喜有五穀雜糧之字根如「禾」、「麥」、「叔」、「稷」、「豆」、「粟」、「梁」。因馬除了喜食草以外，五穀雜糧亦為其主食，表示一生衣食無缺。例如：稞、秦、秋、稼、穎、豐、豔、穀、秀、秒、穠。但要注意「禾」的字根要慎用，因「禾」是人類的主食，其他動物吃了容易招怨，被人嫉妒，亦有蹧蹋、浪費、不懂得珍惜之意。

四、喜有「木」字根，因馬在林間來去自如，有樹木也可以遮陽，表示悠遊自在，能適應各種環境，木又為生入之生午火。例如：村、楊、樊、森、榮、朱、朵、權、材、杜、杆、楨、東、機、杉。

五、喜用有「宀」、「冖」、「广」、「門」、「冊」之字形，表示有屋簷，洞穴可遮風避雨，表示有一個溫暖的家。例如：寶、宥、家、宏、守、寬。

六、喜用有「糸」、「巾」、「彡」、「衣」、「足」、「采」之部首，好馬方能被人披上彩衣。例如：裝、形、彤、彬、裕、裘、彰、維、緻、純、紀、紫。

七、馬喜帶冠，有「亠」、「爫」之字根，有頭角崢嶸，無往不利，有威嚴、被尊敬的感覺。例如：文、衣、依、靜、爭、睬、錚、亦、京、主、柱、辛、彥、亨、享、高、言、語。

八、馬喜有三合之字根，如「寅」、「戌」及三會的字根，如「巳」、「未」，表示貴人增多。例如：處、彪、眼、虎、虔、虞、狀、獻、猛、道、運、獨、狄、嶽、戚、獻、絨、達、逢、風、強、返、進、宛、選、巡、造、祥、妹、美、翔。

九、馬喜有「王」、「君」、「令」、「大」、「將」之字根，並喜發號司令，可掌大權，有威權之意，一生為老闆或主管格局。

例如：瑪、璇、璞、夫、奉、玲、球、瑷、玟。

十、馬喜逢單人，千里馬當然需伯樂，具有領導力，代表忠心。例如：傅、偉、付、仙、代、倩、仲、伍、伴、信、任。

十一、馬喜逢單口，具備領袖氣質，馬首是瞻。例如：喚、如、名、銘、鳴、杏、吉、呈、和。

十二、馬喜逢「又」，馬遇腳交叉，表示其姿意奔馳，任意發揮，展現其千里馬的英姿。例如：文、雯、紋、玟、芠、交、姣、又、友、支、爰、受。

十三、若希望擁有美麗的外表和極佳的人緣，則可以選用「目」部首的字，表示能有雙大眼睛，並具有較多的異性貴人。例如：直、縣、睦、眉、盼、真。

屬馬的忌用字

你如果是屬馬，首先要瞭解馬不喜歡的情況，才能瞭解名字的好壞。

屬馬之人不宜有肉字邊，碰到老鼠成六沖，遇牛則成六害，遇水字形則成水火相剋，最好不要見山，會太勞累，如果名字中有以上所舉例之字形，就表示名字有破格。

一、屬馬之人名字不宜有兩個人的字根，如「彳」，因為好馬不配雙鞍，如犯之，則為無節之馬，不忠、不貞、濫情、情愁。例如：得、徐、復、徒、徹、微。

二、屬馬之人名字不宜見到「心」、「月」、「忄」之字根，因其代表葷食，而馬為素食動物，表示看得到吃不到，論感情、事業、財務均事與願違，一生為生活打拼勞碌。

例如：性、慷、悠、恆、恰、慶、想、慈、感、必。

三、由於馬吃草不吃米糧，因此，要避免用「米」字根的字，否則會有無飽足感之害。

例如：粹、粉、粒、粲、精。

四、屬馬之人名字不宜有「子」、「壬」、「冫」、「氵」、「癸」、「北」之字根，容易有水火相沖，因馬為火，不宜選用有水之字形，子午正沖，否則生活中會衝突不斷。例如：冰、汪、油、泉、泰、深、渙、孟、學、燕、冬。

五、屬馬之人名字不宜有「田」、「甫」、「車」字根之字，表示淘汰的馬，有委曲求全還被人嫌，當作下田耕種用的工具，表示會勞苦一生。例如：由、當、單、留、町、畫、勇、甲、男、屆、畢、雷、畊、壘、蕾、疆、璠、畇、異、畸。

六、屬馬之人名字不宜有「山」之字根，因馬在山路跑，相當辛苦，一生辛苦經營收穫卻不多。例如：峽、崙、岱、岌、崑、崎、峭、崧。

七、屬馬之人名字姓名三個字中，不宜見到兩個口或雙日（單日亦不好），因兩口馬形成一「罵」字，容易招人嫌，是非多，衰運連連，做事不順。例如：喬、喜、單、嘉、器、高、咖、品、呂。

八、屬馬之人名字不宜見到有「牛」、「丑」，因為午丑穿害，自古青牛遇白馬，不戰而逃，小人不斷，病痛難免。例如：產、造、牽、星、特、勞、牧。

九、屬馬之人名不宜有「八」、「儿」等腳開開或「厶」拱腳字形，馬遇此等字形皆為病馬，凡事都有使不上力，無力感，英雄無用武之地，降格，事倍功半，亦表示福德不定。例如：鉉、光、亮、共、克、免、紘、宏、形、充、雄、炫。

十、由於馬怕騎，因此，不適合用「其」、「奇」字義字音的字。例如：琪、碁、祺、畸、綺、棋、齊、期。

與午馬有關之：沖、刑、破、害、合、會　用字範例

【沖】子、午　相沖 - 不可用

享、厚、存、孫、孟、學、孺、永、泰、冬、黑、孝、郭、泰、季、李。

【刑】午、午　自刑 - 不可用

驊、騰、為、烈、煌、熠、駼、朱、紅、杰、然、炳、許、彤、駱、駿、馮、夏、珠、駐、驃、赤、燦、駒、炎、榮、瑩、照、騏。

【破】午、卯　相破 - 不可用

郁、期、菁、明、月、青、卿、春、柳、迎、晚、印、四、勉、東、棟、東、朝、逸、服、朗。

【害】丑、午　相害 - 不可用

隆、浩、妞、甦、生、皓、牟、牧、牡、造、紐、特、先、星、丞、笙。

【合】寅、午、戌　三合 - 可用

誠、然、狄、盛、茂、虔、豹、爭、森、彬、峰、年、嵐、屯、戰。

【會】巳、午、未　三會 - 可用

祥、起、達、虹、進、弦、美、善、義、群、強、羚、洋、妹、廷、味。

生肖屬馬，逢「子」、「水」字根的現象

永、沛、季、清、孟、孫、水、池、汎、江、沁、沂、沈、洺、淯、浩、沐、沖、河、存、孝、治、湘、泉、洋、洛、津、海、涓、淇、深、淳、涵、淑、淼、湧、添、泓、波、泰、泯、學、孺。

午馬逢子、水為正沖，身心急躁病纏身。

如果用於名一

個性上：個性急躁、常受委曲，心性不定、耳根子軟。

人際上：女性朋友無助，而且相互剋害，易犯女性小人。

感情上：婚姻宮破格，難遇良緣、真心換絕情。

健康上：心臟血液系統不佳，過敏體質、心悸及易腰痠。

婚姻上：另一半的生肖忌諱屬蛇、馬、羊，流年運勢逢蛇、馬、羊三年需防意外多災。

如果用於名二

學業上：陽邊字根若佳，助力較好。

事業上：陽邊字根若佳，助力較好，但不宜有女性下屬。

財運上：財來財去，四十五歲後小心一無所用，需避任何投資。

健康上：下半身筋骨、腎、泌尿系統、婦科皆不理想，身體狀況極差。

生肖屬馬，逢「馬」字根的現象

駿、驛、駱、其、駒、騰、駐、驃、火、騏、馳、驊、駼。

馬馬相刑，有始無終。

如果用於名一

個性上：思想反覆，做事有頭無尾，常半途而廢。

人際上：反反覆覆，沒有人緣，貴人不現，小人環伺，女性朋友相差七歲以上有助力。

感情上：虎頭蛇尾，畏畏縮縮，良緣難求。

健康上：心肺功能稍弱，易有過敏體質。

婚姻上：另一半的生肖避免屬鼠、牛、兔、馬、雞、豬，流年亦同。

如果用於名二

學業上：陽邊字根若佳，助力較好。

事業上：陽邊字根若佳，助力較好，女性朋友相差七歲以上有助力。

財運上：用錢不知節制，財去人安樂。

健康上：有血液系統過敏現象，連年運勢逢鼠、牛兩年需特別注意。

生肖屬馬，逢「卯」、「兔」、「月」字形的現象

郁、勉、迎、月、青、卿、春、柳、東、朝、逸、期、菁、朗、明。

流

如果用於名一

個性上：外表看似有衝勁，實則內心不定，三分鐘熱度。

人際上：無企圖心，規劃能力不足，答應別人卻常做不到，而使貴人遠離，兔字根若位陽邊兄弟無助，於陰邊，則姊妹、女性朋友無助力，甚或相互剋害。

感情上：婚姻宮破格，良緣難求。

健康上：筋骨、肝功能不佳。

婚姻上：另一半的生肖避免屬鼠、龍、馬、猴、雞，否則與另一半家人、友人情份不深。年逢鼠、龍、馬、猴、雞年亦要特別注意。

如果用於名二

學業上：陽邊字根若佳，助力較好。

事業上：位於陽邊則工作不順，升遷困難，不得男性下屬助力，位於陰邊則不得女性下屬的助力。

財運上：位於陰邊則財庫破，投資必敗。

健康上：下半身筋骨易受傷。

生肖屬馬，逢「牛」字根帶六害的現象

隆、特、星、生、皓、浩、先、牧、牡、造、笙、紐、妞、甦、牟。

自古白馬怕青牛。

如果用於名一

個性上：個性急躁、內心不安。

人際上：行事欠缺周詳考慮、常意氣用事、易受人利用，犯小人。

感情上：情路艱辛。

健康上：血液過敏及心血管問題多，易心肌梗塞。

婚姻上：另一半的生肖避免屬龍、馬、羊、狗，否則與另一半家人情份不深。流年逢龍、馬、羊、狗年要注意。

如果用於名二

學業上：陽邊字根若佳，助力較好。

事業上：牛字根位於陽邊工作不穩定，一年換二十四個老闆，無下屬宮。

財運上：對錢財無觀念，尤其在陰邊，投資必破，晚年無福可享，女性則不得夫財。

健康上：血液循環、痛風、生殖泌尿系統，皆需注意。

生肖屬馬，逢「小」字根的現象

小、士、叔、尾、相、丞、少、臣、亞、姿、卿、寸。

馬為大生肖，逢小委曲求全。

如果用於名一

個性上：企圖心弱，膽子較小。

人際上：熱心付出，但回報卻少得可憐。

感情上：雖努力付出，另一半卻不覺得滿意。

健康上：心、肺功能稍弱。

婚姻上：難得美好姻緣。

如果用於名二

學業上：事倍功半。

事業上：帶不動下屬，執行力較差。

財運上：財運不足，自己省錢，卻給別人享用。

健康上：筋骨稍弱。

生肖屬馬，逢蹩腳、蹺腳字根的現象

儿、宏、俊、光、具、典、其、充、先、共、克、雄、弘、公、駿、芸

馬喜站立；彆腳（典）、蹺腳（宏）成病馬。

如果用於名一

個性上：較無企圖心，規劃能力差。

人際上：較沒有主見，易被牽著鼻子走。

感情上：婚姻宮不佳，良緣難求。

健康上：心血管、筋骨、肝功能較差。

婚姻上：另一半的生肖忌屬蛇和雞。流年運勢逢蛇、雞年時，應特別注意。

如果用於名二

學業上：陽邊字根若佳，助力較好。

事業上：字根位於陽邊則工作不努力，執行力較差。

財運上：財庫差，有錢宜置產。

健康上：腳、筋骨較弱。

生肖屬馬，逢「山」、「田」字根的現象

富、岳、峰、崧、峻、崑、嵩、岷、崎、崔、男、畢、畔

如果用於名一

個性上：沒企圖心，規劃能力差。

人際上：委曲求全，人緣不佳。

感情上：情路難走，良緣難求，決定操控權在另一半手上。

健康上：筋骨、心肺功能較差。

婚姻上：如逢山字根，則另一半的生肖忌諱屬牛、龍、蛇、猴、豬；若為田字根，另一半的生肖則忌諱屬虎、龍、馬、猴

如果用於名二

學業上：位於陽邊則事倍功半，學業難成。

事業上：個人升遷困難，工作運勢極差，四十三歲以後更明顯。

財運上：有財無庫，賺錢別人享用。

健康上：腳、筋骨、泌尿系統、婦科較差。

生肖屬馬，逢「肉」字根的現象

慈、心、憲、志、懷、憶、勝、情、懋、忠、恭、恩、情、愉、恬、思、惠、怡、肯。

如果用於名一

個性上：患得患失，看得到吃不到，個性較悶。

人際上：為別人的貴人，易受煽動。

感情上：良緣難求，婚姻宮為破格，委曲、隱忍。

健康上：過敏體質、腸胃亦較弱。

婚姻上：另一半的生肖忌諱屬牛、兔、龍、馬、羊、雞。

如果用於名二

學業上：陽邊字根若佳，助力較好。

事業上：陽邊字根若佳，助力較好，無法與女性下屬相處。

財運上：財庫破，女性則不得夫財。

健康上：過敏體質，下半身血液循環差。

生肖屬馬，逢「金」字根的現象

銓、銘、錡、銳、鈞、鈴、鋒、鉉、錄、鎔、鎮、錢、錦、錫、錕、錚、鍊、金、釗、銀、銅、鏢、鏵、鋼、鐸。

馬的五行為火，逢金成火剋金局。

如果用於名一

個性上：任性、固執、做事欠缺思慮。
人際上：過於堅持己見，自認為擇善固執，貴人遠離，且易犯小人。
感情上：脾氣不好，易動怒，另一半委曲求全。
健康上：皮膚、腸胃較差。
婚姻上：另一半的生肖忌諱屬虎、兔、狗，溝通上有問題。

如果用於名二

學業上：陽邊字根若佳，助力較好。
事業上：陽邊字根若佳，助力較好，否則升遷較為困難。
財運上：用錢較不經思考，過於衝動，不宜過度投資。
健康上：注意下半身筋骨、腳，易有痠痛現象。

生肖屬馬，姓名逢雙日、雙口字根的現象

品、昍、書、明、易、昌、曉、昕、星、春、昭、嗣、嘉、晏、暄、暉、景、晶、吟、呈、智、暘、台、晉、晃、古、吉、同、名、向、和、哲、唯、啟、喜、喬、君、曼、召、可。

馬逢日較慵懶，開口為嘆氣，逢雙口或一日一口則成罵字，極凶。

如果用於名一

個性上：逢日慵懶、急躁、開口嘆氣，雙口成罵字，易得罪人。
人際上：不是罵人，就是被罵，口無遮攔，易犯小人，遭落井下石。
感情上：婚姻宮破格，良緣難求。
健康上：逢雙口或一日一口，則易罹患莫名惡疾、腫瘤、開刀。
婚姻上：另一半的生肖忌諱屬牛、虎、龍、馬、羊、狗。

如果用於名二

學業上：陽邊字根若佳，助力較好。
事業上：升遷困難，下屬宮破格，無法得到下屬的助力。
財運上：財庫破，不聚財，逢雙口或一日一口，子媳緣淺不孝。
健康上：腳、腎、婦科、泌尿系統不佳，注意開刀。

第八節【未羊之人】可用與不可用之字

未羊五行為火，祭典中三牲之一，是小生肖。

未，屬於十二地支的第八位，方位是西南南方，若以一天的時間來看，是下午一時至三時之間。

說文解字上說：「羊者祥也」，古代能當作天子、諸侯祭祀供品的物類（牛、羊、豬），必是神聖祥瑞的，由此可知「羊」在古人心目中，是一種溫文爾雅、善良安祥的動物，總是不與人爭地低頭啃嚼青草，並且心平氣和地漫步著，實際上，羊遇到惡劣環境，仍然會隨遇而安，即使是懸崖峭壁、羊腸小徑也照樣來去自如，沒有草吃，只要是綠色的植物照吃不誤，寒冬來臨，羊會跑到山谷中找食物，求生力很強，但是羊的汗腺長於腳底，最怕阻塞，會有生命之憂，故怕水。

生肖屬羊的命格解析

屬羊之人很有毅力，對於人、事、物也都有敏銳的感覺，知道如何一步一步去取得自己想要的東西，有魄力，也能包容別人。

外表看來柔順靜穆，儀態溫文儒雅，讓人覺得很老實，但其實內心有一股強大的生命力和意志力，也有進取的個性。做事並不衝動，總是靜靜地觀察事態的發展，然後在腦中靜靜地分析評估，最後再一步一腳印的去完成所有的工作。

屬羊的人若想在工作上充分發揮才能，則必須擁有絕對的權力，否則，懷才不遇、施展不開的感受會讓心中充滿怨懟和悲憤。

內心有一股力量驅策著你往上爬，很希望能夠達到頂尖的位置，獲得權勢和成功。老實說，你還蠻喜歡權力的，而且你會高尚而純熟地運用它來幫助你完成一切事務。

相當重視朋友間的感情，往往因為害怕失去朋友而有一種不安全感。人緣很好，在社交場合可以充分展現熱忱，以充滿溫暖的性情贏得他人的好感，可以從中獲得最大的利益，所以也會是個業務高手。

適合在羊年出生的姓氏

馬、葉、柳、黃、楊、杜、林、宋、蕭、吳、劉、連、陳、武、田、程、萬、蘇、巴、朱、馮、許、丁、毛、成、盛、方、石、司、蔡、岳、權、杭、利、包、鮑、谷、苗、程

不適合在羊年出生的姓氏

游、池、沈、溫、潘、王、常、嚴、牛、龐、龍、康、孔、李、孟、孫、龔、農、顧、賀、

徐、承、丞、永、冰、金、祝、商、譚、郭、洪、汪、宮、哈、鈕、鄭、斐、鄔、泰、江、呂、高。

屬羊的喜用字

你如果是屬羊，首先要瞭解羊的特性，才能瞭解名字的好壞。

羊喜歡有洞穴住，得人疼，有五穀吃，有太陽曬，又能得森林及草原或平地，當然能得木字形也不錯，如得兔或得豬即成三合局，如得蛇或得馬即成三會局，如得柵欄得宜家，名字中如有符合下述條件者為好名。

一、羊喜有「木」、「未」（土中藏火）之字根，因木可遮蔭亦有依靠，一生貴人很多。例如：桓、檜、桐、杏、橙、本、樹。

二、羊喜有大「口」、「宀」、「門」、「广」、「戶」、「冊」、「聿」、「曲」、「山」、「丘」、「屯」之字樣，即得地，有洞穴可休息，可自由自在活動，可得溫飽、呵護。例如：唐、定、宙、寶、宏、安、宋、宗、宛、原、屯、囤、家、開、閎、閨、曆、各、和、司、合、后、冊、聿、曲。

三、羊有跪乳習慣，喜見有「几」之字根，表示此生能知恩圖報，為人謙卑。例如：元、允、免、先、亮。

四、羊喜有三合或三會的字根，如三合之字根有「豕」與「卯」，三會之字根有「蛇」（巳）與「馬」（午），表示一生多貴人助。

例如：逸、勉、東、棟、朋、許、駿、還、建、選、巽、建、仰、過、適、達、卿、迎、凱、風。

五、羊喜吃草，故有「艸」字根者，對屬羊者大有幫助，因能得溫飽。

例如：菌、蓉、萱、葛、藝、茁、芭。

六、羊亦喜五穀雜糧，因羊為素食動物，喜有「米」、「麥」、「禾」、「豆」、「稷」、「叔」、「田」字根，表示能得溫飽，一生工作順利。例如：科、稟、稻、利、莉、秀、粹、粟、精、豎、豔、麩、穎、稼、積、豐、凱、登、副、苗、迪。但因田有四個洞，須注意表面上事業得心應手，私底下財庫破洞，兩袖清風。

七、因為羊喜好跳躍奔馳，所以，選用「足」字根的字，則具有自得其樂的自在之特性。

例如：跋、躍、跳、路、踊。

八、羊喜小，例如：「臣」、「卿」、「二」、「丞」、「士」、「少」、「小」、「亞」

等字根。

例如：臣、少、尚、亞、仁、仕、妙、苗、孫、糸、姬。

九、羊喜蹺腳「厶」，可以悠閒休息。例如：雲、芸、闔、宏、弘、云、雄。

屬羊的忌用字

你如果是屬羊，首先要瞭解羊不喜歡的情況，才能瞭解名字的好壞。

屬羊之人不宜有肉字邊，碰到老鼠成六害，碰到牛成六沖，碰狗或龍成天羅地網，披彩衣太漂亮怕被宰，如見王掌權易惹人怨，遇奔跑字形會怕事，有武器字形不妥，見水字形影響健康，如果名字中有以上所舉例之字形，就表示名字有破格。

一、屬羊之人不喜見到對沖的生肖字根如「丑」、「牛」，因刑剋較重，表示一生小人不斷。

例如：牢、物、紐、鈕、妞、生、牧、皓、浩、特、隆。

二、屬羊之人不喜見到相害的生肖字根「子」，羊鼠相逢一旦休，羊會受到嚴重的傷害、意外、血光、開刀。例如：孟、永、泳、學、孩、孔、存、李、清、北。

三、屬羊之人不宜見到天羅地網的字，因「辰」為天羅、「未」為地網，同理亦不宜見到「戌」、「犬」，即「辰」、「戌」、「丑」、「未」均不宜見到，一生理想施展不開。

例如：晨、穠、成、國、狐、猛、猶、獻、獨。

四、屬羊之人不喜見到「示」部字根，有如當祭品供奉用，一生奉獻委曲而得不到讚賞，因羊在中國為主要的三牲之祭物。

例如：祝、福、祥、禪、社、稟。

五、屬羊之人不宜見到有彩衣之類字根，如「巾」、「衣」、「系」、「采」、「日」、「光」，因為羊如果披上彩衣、加冠、華麗其身時，就表示即將成為供品了，當三牲之禮也。

例如：絹、繡、綉、彤、形、彩、彭、影、素、襄、袠、布、帥、常、帆、幟、彥、杉。

六、屬羊之人不宜有「心」、「月」、「忄」之字根，因羊為素食動物，見到肉類葷食，內心不充實，有失落、失意之感，看得到的肉，卻不是自己喜歡的糧食，內心一定會苦悶鬱卒，感情上真心換絕情，財務上財庫破，財來財去一場空。

例如：胞、胡、能、肯、恩、惠、悠、想、忘、怡、悌、特、愫。

七、屬羊之人不喜有「大」、「王」、「帝」、「君」、「長」之字根，羊為三牲之一，羊長大了容易被用來當祭品、供品，意味犧牲、奉獻，為別人而活，一生將會很辛苦。

例如：君、王、首、主、長、帥、聖、將。

八、屬羊之人不喜見到有「水」、「北」、「子」之字根，因為羊是所有動物中最不喜愛喝水的。如果水喝多了，容易新陳代謝不良，故會影響其行運、健康、財運。羊鼠相逢一旦休！鼠羊穿害最為嚴重，論身體則開刀、意外、血光，論事業錢財則嚴重破財，與六親無緣，易造成心態不正常，行事反覆不定。

例如：港、湯、學、孟、孩、孔、冬、汽、淡、溫、濁、永、北、存、李、求、洋、淇、穎、汪、消。

九、屬羊之人其也不喜之字形如「刀」、「皿」、「金」、「酉」、「車」等，有怕被傷害的感覺，內心充滿不安的感覺。

十、屬羊之人其也不喜小「口」，為犧牲奉獻之意。例如：呂、品、橋、喜、喬、嘉、高。

十一、屬羊之人也不喜逢「人」、「彳」字旁，羊遇人被宰殺，為犧牲奉獻之意，易犯小人，良緣難求，財來財去。

例如：付、偉、任、俊、微、從、德、復、律、得、倩、仲、伍、伴、仁、仙、代、以、伯、傳、信、衡、行。

十二、羊不喜抬頭之字根「亠」，表示強出頭，喜與人爭，愛管閒事，惹人厭，招小人。

例如：上、左、右、佑、真、貞、文、衣、依、主、柱、辛、彥、享、亨、高、言、語、亦、京、禎、永。

與未羊有關之：沖、刑、破、害、合、會 用字範例

【沖】丑未相沖 - 不可用

隆、生、造、特、笙、牡、紐、星、牟、造、皓、先、甥、牧、甦。

【刑】未戌刑破 - 不可用

誠、威、城、戊、戎、狄、狀、成、武、然、戰、戴、成、盛。

【破】未戌刑破 - 不可用

誠、威、城、戊、戎、狄、狀、成、武、然、戰、戴、成、盛。

【害】子未相害 - 不可用

水、孟、淳、享、孝、孺、字、學、孜、存、郭、黑、厚、李、永、承、泰、好、詠、季。

【合】亥卯未合 - 可用

家、迎、青、毅、林、豫、篆、核、眾、聚、緣、閡、棟、朝、勉、朋、仰、卿。

【會】巳午未會 - 可用

杰、騰、驛、延、遵、述、弼、張、馴、駐、彤、許、炎、熠、燕、引、運、連。

生肖屬羊，逢正沖牛字根的現象

牧、先、生、浩、牡、特、皓、隆、牟、笙。羊、牛相逢心無奈，婚姻、事業，錢財皆空。

如果用於名一

個性上：急躁，委曲求全，易得憂鬱症或躁鬱症。

人際上：無論如何付出，終究一場空，易得罪人，一生小人不斷。

感情上：真心換絕情。

健康上：血液、過敏體質、腸胃、心肺功能皆差，三十歲後易有腎臟、泌尿系統問題。

婚姻上：另一半的生肖忌諱為牛、龍、馬、狗；流年運勢逢牛、龍、馬、狗四年需防意外血光、破財。

如果用於名二

學業上：功課不佳，學非所用。

事業上：工作運勢極差，無下屬助力，「牛」字根位於陽邊，易遭男性下屬背叛、奪權，於陰邊則不宜有女性下屬，與兒女緣淺。
財運上：「牛」字根位於陰邊則財位大破，老年貧苦，疾病纏身。
健康上：抵抗力差、生殖泌尿系統病痛纏身。

生肖屬羊，逢「狗」字形帶刑破字根的現象

威、成、茂、盛、城、狄、狀、武、戰、國、誠、獻、然、娥、戎。

如果用於名一

個性上：任性、固執、無厘頭。
人際上：身邊只有一堆損友，易犯小人。
感情上：是一個會讓彼此傷心的人
健康上：腸胃、筋骨較差，若「狗」字根位於陽邊則易傷及呼吸系統，尤其要注意肺。
婚姻上：另一半的生肖忌諱屬牛、龍、羊、雞，流年運勢則逢龍、雞二年，需防口舌，刑傷、破財。

如果用於名二

學業上：求學辛苦，學非所用，考運不佳。
事業上：工作運不佳，每每欠缺臨門一腳。

財運上：欠缺金錢觀念，常為錢財煩惱。
健康上：筋骨、腳易受傷，易有痛風現象、生殖泌尿系統之隱疾。

生肖屬羊，逢破格「龍」字根的現象

麟、麒、慶、龔、展、京、君、言、誌、年、信、鎮、民、雲、具、尤、龐、誼、宸、農、震、振、雨。

辰為龍，一言九鼎，雨中藏龍，貝為龍銀，帝王在京皆代表為龍。

如果用於名一

個性上：表面上有自信、企圖心，但卻優柔寡斷、神經質。
人際上：表面人際關係不差，實則小人環伺。
感情上：良緣難求，感情易多爭執。
健康上：筋骨、肝、腸胃較差。
婚姻上：另一半的生肖忌諱屬牛、虎、兔、羊、狗，流年運勢逢兔、狗年，需防破財。

如果用於名二

學業上：學業受阻，學非所用。
事業上：工作運勢欠佳，無法發揮，升遷困難。

財運上：無財無庫。

健康上：抵抗力較差、內分泌失調。

生肖屬羊，逢「子」、「水」字根的現象

淳、淑、淼、清、添、津、淯、孟、孫、水、永、池、汎、江、沁、沂、沐、沖、沛、河、泯、洋、洛、治、字、存、孝、季、泉、波、泰、湧、洺、浩、海、涓、涵、淇、深、學、孺。

羊鼠相逢一旦休，水為六害。

如果用於名一

個性上：急躁，委曲求全。

人際上：急性子，易衝動，易受利用，犯小人，尤其女性小人。

感情上：逢交必破，真心換絕情，良緣難求。

健康上：腸胃或血液過敏或腎臟容易產生病痛、開刀，易腰痠。

婚姻上：另一半的生肖忌諱屬蛇、馬、羊。

如果用於名二

學業上：學業無成。

事業上：工作事業難成。

財運上：對錢無觀念，妻無助力或女性不得夫財，流年運勢則逢蛇、馬、羊三年避免任何投資。

健康上：意外多災，抵抗力差，過敏體質、腎臟、生殖泌尿系統問題，流年逢蛇、馬、羊三年，需防意外，血光，開刀。

生肖屬羊，逢「金」字根的現象

金、鉉、釗、鈞、鈴、銅、銓、銘、鋒、銀、鏵、錄、錚、錡、錢、錦、錫、錕、鍊、鎔、鎮、鏞、鐵、鐸。

羊的五行藏火，逢金字成火剋金之局。

如果用於名一

個性上：任性、固執，做事雖拼，但欠缺思慮。

人際上：堅持己見，自認為擇善固執，表面上別人聽自己的，但卻在背後扯後腿，犯小人。

感情上：脾氣不好，另一半委曲求全。

健康上：呼吸系統較差。

婚姻上：另一半的生肖忌諱屬虎、兔。

如果用於名二

學業上：陽邊字根若佳，助力較好。

事業上：陽邊字根若佳，助力較好。

財運上：用錢較不知節制，有錢宜置不動產，不宜過度投資。

健康上：下半身筋骨、神經痠痛等病症。

生肖屬羊，逢「肉」字根的現象

慈、忠、志、思、恩、惠、怡、憶、惟、恆、愉、悅、情、必、懷、恬、憲、懋、明、有、青、育、宥、勝、朗、忠、思、恭、慷、愉、忻。

如果用於名一

個性上：患得患失，較悶且憂鬱。

人際上：貴人不彰。

感情上：情路難行，真心換絕情，同床異夢。

健康上：皮膚過敏、腸胃、肝功能、內分泌系統失調。

婚姻上：另一半的生肖忌諱屬牛、兔、龍、馬、羊、雞。

如果用於名二

學業上：陽邊字根若佳，助力較好。

事業上：陽邊字根若佳，助力較好，但女性下屬無助力。

財運上：賺錢別人用，看得到吃不到，財來財去、皆難入袋。

健康上：血液過敏，婦科、腎功能不佳。

第九節【申猴之人】可用與不可用之字

申猴五行為金，祭典中將供品上供者，是小生肖。

猴子走起路來左搖右晃人模人樣，才智出眾是十二生肖之最。

申，屬於十二生肖的第九位，方位是西南西方，若以一天的時間來看，是下午三時至五時，太陽即將下山，若以四季來分，是秋初季節的七月。

猴子除了水果，什麼食物也不吃，但是看到五穀，雖然不吃，卻是玩性大發，滿地踐踏，又拉又扯，好好的糧食就成了玩具，全給蹧蹋，這就是所謂的「大猴損五穀」。「沐猴而冠」說人華而不實，專飾外表而沒有內涵。

生肖屬猴的命格解析

屬猴之人才智很高，心思也夠細密，具有豐富的常識和分辨事物的能力，所以如果身為領導者，可以做出不錯的決策，而得到他人的好評，不過有時會缺乏耐心，顯得比較急躁，而且不夠穩重。

所以必須再培養踏實穩健的特性，這樣才能做出正確的判斷，並為你帶來幸運及財富。

喜歡浪漫清新的感覺，也喜歡來點無傷大雅的惡作劇，因為屬猴的人喜歡表現，希望藉此引人注目；會比較注重物質、金錢方面的聚積，你並沒有太大的野心想要擴展事業王國，而只是小心謹慎地處理自己的錢財、資產，這方面會是比較保守的，但是卻可以過著衣食無憂的生活。

適合在猴年出生的姓氏

游、倪、龐、孫、承、袁、侯、陳、王、彭、潘、武、高、盛、狄、徐、江、孟、佟、張、龍、龔、農、顏、顧、康、石、孔、李、丞、永、冰、郭、洪、汪、泰、池、沈、溫、牛、鈕、司、宮、祝、商、哈、方、裴、翁、鄔、譚、姚、賀、常、吳、呂、谷

不適合在猴年出生的姓氏

盧、田、劉、連、毛、林、巴、朱、許、熊、柳、苗、岳、黃、程、馬、馮

屬猴的喜用字

你如果是屬猴，首先要瞭解猴的特性，才能瞭解名字的好壞。

猴喜歡有洞穴住，見人喜開口，如有森林得樂趣，如得草原或平地更愜意，有木字形或披彩衣顯高貴，站立，逢人，見王能有條件掌權，跟鼠或龍成三合局，得雞、得狗成三會局，

名字中有符合下述條件者為好名。

一、屬猴之人宜有大「口」、「冖」、「宀」、「广」、「門」、「冂」、「戶」、「冊」、「聿」、「曲」之字形，意謂「美猴洞」，為洞中之王。猴性喜在洞穴休息得安逸享福，一生中可得上司、長輩照顧。

例如：宜、宮、密、安、園、圓、國、圖、冠、府、扁、員、哲、成、它、宗、家、宗、和、同。「冊」、「聿」、「曲」雖有限制之意，但仍然可用。

二、屬猴之人最好有「木」之字根，猴子在林間，採食水果，來去自如，悠來轉去，閒適遐意，一生中工作，事業會很順利，因木得其所也。

例如：果、檜、杏、柏、棠、桃、樣、柱。

三、屬猴之人喜有彩衣部，「巾」、「糸」、「采」、「衣」、「釆」、「彡」，可華麗其身，更為人模人樣提高其地位。

例如：絲、經、總、紡、採、彩、綵、祝、祿、影、彪、彤、禮、表、襄、帆、席、幃、施、帆、佩、姵、沛、彰、彥。

四、屬猴之人喜頭戴王冠，如「亠」、「宀」，表示一生讓人看得起。

例如：錚、文、衣、依、主、柱、辛、彥、享、亨、高、言、語、亦、靜、爭、睬、京。

五、屬猴之人樂見有「人」、「口」或「言」之字根，因為猴子喜歡模仿人類的動作，即「人模人樣」，愛做秀、表演，所以名字中有「亻」或「人」或「言」或「口」字形均佳，因很得人緣，可直接升格，有資格稱王，有份量，有威嚴，受尊重。

例如：喚、名、哲、員、台、和、呈、試、誠、議、讚、記、以、企、休、傑、仲、俊、偉、保、仍、儀、伯、得、德。

六、猴喜站立升格為人。

例如：立、童、音、意、端、章、璋、毅、站、樟、競、韻、親。

七、屬猴之人喜有「王」字形，因猴子喜小不喜大，但又喜歡稱王，而在稱王的過程中必須身經百戰，猴王得來不易，又隨時會易主，故猴子稱王有喜亦有憂，愛現，愛奉承，愛出風頭，太強出頭會招人怨。

例如：理、珊、瓏、瑀、瑞、璽、玉、珍、環、君、群、珺、長、首、冠，所以這些字的選用最好能多看其八字強弱慎用之。屬猴者亦可有條件稱王：兩腳站立，逢人，披綵衣，開口，有洞穴。但須注意：姓名三個字加起來若升格兩次以上，極易產生任性、固執及霸道的個性。

八、屬猴之人喜歡三合（申、子、辰）之字根，即「子」、「水」、「辰」字形，三合之幫扶力量很大，顯得貴人多。

例如：永、汐、汝、麗、麒、語、寶、貝、沙、津、李、學、孺、濤、淵、北、振、震、晨、宸、農。

九、屬猴之人喜歡三會（申、酉、戌）之字根，三會之幫扶力量較大，顯得貴人多。

例如：猷、翔、集、雄、進、釀、酒、茜、狄、威、成、狀、尊。

屬猴的忌用字

你如果是屬猴，首先要瞭解猴不喜歡的情況，才能瞭解名字的好壞。

屬猴之人不宜有肉字邊，不要有五穀字形，與虎為伍為六沖，與豬會形成六害，如有武器字形就會怕，如果名字中有以上所舉例之字形，就表示名字有破格。

一、生肖屬猴之人不喜有「對沖」之字，如寅與申正沖，「寅」、「艮」、「處」虎字形，則最不利於生肖屬猴者，表示一生挫敗不斷，意外，血光，開刀。

例如：演、黃、盧、峰、彪、虛、岳、嶽、峻。

二、生肖屬猴之人不喜見有「豕」、「辶」、「巳」豬字形，因六害之故，即「豬遇猿猴似箭投」，表示一生中抱怨很多，因刑剋很重的緣故，病痛，意外，血光，開刀。

例如：家、豫、貌、豪、毫、象、緣、豹。

三、生肖屬猴之人不喜有「金」、「酉」、「西」、「兌」、「皿」、「鳥」、「月」之字形，因以上字形皆有西方「金」之意，然而，在五行中，金與金相聚，易有刑剋、爭執，人際關係如果處理不當，一生中會被當成仇人看待，反而不能得其比和之助。

例如：錢、鍛、鏞、盤、鈔、鶴、鴻、銘、爐、監、配、鄭、鸚、鴛。

四、生肖屬猴之人不喜見有「禾」、「穀」、「豆」、「田」、「麥」、「稷」、「米」之字形，因猴子喜歡作賤五穀，有句話說：「大猴損五穀」，意味在田間的猴子，只會踐踏、玩弄五穀雜糧罷了，工作是賺得少花得多，表示浪費揮霍之意。

例如：菊、精、種、稱、穗、秉、和、科、疇、麵、利、登，燈、凱、豈、男、黃、畫、粗、粉、糧、留、當、番、麴。

五、屬猴之人避免用「心」、「月」、「忄」的部首，因為猴子只吃水果，不喜歡吃肉。表示蹧蹋，浪費，不珍惜，招怨，玩弄感情，不重視事業，金錢。

例如：忠、思、勝、藤、惠、恩、志、育、宥、郁、情、性、悟、怡、惟。

六、猴不喜歡見日，代表辛勞，亦隱藏危機。

例如：曉、旭、昇、昭、明、春、星、桓、垣、亘、旺、魯、暘、昱、晃。

七、猴遇有耳朵的字根（左耳、右耳皆是），會有被控制而不自由的感覺。用在名一則人際關係受限；用在名二則事業、財運會受限。

例如：阜、隆、隨、階、隋、陪、際、隘、阡、都、陌、邑、郁、部、祁、郊、陣、陳、陽、鄲、郡、郎、邵。

八、生肖屬猴之人不喜見有「山」，因為寅申正沖，意外，車關，小心腦部病變，工作、事業上會很辛苦，因為賺的是辛苦錢。

例如：出、岑、峰、嶽、嵋、峻、峇、嵩、丘、屯、崇、崗、嵐、屹、岳、岡、岩、岱、岷、岦、崑、峨、崢、崴、嶄、崧。

九、猴不喜太煩重的工作，例如：「皮」、「力」、「刀」、「君」、「將」。

例如：莉、則、初、勵、勉、陂、郡、珺、涒、覠、鏘、獎、利、釗。

與申猴有關之：沖、刑、破、害、合、會 用字範例

【沖】寅申相沖 - 不可用

艮、根、丘、岳、崇、峰、峻、森、嵐、處、虔、岩、鈍、岱、朗、爭、山、彪、盧、屯、艮、箏、淨、岡、靜、錚。

【刑破】巳申相刑破 - 不可用

連、川、廷、達、過、迪、強、弘、虹、宛、凱、進、弼、迎、逸、述、造、張、建、弦、遵、遊、道、。

【害】亥申相害 - 不可用

家、緣、闔、濠、眾、聚、核、壕、譹、篆、毅、豪、毅、豫。

【合】申子辰合 - 可用

字、學、孝、季、長、民、孟、誼、宸、孰、孜、孺、詠、諒、展、貝、寶、龐

【會】申酉戌會 - 可用

然、鴻、雅、翌、翊、雍、鳴、飛、菲、翰、誠、獻、集、盛、戊、茂。

生肖屬猴，逢正沖「虎」字根的現象

良、峻、岱、崢、嶽、岩、嵐、朗、箏、岡、琥、岳、崇、峰、靜、純。

猴虎正沖，意外多災。

如果用於名一

個性上：任性、固執。

人際上：容易因說者無心，聽者有意，而得罪人，一生小人不斷。

感情上：正沖逢交易破，悲情收場。

健康上：意外多災，筋骨受創，「山、虎」字根位於陰邊則傷及肝、腰骨，位於陽邊則傷及心肺功能。

婚姻上：另一半的生肖忌諱屬龍、蛇、猴、豬，流年運勢則逢蛇、猴、豬年需防意外多災。

如果用於名二

學業上：為學不專心，學業難成。

事業上：運勢極差，欠缺臨門一腳，大姓及名一若搭配得宜，則少年早發，但四十三歲後運勢會急速下滑。

財運上：陰邊若逢「山、虎、艮」字根，錢財不聚，晚年坎坷，子媳較不孝順。

健康上：意外多災，筋骨易受傷，痛風等病症。

生肖屬猴，逢刑破「蛇」字根的現象

毛、建、逸、進、迎、連、道、造、通、迪、廷、強、弘、螢、之、川

猴子逢蛇，帶三刑、六破。

如果用於名一

個性上：委曲求全，個性悶且拗又執著，難溝通。
人際上：貴人不彰，易犯小人。
感情上：良緣難求，易多爭執，家庭不睦。
健康上：腸胃較差，過敏體質，腰痠背痛，意外多災，易傷其筋骨。
婚姻上：另一半的生肖忌諱屬鼠、虎、兔、猴、豬，流年運勢則逢虎、猴、豬年，需防意外多災。

如果用於名二

學業上：除了「進、廷」等字，學業尚可，其餘皆學業難成，且學非所用。
事業上：除了「進、廷」等字外，其餘皆升遷困難，無好的下屬可帶。
財運上：對錢財觀念不佳，錢財不聚，與女兒緣淺，帶不動。
健康上：腳易受傷或留疤痕，女性婦科問題多，過敏體質，抵抗力差。

生肖屬猴，逢六害「豬」字根的現象

家、豪、象、毅、豫、核。
豬遇猿猴，似箭投。

如果用於名一

個性上：反反覆覆，心性不定。

人際上：表面上還好，暗地裡常憂心重重。

感情上：婚姻宮破格，良緣難求。

健康上：腸胃較差，易傷及泌尿系統。

婚姻上：另一半的生肖忌諱屬虎、蛇、馬、猴，流年運勢則逢虎、蛇、猴年，需防意外多災。

如果用於名二

學業上：陽邊字根若佳，助力較好。

事業上：無下屬助力，工作不穩定、升遷困難。

財運上：無財無庫，工作不穩定。

健康上：意外多災，注意四十歲以後的生殖泌尿系統。

生肖屬猴，名字中有「金」字根的現象

鈞、銘、錄、銓、錚、錦、錫、銖、鋒、錡、錩、鍊、鏵、鐸、鑾、銀、鎮、釗、銅。

如果用於名一

個性上：個性較衝，做事欠思考，規劃能力差。

人際上：講話、行事過直，個性較剛，朋友遠離。
感情上：過於直接，易把好的對象嚇跑。
健康上：注意呼吸系統的毛病。
婚姻上：另一半的生肖忌諱屬虎、兔、馬。

如果用於名二

學業上：陽邊字根若佳，助力較好。
事業上：陽邊字根若佳，助力較好。
財運上：金金難容，錢財不聚。
健康上：小心腎臟、膀胱結石。

生肖屬猴，逢「火」字根的現象（易得憂鬱症）

熙、煜、炎、焜、然、炫、烈、煇、煒、照、燈、驤、燦、燕、燁、馳、駐、駒、騏、騫、驊、驥。

中猴五行為金，逢火剋金，為後天剋先天運勢，無奈之格。

如果用於名一

個性上：懶散，無奈，委曲求全，心事誰能知。

人際上：平輩女性無助力，與家中姐妹緣淺。
感情上：婚姻宮破格，另一半個性較強，宜晚婚。
健康上：過敏，心肺功能不佳，憂鬱症。
婚姻上：另一半的生肖忌諱屬鼠、牛、豬、猴、雞。

如果用於名二

學業上：需比照陽邊字根而論。
事業上：陽邊字根搭配為喜用字則佳，忌者為工作較不順遂，但受陰邊為火字根影響，較帶不動女性下屬。
財運上：賺錢別人享受，不聚財。
健康上：抵抗力較差，皮膚易過敏，三十歲後易有神經痠痛現象。

生肖屬猴，逢「木」字根的現象

樺、柳、楝、東、卿、月、棋、棠、杉、杏、村、林、柏、柔、栩、桂、梅、梧、棉、青、木、春、逸、楓、榕、樂、樹、權、機。

猴五行為金，逢木為金剋木，剛愎自用。

如果用於名一

個性上：任性、固執、堅持己見、不夠圓融。

人際上：易活在自己所堅持的思維中，難溝通，得運時，別人假裝尊重，失運則遭落井下石。

感情上：過度堅持，而讓另一半受苦且委曲求全，良緣難求。

健康上：易傷及筋骨、肝膽。

婚姻上：另一半的生肖忌諱屬雞。

如果用於名二

學業上：陽邊字根若佳，助力較好。

事業上：陽邊字根若佳，助力較好。

財運上：出手大方，花錢較無節制。

健康上：注意車刀關，下半身筋骨易受傷。

生肖屬猴，逢「肉」字根的現象

志、忠、恩、心、念、思、恆、恕、懋、恬、悅、情、惠、意、慰、怡、慶、憲、恭、憶、慧。

如果用於名一

個性上：異想天開，行事投機心重。

人際上：與人相處初期不差，但由於做事易險中求，終究讓貴人遠離。

感情上：宜晚婚。

健康上：腸胃功能稍差。

婚姻上：另一半的生肖忌諱屬牛、兔、龍、馬、羊、雞。

如果用於名二

學業上：陽邊字根若佳，助力較好。

事業上：陽邊字根若佳，助力較好。

財運上：財庫破。

健康上：稍有過敏體質及筋骨較弱的問題。

生肖屬猴，逢「日」字根的現象

光、曉、昇、昭、晃、昌、耀、昕、映、暄、晤、旼

猴逢日字則優，逢日字則不理想。

如果用於名一

個性上：終日懶洋洋，企圖心稍弱。
人際上：只為別人的貴人，就算付出，別人亦不懂得感激。
感情上：另一半個性較強。
健康上：腰椎稍弱，稍有過敏體質現象。
婚姻上：另一半的生肖忌諱屬鼠、牛、兔、蛇、狗、豬。

如果用於名二

學業上：陽邊字根若佳，助力較好。
事業上：陽邊字根若佳，助力較好。
財運上：有財無庫。
健康上：抵抗力稍弱。

第十節【酉雞之人】可用與不可用之字

酉雞五行為金，砌鳳而非鳳，是小生肖。

酉，屬於十二生肖的第十位，方位是西方，若以一天的時間來看，是下午五時到七時；若以四季來分，是涼爽的中秋之月——八月。

金雞報曉，處處生機，人人朝氣蓬勃，煥然一新，在古代民間祭祀，雞是必備的祭品，雖然犧牲了生命，得到的代價卻不及牛、羊、豬。從前大夫相約誓盟，需用雞血來「歃血為盟」，雞骨可以用來占卜，可見雞是古今皆宜的吉祥物。鳳凰是百鳥之王，神靈之精，非梧桐不棲，非竹籽不食，非禮泉不飲，飛則群鳥從之，象徵明君的威德。雞經過歷練奮力展翅飛翔，可以飛上枝頭當鳳凰。

生肖屬雞的命格解析

屬雞的人心地善良，性格開朗，心思細膩，相當具有藝術天份，對於抽象性的概念和理論也比別人更容易掌握其本質，如果能從藝術以及抽象理論方面好好發揮其才能，將可帶來幸運和財富。

雞年生的人不論男、女都很注重服飾的品味，男性會展現出一股英挺的姿態，讓人覺得風度翩翩，女性也會裝扮得端莊高雅，清麗脫俗。而在舉止態度方面，總是溫和而公正，不咄咄逼人卻又能在各方面取得平衡。

屬雞的你，對於未來的事情能有先見之明，總是比他人想得多一點，所以做起事來較有計畫，而且常會用別出心裁的方法來完成事務，令人感到驚奇與讚嘆。

頭腦靈活，思慮很快，因此不免會有急躁的表現，口才不錯，但卻容易不經意說出一些諷刺、傷害到別人的話。對事情自有定見，相當有自信，在追求某一目標時會充滿活力，但難免會受到虛榮心的誘惑。

交際手腕一流，總是很輕鬆的就能拉近和別人的距離，交朋友對你來說是再容易不過的事了。而在生意投資、開創事業方面，找人合夥會比你獨自經營更能帶來財富。相對的夥伴也能經由你得到幸運。

婚姻可說是你幸福的泉源，好運氣往往是在選擇了一個伴侶之後才接踵而來。

適合在雞年出生的姓氏

陳、張、石、吳、鄭、斐、龐、龔、方、譚、姚、彭、潘、翁、農、顏、顧、康、賀、孟、丞、袁、侯、牛、鈕、司、谷、龍、祝、商、鄔、常、牟、連、毛、岳。

不適合在雞年出生的姓氏

丁、洪、汪、江、孔、游、池、呂、高、沈、梁、徐、溫、熊、柳、劉、成、武、盛、狄、馬、馮、哈、麥、倪、佟。

屬雞的喜用字

你如果是屬雞，首先要瞭解雞的特性，才能瞭解名字的好壞。

雞喜歡有洞穴住，或在森林得草原平地跑跳，如有五穀字形，可得溫飽，能披彩衣更佳，能戴冠顯高貴，與蛇跟牛成三合局，得柵欄可受保護，名字中如有符合下述條件者為好名。

一、屬雞之人喜「小」之字形及抬頭之字義，因小雞可愛，雞長大，大都被人宰食。再者，健康之雞，大都能抬頭，昂首闊步，表示一生中工作愉快。

例如：臣、士、妙、少、幼、亞、臨、亞、幼、卿、寸、小、相。等字根。

二、屬雞之人喜有「冖」、「宀」、「口」、「广」、「門」、「聿」、「冊」、「曲」字形，意味雞在洞穴，屋簷下可遮風避雨，有保護作用，表示一生工作順利，得貴人助。

例如：宇、宣、宜、寂、宋、寶、宥、家、宏、寬、富、寬、宙、唐、廠、蘭、開、定、安、守、閔、律、聿、冊、珊、姍、曲、扁、豊。

三、屬雞之人喜有蛇跟牛成三合「巳、酉、丑」之字根，一生貴人相助。

例如：紐、生、返、進、達、逢、風、強、宛、道、運、選、巡、造、物、特、產。

四、喜有龍鳳凰等字形，有六合升格變鳳凰，有權有勢，具王者的架勢，一生會有高知名度，受尊重。

例如：辰、農、震、龐、振、晨、鳳、凰。

五、雞喜有「禾」、「豆」、「米」、「粱」、「麥」、「田」之字根，因雞的食物是五穀雜糧，見到雜糧，歡心鼓舞，所以有以上字根，對屬雞之人，內心是充實飽滿。

例如：和、艷、豊、燦、菊、彭、粲、程、積、豈、秩、梁、科、麥、穠、豎、田、畇。

六、屬雞之人喜用有「山」、「丘」、「屯」、「艮」之字形，為雞上山頭，可展其英姿，有鳳凰之象，提升其格局地位，為人受器重。

例如：岌、岳、出、岑、峰、嶽、崗、嵐、屹、岳、岡、岩、岷、岦、崑、嵋、岸、岱、峨、嵋、峻、崧、嵩、丘、屯、峇、崇、崢、崴、嶄。

七、屬雞之人喜用有「爫」、「亠」，有冠冕堂皇、頭角崢嶸、升格之意。

例如：亢、交、亥、亦、立、亨、享、京、亭、爭、爰、爵、爲、愛。

八、屬雞之人喜見用「彡」、「采」、「糸」、「巾」、「衣」、「疋」之字形，「彡」

字形為雞的羽毛漂亮，即增加其人緣，及「采」的字形，即代表雞冠漂亮，冠冕加身之意，升格為鳳凰，成為鳥中之王，有威嚴，有份量，受尊重。

例如：維、綸、緯、素、絹、經、釋、彩、采、彥、彬、杉、彤、彰、形、師、帝、衫、裕、帷、希、師、帝、蒂、希、影、締。

九、因雞喜歡「金雞獨立」如「干」、「平」、「華」，代表腳很健康，單腳就可站立。所以肖雞之人喜有「金雞獨立」的字形，一生中能單挑大樑，努力有所得。

例如：中、平、干、華、市、彰、章、車、希。

十、雞喜單口，日亦為口，為司晨之雞，表示有權勢，夠份量，受人尊重。

例如：喚、鳴、杏、吉、如、名、銘、呈、和、昇、昕、晞。

十一、屬雞之人喜有猴跟狗成三會「申、酉、戌」之字根，一生貴人相助。但酉戌穿害不能用，只有申可用。

例如：申、坤、紳、暢、侯、園、遠、還、袁、轅。

十二、屬雞之人喜逢龍，雞遇龍成龍鳳格，可彰顯地位，有權勢，有份量，受尊重。

例如：晨、振、農、辰、宸。

屬雞的忌用字

你如果是屬雞，首先要瞭解雞不喜歡的情況，才能瞭解名字的好壞。

屬雞之人不宜有肉字邊，不喜見人字邊，或見兩個太陽（日），或有奔跑交叉等字形，遇兔字形成六沖，遇狗字形成六害，遇武器字形怕被傷害，如果名字中有以上所舉例之字形，就表示名字有破格。

一、生肖屬雞之人不喜有「大」、「君」、「帝」、「王」之字形，因雞長大往往被當作祭品，或為人食用，一生多為別人付出。犧牲小我，完成大我，一味付出，沒有回報。例如：君、瑀、璞、珺、珊、球、瑟、瑛、瑪、奘、奮、奎、群。

二、生肖屬雞之人不喜有字形腳分開者，因為雞的腳如果分開，代表病雞，不健康也。雞能夠金雞獨立最佳，不喜見到分叉的腳。如「儿」、「入」、「乂」，如有此字形要注意身體健康。例如：光、亮、共、興、克、形、文、充、免。「ㄙ」蹺腳，上供桌，犧牲奉獻。

例如：紘、雄、炫、宏、鉉。

三、生肖屬雞之人不喜見到有「犬」、「犭」、「戌」之字形，因「犬」與「犭」、「戌」為狗之意，因地支酉與戌為六害，古云：「金雞遇犬淚雙流」，意味狗會追咬雞，雞犬不寧之意，表示會惹事生非。

例如：狀、獻、猛、獨、狄、嶽、戚、獻、絨。

四、生肖屬雞之人名字三個字不宜見有兩個以上的「口」、「日」字，兩個就不好、越多越嚴重。代表司晨無度，容易七嘴八舌，成為長舌婦，雞婆也；好管閒事，易生是非，吃力不討好，招怨、又易招小人。

例如：鋁、高、器、喜、權、喬、單、嘉、咖、品、呂、晶。

五、生肖屬雞之人最怕見到與其對沖之字形，因雞為酉，卯與酉對沖，所以凡是有「卯」、「東」、「月」之字形或字義均不可犯之，如犯之，則傷害大，刑傷、生病難免。卯之字義可推及東方之日，兔均屬之。

例如：東、陳、仰、柳、月、朋、清、有、勝、朝、本、卿、迎、青。

六、生肖屬雞之人不喜再見到「金」之字形，因雞為酉金，但五行中，金與金組合過重，容易犯沖，金屬肅殺之意，「金」之字意還有「西」、「兌」、「申」、「秋」、「酉」均屬之，表示一生中與人衝突不斷。

例如；鋒、鈴、銳、釧、醒、配、鎮、鑑、秋。

七、生肖屬雞之人不喜見到有「心」、「月」、「忄」之字形，因以上之字形代表肉的意思，但雞為素食動物，不食葷肉，若給其肉食，會讓其內心不服輸，不滿意，失望但又無可奈何。

例如：肴、肯、應、慈、憲、思、恭、洽、愉、忍、忠、惠、慧、懷、恆、悔、胡、脩、育、情、怡。

八、生肖屬雞之人不喜見到有「人」，代表一生犧牲奉獻，別人在享受，自己辛勞而無所獲。

例如：仲、付、仁、信、倫、俊、得、德、傅、偉、仙、代、倩、伍、伴、任。

九、生肖屬雞之人亦不喜見有「刀」、「糸」、「示」、「力」、「石」、「人」、「虍」、「手」、「示」、「酉」、「血」、「氵」、「水」、「冫」、「子」、「亥」、「北」之字形，因為代表一生付出多而收穫少。

與酉雞有關之：沖、刑、破、害、合、會 用字範例

【沖】卯酉相沖 - 不可用

木、棟、東、郁、春、印、朝、朗、仰、勉、逸、卿、月、冕、明、青、昴、柳、四、期。

【刑】酉酉自刑 - 不可用

鴻、翡、翠、進、翔、羿、雅、雄、習、鳴、耀、雙、翎、鵑、鶯、翊、翌、雋、非、菲、扉、翰、兆、雁、集、奚、雕、鄭。

【破】子酉相破 - 不可用

淳、承、孺、敦、孰、孟、季、李、字、學、存、郭、孜、泰、永、冬、享、詠、厚、孝、好。

【害】酉戌相害 - 不可用

成、茂、盛、誠、威、戎、城、狄、武、猛、然、獄、猷、戊。

【合】巳酉丑合 - 可用

生、建、廷、達、進、皓、隆、廷、甦、弼、強、道、虹、浩、星、牟、先、牧、牡

【會】申酉戌會 - 可用

遠、紳、神、暢、珅、坤、伸、袁、園、寰、侯、環、盛。

生肖屬雞，名字有正沖字根的現象

樺、月、樂、明、青、榮、春、杰、柏、朝、仰、勉、逸、棟、朋、梧、棉、棠、期、郁、

村、材、東、卿、松、林、柔、栩、桂、梅、棋、楓、業、榕、鵑、娟、勝、杉、木、柳、樓、標、樹、機、櫻。

卯酉正沖，富貴遠離，病痛纏身，是非不斷，良緣難求。

如果用於名一

個性上：任性，自我，固執，霸道，不夠圓融。

人際上：自以為是，不聽勸告，而讓貴人遠離，且犯小人。

感情上：婚姻宮破格，三十七歲後結婚，傷害性較小。

健康上：必有筋骨方面問題，四十歲後肝功能較差，意外多災。

婚姻上：另一半生肖忌諱屬猴、雞、狗。

如果用於名二

學業上：陽邊字根若佳，助力較好。

事業上：對女性下屬要求過高，不會有好下屬。

財運上：有財無庫，有錢是非多，晚年為錢傷神，子媳沒有在身邊盡孝道。

健康上：跌跌撞撞腳易受傷，抵抗力差，四時歲以後必筋骨痠痛，注意下半身犯刀關。

生肖屬雞，名字中有自刑字根的現象

雅、雄、習、菲、兆、維、進、翔、鴻、耀、雙、非、翎、鵲、鶯、翌、羿、翡、雁、雀、宇、安、翰。

如果用於名一

個性上：較直，沒意志力，做事虎頭蛇尾。

人際上：易得罪人，犯小人。

感情上：爭執多，有頭無尾，無法長久。

健康上：無明顯病痛，但需注意隱藏的疾病，流年運勢逢鼠、兔、馬、狗、雞年需防意外多災。

如果用於名二

學業上：靜不下心，讀書不是為自己，讀的不是自己喜好的科系，有頭無尾，學非所用。

事業上：升遷困難，異動大，下屬無助力。

財運上：錢留不住，因財惹是非。

健康上：流年運勢逢鼠、兔、馬、雞年需防意外多災。

生肖屬雞，用「子」根破格的現象

孟、敦、泰、永、季、字、學、厚、承、享、孝、宇

子酉相破，熱心，付出卻勞而無獲，真心換絕情。

如果用於名一

個性上：較缺乏企圖心及規劃能力。

人際上：熱心付出，但施恩無功，所有的付出，都被視為是理所當然的事。

感情上：對另一半過於付出，但最後往往只換來背叛，犯桃花。

健康上：腸胃稍弱，

婚姻上：另一半生肖忌諱屬蛇、馬、羊、雞、兔。

如果用於名二

學業上：陽邊字根若佳，助力較好。

事業上：陽邊字根若佳，助力較好，但仍升遷較為困難，且難有得力下屬。

財運上：花錢較不知節制。

健康上：筋骨、腳易痠痛，中年後需注意生殖泌尿系統問題。女性婦科較差，注意子宮、卵巢功能較弱。

生肖屬雞，逢六害「狗」字根的現象

戌、戎、茂、獻、然、盛、誠、威、城、武、猛、獄、猷、絨

金雞遇犬淚雙流，感情、事業兩頭空。

如果用於名一

個性上：不修邊幅，講話過直。

人際上：一生犯小人，是非不斷，常會被冠上莫名的罪名。

感情上：情路難行，真情難覓，夫妻緣淺。

健康上：易犯呼吸器官的問題及筋骨受傷。

婚姻上：另一半生肖忌諱屬牛、龍、雞、羊。

如果用於名二

學業上：無心讀書、學非所用。

事業上：工作運勢不佳，常有人扯後腿，且影響小孩日後發展。

財運上：無財亦無庫，財去人安樂。

健康上：筋骨痠痛，婦科不順，刑傷破財，子息緣淺。

生肖屬雞，逢「火」字根的現象（易得憂鬱症）

然、熙、煜、照、炎、燈、燕、煇、煒、烈、焜、驛、燁、馳、駐、駒、驊、炫、驥、駱、騏、騫。

金雞逢火心無奈，感情、婚姻誰知苦。

如果用於名一

個性上：委曲求全，內心無奈。

人際上：表面上不錯、常常吃悶虧。

感情上：真心換絕情，早婚必破，人生充滿無奈感，另一半個性較強悍。

健康上：腸胃不好，心肺功能亦差，易有心悸現象，易得憂鬱症。

如果用於名二

學業上：陽邊字根若佳，助力較好。

事業上：陽邊字根若佳，助力較好，但不宜有女性下屬，易遭背叛。

財運上：即使有財亦無庫，妻無助力或不得夫財，易為錢所困，晚年勞神無福可享。

健康上：意外多災，四十歲後易得糖尿病、痛風、腎臟病等問題，女性則注意刀關。

生肖屬雞，逢「肉」字根的現象（易得憂鬱症）

志、慈、忠、念、思、恆、懋、恕、恬、恩、悅、悟、惠、應、惲、惟、慧、慰、愈、意、愿、心、慮、怡、慶、憲、憶、悠、情。

叫雞吃肉，不如叫虎吃草。

如果用於名一

個性上：沒企圖心，規劃能力較差，患得患失，舉棋不定，易鑽牛角尖，個性較悶。
人際上：姐妹及女性朋友較無助力。
感情上：婚姻宮破格，感情易委曲求全。
健康上：易有憂鬱症現象及腸胃、筋骨問題及過敏體質。
婚姻上：另一半生肖忌諱屬兔、龍、羊、雞。

如果用於名二

學業上：陽邊字根若佳，助力較好。
事業上：陽邊字根若佳，助力較好，但女性下屬較弱且無助力。
財運上：有財無庫，自己省吃儉用，賺錢給別人用，終其一生均為無福可享受之格。
健康上：筋骨、婦科易痠痛，男性功能較弱。

生肖屬雞，名字有蹩腳、趴腳字根的現象

宏、浚、松、光、允、文、友、愛、受、雄、參、叡、奕、奐、克、先、其。
雞蹩腳、趴腳成瘟雞，為被宰後折腳拜天公的雞。

如果用於名一

個性上：軟弱，無力，胸無大志，缺乏企圖心。

人際上：犧牲奉獻，為別人的貴人。
感情上：良緣難求、委曲求全，婚姻難圓，另一半個性較強，難溝通。
健康上：筋骨、肝皆較差。
婚姻上：另一半的生肖忌諱屬蛇、雞。

如果用於名二

學業上：陽邊字根若佳，助力較好。
事業上：升遷較為困難，下屬宮弱。
財運上：不善理財，財庫大破，財去人空。
健康上：腳易受傷，筋骨痠痛、男性功能差，女性則生殖系統、子宮、卵巢較弱。

生肖屬雞，名字中有「人」字根的現象

仁、任、傳、偉、付、仙、代、倩、仲、伍、伴、信、任、侑、儀、佳、伯、俊、佑、億、以、伶、作、保、傑、儒。

雞逢人為犧牲奉獻，待宰的雞。

如果用於名一

個性上：個性過於保守，企圖心弱，患得患失，考慮過多，遇事躊躇不前。

人際上：犧牲奉獻，為別人的貴人。
感情上：所謂的馬車夫之戀即是如此，最後情人總是跟別人在一起。
健康上：腸胃較差，中年後呼吸系統功能較弱，筋骨稍差。
婚姻上：另一半的生肖忌諱屬鼠、虎、蛇、雞、兔。

如果用於名二

學業上：陽邊字根若佳，助力較好。
事業上：需依陽邊字根不同而結論不同，但女性下屬能力稍弱或帶不動。
財運上：用錢雖保守，但卻存錢別人用，不得夫財或妻無助力。
健康上：筋骨、腳、婦科、男性功能稍弱。

生肖屬雞，名字中有「水」字根的現象

治、湘、清、源、洋、河、泉、泳、渝、永、汎、洛、浚、涵、淼、淳、淵、渙、泫、泰。
雞遇水成落湯雞。

如果用於名一

個性上：企圖心弱，慢半拍，是一個標準的沒問題先生，但實際上問題多多。
人際上：過於散漫，而讓貴人遠離，自己卻是別人的貴人。

感情上：對女性朋由全心付出，最後情人總是跟別人在一起，所謂的馬車夫之戀即是如此。

健康上：呼吸系統較差。

婚姻上：另一半的生肖忌諱屬蛇、馬、羊。

如果用於名二

學業上：整體健康都要注意。

事業上：對下屬太好，到最後所有事情乾脆自己做。

財運上：花錢不知節制，錢存不住，左手進，右手出，尤其對女性朋友，花錢絕不手軟。

健康上：下半身骨骼較弱，腳無力。

生肖屬雞，逢「金」字根的現象

鈞、鈴、錦、銀、銓、銘、釗、銅、銖、鎮、錡、錩、錬、鑑、鑾、鐵、鐸、鋒、錄、錚、錫。

如果用於名一

個性上：個性較直。

人際上：由於個性較直，有話直說，易得罪人而犯小人。

感情上：有話直說，不夠圓融，易生事端，爭執不斷，而造成分手。
健康上：需注意呼吸器官問題，腸胃較弱。
婚姻上：另一半的生肖忌諱屬虎、兔、馬、羊、狗。

如果用於名二

學業上：功課上呈現極端的表現，不是很好就是很差。
事業上：陽邊字根若佳，助力較好。
財運上：有財無庫，四處奔波忙碌為賺錢，但不善理財，自己無福享用，勞碌命的格局。
健康上：注意意外、車關、血光。

生肖屬雞，名字中逢「大」字根的現象

帝、冠、首、太、君、玟、珍、珮、瑞、琪、玫、玲、央、奇、奕、琦、瑜、瑞、瑩、璇、瓊、大、天、珊、珠、琴。

金雞逢大、逢王為犧牲，個性好強惹是非。

如果用於名一

個性上：強出頭，往往做事超過自己的能力，冤親變債主，老把別人的事往自己身上扛，常給自己太大的壓力。

人際上：耳根子軟，為別人的貴人，常誇下海口，卻無法完成所承諾之事，一時看似朋友多多，但那些朋友皆為狗腿一族。

感情上：總自認為遇到的是好對象，但終究心想事難成。

健康上：一生勞碌，壓力大，整體健康都要注意。

婚姻上：另一半無特別禁忌。

如果用於名二

學業上：陽邊字根若佳，助力較好。

事業上：陽邊字根若佳，助力較好。

財運上：不善理財或自己省吃儉用，但最後別人享用，自己無福，勞碌命的格局。

健康上：一生勞碌，壓力大，整體健康都要注意。

第十一節【戌狗之人】可用與不可用之字

戌狗五行為金，祭典上觀禮者，是小生肖。

自從人類以狩獵維生開始，狗就是人類最親近、最忠實的朋友，也是最好的生活夥伴，這種親密關係，自古至今，仍是恆久不變的。

戌，對人而言，狗在保護人，是人類的好夥伴。狗逢一口為吠，逢二口為哭，逢二日亦有哭象，若逢三口為亂吠之犬，即為狂犬，逢四口反變為「器」，為可用之才。

在中國北方，狗擔任運輸和救護工作，可以展現體能，在一般家庭中，門戶的安全警戒工作，就交給最忠實的好朋友負責，任勞任怨，盡忠職守，惹人憐愛，故有忠犬之稱。

戌，屬於十二生肖的第十一位，方位是西北西方，若以一天的時間來看，是下午七時至九時；若以四季來分，已是落葉凋零人寂靜的秋末——九月。

生肖屬狗的命格解析

屬狗的人大都老實，對待家人、朋友很忠誠，凡事抱著誠懇的態度去面對，而且很有耐心，只是比較受不了他人的嘲諷。

狗年出生的人對工作很投入，基本上不會輕言跳槽，會毫無厭倦地跟著他信得過的上司和朋友，是很好的工作夥伴，雖然反應不夠靈活，做事卻很踏實。

儘管不善於社交活動，卻會散發出強烈的異性吸引力，這種與性愛有關的本能和魅力可說是你精力的來源，凡是與性有關的事情，你對自己是充滿信心的。也常常讓人感覺頗具大將之風，一方面既有服從的特性，另一方面又能認真工作發揮實力，所以從軍也會是個不錯的選擇。

所以如果從事科學研究分析或是需要打探、調查的工作，例如警察、偵探、間諜之類，你都能發揮長處把它做得很好。

在經濟財務和金錢運用方面，通常能夠兼顧理想和現實，會蠻注重物質方面的實際狀況，可是一旦對某件事產生興趣，或是想完成某個理想，就會全心全意投入大量的時間、金錢和心力去追求你的理想。

適合在狗年出生的姓氏

馬、王、田、戴、鮑、彭、常、康、連、葉、萬、蘇、宋、池、溫、潘、朱、姜、馮、許、丁、谷、黃、苗、蕭、蔡、洪、汪、江、游。

不適合在狗年出生的姓氏

鄔、賀、翁、龍、陳、林、孔、李、姚、彭、潘、龐、顧、司、吳、石、孟、袁、包、承、永、侯、牛、谷、祝、牟、連、毛、岳、杭、利、冰、盛、宮、嚴、金、龔、農、商、方、鄭、斐、譚

屬狗的喜用字

你如果是屬狗，首先要瞭解狗的特性，才能瞭解名字的好壞。狗喜歡有洞穴住，能披彩衣為佳，能得王掌權最佳，又戴冠，有肉可吃飽，得虎、得馬成三合局，有柵欄可住得舒服，名字中如有符合下述條件者為好名。

一、屬狗之人喜歡有三合之字根，狗為戌，「寅、午、戌」為三合的助力，對人的幫助很大，人緣、貴人運都很好，但須注意火旺土躁帶來的問題，須謹慎使用。

例如：演、彪、駐、驤、篤、朱、南、竹、騏、騰、馮。

二、屬狗之人喜歡有三會之字根，狗為戌，「申、酉、戌」為三會的助力，對人的幫助很大，人緣、貴人運都很好。但須注意「酉」不可用，金雞遇犬淚雙流。

例如：暢、侯、園、遠、還、袁、申、坤、紳、轅。

三、屬狗之人喜有「心」、「忄」、「月」之字形皆為肉形，因狗喜歡吃肉，正合狗意，

內心糧食豐富，充實，生活優渥，能快樂生活。
例如：勝、恩、明、有、青、朗、忠、思、育、宥、慷、愉、恆、忻。

四、屬狗之人喜小也喜大，喜歡有「小」、「少」、「士」、「臣」之字形，因小狗可愛比較得人疼，為人不強勢，例如：少、妙、臨、亞、幼；但大狗為軍犬、守衛犬、救難犬、狩獵犬，真正能發揮「狗為人類最好的朋友」的本性，深得人類的信賴與愛戴。
例如：軍、主、長、大。

五、戴冠邁步走：「亠」、「宀」、「走」、「跑」有此字形，可以升格為虎，代表一生中容易出頭天。
例如：亦、亢、交、亥、立、亨、享、京、亭、爭、愛、越、爰、爵、爲。

六、狗是最忠於人的動物，屬狗之人喜有「亻」、「人」之字形，表示有主人，並忠於主人，忠於事業，忠於愛情，忠於錢財，因此容易成功。
例如：信、值、偉、仰、仲、佳、仙、伯、儀、佩、位、優。

七、喜披漂亮的彩衣，升格為虎，有威風之味，可增加其威勢，更能提升地位，有為王的條件，受尊重，有份量。如字形是「彡」、「采」、「糸」、「巾」、「衣」均是，一生中會讓人家看得起。

例如：常、綠、經、絢、約、素、維、綸、綺、長、彭、衫、莊、彤、韓、帥、席、師、彥、彰、彪。

八、屬狗之人喜有「宀」、「冖」、「門」、「广」、「聿」、「冊」、「曲」之字形，意味家庭內的狗，比較好命，有主人疼，有房子住，不必去當流浪狗。

例如：公、全、內、安、宇、宏、宥、家、冠、定、宣、宋、寶、宥、家、宏、寬、富、寬、密、宙、宜、守、姍、曲、扁、字、宙、厝、廠、蘭、開、閔、律、聿、冊、珊。

十二、屬狗之人喜逢平原，可升格，狗愛在平原上盡情奔跑，使得事業錢財都不錯。

例如：芷、萱、蒼、蓉、芬、芳、苗、菁、華、芮、蓁。

屬狗的忌用字

你如果是屬狗，首先要瞭解狗不喜歡的情況，才能瞭解名字的好壞。

狗不吃五穀雜糧，也不喜見太陽，如遇雞則成六害，如遇龍則成六沖，如遇武器字形易受傷害，如遇開口字形怕傷害人，如果名字中有以上所舉例之字形，就表示名字有破格。

一、狗喜忠於人，但如果一隻狗要同時侍奉幾個人，則成為不忠之狗，如名字中見到有兩個人的字形即是。「亻」為人想，一心多用，最後恐一事無成。感情方面亦會出現兩人以上，腳踏多條船，已婚者則外遇。

例如：律、德、徹、仁、從、徐。

二、屬狗之人不喜有「田」之字形，因為狗在田間，會踐踏五穀，浪費，有不惜福之意，也有好吃懶做的感覺。不珍惜朋友之間的情，也不珍惜男女之間的情，對金錢也不會珍惜。

例如：異、疆、申、由、甲、男、畇、畢、畫、當、界、留、疇、疊、暢。

三、屬狗之人不喜有「山」之字形，因狗上山頭百獸欺！沒份量，不受尊重、個性孤僻，沒名沒份，易犯小人。

例如：峰、峻、岳、崑、崙、峨、嵋、峽、岌、岑、崗、岩、峭、峙、嵩、崧、崴、凱。

四、古云：「金雞遇犬淚雙流」，所以屬狗之人亦不宜見到有雞之字形，如「酉」、「隹」、「兆」、「鳥」、「羽」、「兌」、「西」、「金」等字均有雞之意，表示會被陷害。

例如：酷、醫、翁、鳴、非、西、耀、翡、翰、酋、鳳、凰。

五、屬狗之人名字三個字中，不喜單口、二口、三口，只喜歡四口，可升格，因為一口吠，二口哭，三口碎碎唸，四口即成器。例如：

李家同　無病呻吟，愛亂罵人。

林小喬　愁眉苦臉，多愁善感。

黃品源　好管閒事，一天到晚唸不停。

劉品如　一生成功機會高，可成大器。

六、由於龍狗對沖，所以命名時要避免用「辰」、「貝」字根的字，否則容易產生傷害。例如：震、宸、辰、真、責、貴、儂、穠、婪、賦、賴、貽、詳、麗。

七、屬狗之人不宜見有「木」形之字，因狗為戌土，由於木剋土，所以字形如有木邊，則犯上了木剋土，被壓抑住，能力無從發揮。例如：校、李、果、楚、機、權、棟、榮、仗、格、梅、樂。

八、由於狗是屬於戌，因此，命名時不適合用「羊」、「未」字形的字（隱含有木剋土之意），否則不利於各方面的發展。

九、屬狗之人不宜見有「丑」形之字，因天羅地網交沖，遇事糾纏不清，沒完沒了易有金錢糾紛。例如：生、特、妞、紐、忸、牧。

十、屬狗之人最不喜見到其對沖之字形，如辰戌對沖，龍與狗對沖，龍即為「辰」，所以千萬避免使用有「辰」字根之字為名字，表示常會與人有衝突。

十一、屬狗之人不宜見有「水」、「氵」、「氺」、「子」、「北」、「亥」之屬於水之字根，因狗為戌土，土會剋水，對其不利，傷害大，會洩漏精力、財氣、健康。

十二、狗不喜素食、五穀雜糧類，狗為葷食動物，尤其特別喜歡吃肉，因此，字形有「麥」、「米」、「粱」、「稷」、「禾」字形的字，則盡量避免選用，不然會有食之無味，棄之可惜的遺憾。

例如：精、菊、豈、登、凱、艷、程、積、豈、豎、田、畇、秩、豊、燦、彭、麥、和、蓁、利、秀、穠、粲、粱、科。

十三、屬狗之人不喜有「示」、「礻」字邊，因狗肉不上桌也，犧牲毫無代價，白忙一場。

例如：祈、祁、神、祐、社、祝、禎、祖、祕、祥、祿、祺、福、禮。

十四、屬狗之人不要再有「犬」之字形。容易形成「兩口犬」為一「哭」，個性剛硬，夫妻容易爭吵、不聚財、凡事不順。

例如：威、盛、戎、成、城、誠、猶、獨、狀、狐、狄、荻、獅、猛、獎、獻、献。

十五、屬狗之人不喜有日旁，狗見到「日」，有一句話說「狗吠日」，狗看到太陽出來也要亂叫兩聲，意指愛管閒事，大嘴巴，徒勞無功，招怨。

例如：旦、旨、昇、晨、星、春、晉、景、智、旭、旺、旻、旼、晞、晰、曦、晴、昀、昆、皓、昊、晶、昌、明、易、昕、映、昭、昶、昂、晏、晟。

十六、屬狗之人不喜有「女」字邊，因女字邊會帶出自己生肖，亦形成兩口犬。

例如：妗、嫵、如、奼、嫣、娟、妃、妍、妙、妞、妤、妏、妮、姍、姝、妲、婕、婧、姬、娜、娥、嬋、姵、婷、媖、嬡。

與戌狗有關之：沖、刑、破、害、合、會 用字範例

【沖】辰戌相沖 - 不可用

五、辰、宸、麗、麒、麟、展、言、尤、君、雲、雨、京、就、誼、誌、瓏、晨、農、震、振、民、貝、慶、龔、龐、麓、寵、鹿、涼。

【刑】丑戌相刑 - 不可用

隆、甦、特、牧、牡、皓、造、牟、甥、紐、星、先、生、性。

【破】未戌相破 - 不可用

祥、洋、儀、美、妹、善、義、珠、味、達、澤、羚、朱、翔、垟、報、群、詳、姜、茱。

【害】酉戌相害－不可用

翌、鶯、翰、兆、鴻、習、維、雄、進、翔、翊、鳴、飛、菲、扉、翎、鄭、雍、鵑、翡、翠、雋、雁、集、奚、羿、雅、翁、耀、雙、非。

【合】寅午戌合－可用

駒、騏、朗、驊、彪、丘、屯、處、嶽、岳、卿、許、瑩、照、無、燦、燕、珠、馮、騰、峰、嶺。

【會】申酉戌會－可用

坤、遠、維、紳、侯、暢、祐、環、羿、翁、雍、飛、翔、園、還、寰、翎、鴻、鄭、習、非。

生肖屬狗，逢正沖字根的現象

晨、震、農、麟、麗、展、民、君、雲、雨、言、尤、京、涼、振、慶

龍狗正沖，身心無奈，做事雖積極，但勞而無獲，一切終必成空。

如果用於名一

個性上：任性，固執、內心較不安定，做事常過於衝動。
人際上：受名字辰戌正沖影響，容易得罪人，且犯小人，沒有貴人。
感情上：婚姻宮正沖，早婚必破。
健康上：易有筋骨、神經的問題。
婚姻上：另一半生肖忌諱屬牛、虎、兔、龍，否則加速剋害。

如果用於名二

學業上：功課不佳，靜不下心，學非所用。
事業上：一事無成，無下屬宮，有也會被連累。
財運上：無財亦無庫，有錢必有事。
健康上：易患腸胃、腳部及腎臟方面問題。

生肖屬狗，逢相刑破字根的現象

隆、牛、生、浩、美、善、群、祥、洋、星、皓、妹、達、翔、儀、珠。

如果用於名一

個性上：另一邊字根若佳，助力較好。
人際上：不論付出與否，損友多，卻無貴人。

感情上：真心換絕情，良緣難求，易委曲求全。

健康上：需注意神經、腸胃功能較弱。

婚姻上：如果逢牛字根，另一半的生肖忌諱屬龍、馬、羊、狗。逢羊字根，則另一半的生肖忌諱屬鼠、牛、龍。

如果用於名二

學業上：或認真，或努力，終究學非所用。

事業上：靠自己，無下屬或下屬無力，甚至被下屬連累。

財運上：無財亦無庫。

健康上：需注意筋骨、生殖泌尿系統的問題。

生肖屬狗，逢六害「酉雞」字根的現象

維、兆、鴻、耀、進、翊、羿、雅、雄、飛、翎、翰、鵑、翌、翡、翠。

雞狗相逢為六害，金雞遇犬淚雙流。

如果用於名一

個性上：脾氣不穩，易惹是非。

人際上：就算與世無爭，也會將麻煩惹上身，一生小人不斷。

感情上：不論男、女，雖然付出，皆容易受到另一半的背叛。

健康上：易有肺部、脾虛，及肩頸痠痛的問題。

婚姻上：另一半的生肖忌諱屬鼠、兔。

如果用於名二

學業上：坐不住，老想往外跑而影響學業，終缺臨門一腳。

事業上：工作運勢不佳，無下屬宮，一生中靠自己，工作不穩定。

財運上：無財亦無庫，有錢是非多。

健康上：需依天干五行而論，但無論如何，皆需注意筋骨、腳的問題，流年運勢逢兔、狗年需防意外多災。

生肖屬狗，逢「日」字根的現象

晨、昇、昌、昆、昭、晃、景、旼、旻、昱、衵、書、昕、星、、易、旭、曉、映、晏、晤、昫、暄。

狗逢日，形成天狗吠日，天狗食日之局。

如果用於名一

個性上：易給人不好相處的第一印象。

人際上：易犯小人，成為別人的貴人，但卻往往施恩無功，得不到別人的感激，勞而無獲。

感情上：情路難行，真心換絕情，良緣難求。

健康上：筋骨、腸胃不佳。

婚姻上：另一半的生肖忌諱屬鼠、牛、兔、蛇、狗、豬。

如果用於名二

學業上：坐不住，老想往外跑而影響學業。

事業上：工作運勢不佳，靠自己也靠不住，做事永遠欠缺臨門一腳。

財運上：無財亦無庫，另一半生肖屬龍、羊，則可稍加互補不足。

健康上：筋骨、腎、婦科、血液問題多。

生肖屬狗，逢「口」字根的現象

品、吉、治、浩、嘉、喬、和、可、呈、員、哲、喜、召、古、名、富、競、瑋、中、洛、智、昭。

名字三個字加起來，狗逢單口成吠，雙口成哭，三口則成瘋狗。

如果用於名一

個性上：嘮叨，容易不滿，易逞口舌之快，不是罵人就是被罵。

人際上：兩個名字中逢單口，成吠字，愛碎碎唸或個性過直，討人厭，不得人緣。

感情上：良緣難求，逢雙口則成真心換絕情，成為哭字。

健康上：逢雙口成哭則易導致莫名隱疾、腫瘤、開刀。

婚姻上：另一半的生肖忌諱屬虎、龍、馬、狗。

如果用於名二

學業上：讀書坐不住，學非所用。

事業上：升遷困難，下屬不力。

財運上：有錢即有事，財去人安樂。

健康上：易傷及腳及筋骨，但若逢雙口，則易導致痛風及腳的病變。

生肖屬狗，逢「火」字根的現象

然、杰、為、煌、烈、照、炎、焜、烘、煥、炫、燦、燕、熚、煒、熊。

狗的生肖本命為金，火剋金相沖剋，且心無奈，易產生憂鬱現象。

如果用於名一

個性上：欠缺企圖心及規劃能力，總把事情往心裡藏，易有雙重人格特質。

人際上：時好時壞，若另一邊字根佳，則較有助力。
感情上：較不穩定。
健康上：呼吸系統不佳，腸胃亦不佳。
婚姻上：另一半的生肖忌諱屬鼠、牛、兔、猴、雞、豬。

如果用於名二

學業上：若另一邊字根佳，則較有助力。
事業上：若另一邊字根佳，則較有助力。
財運上：花錢較不能節制，但晚年有財運，且子女運不差。
健康上：筋骨、腎、生殖泌尿系統要注意。

生肖屬狗，逢「五穀」字根的現象

豐、秉、凱、菊、米、麥、程、禾、秦、糧、梁、粧、粲、和、秀、蓁、秋、利、豆。
狗吃五穀，食而無味，易生不滿。

如果用於名一

個性上：凡事不主動、遇事易不滿。
人際上：做事欠缺規劃能力，對外易不滿，易犯小人。

感情上：良緣難求，易與另一半爭執，且另一半個性較強，溝通困難。
健康上：腸胃、筋骨較易出問題，且心肺功能較弱，另有心悸現象。
婚姻上：另一半的生肖忌諱屬虎、龍、蛇、猴、狗。

如果用於名二

學業上：無法專注學習，功課不佳，學非所用。
事業上：靠自己，無下屬或下屬無力。
財運上：不善理財，財庫破，不利投資，常常還沒到月底就沒錢用。
健康上：下肢筋骨無力，男、女性功能皆弱，需注意痛風問題。

生肖屬狗，逢「狗」字根及逢王的現象

冠、君、王、成、盛、城、誠、然、珍、玟、珮、琳、戎、茂。

如果用於名一

個性上：逢戌狗字根個性過直，遇大字根過於自我，給自己太大壓力，目標過於遠大卻難達成，為人處事不夠圓融。
人際上：總是成為別人的貴人，又容易讓人產生不易溝通的現象。
感情上：個性過強，易產生爭執，感情不和諧。

健康上：無特別顯著病痛。

婚姻上：另一半的生肖忌諱屬龍、雞、牛、羊；逢王則忌諱屬牛、羊、豬。

如果用於名二

學業上：坐不住，事倍功半，想爭第一，卻難圓夢。

事業上：為人作嫁，心想事不成，結局一場空。

財運上：錢財不聚，就算存到一筆錢，也拱手送人，為無福可享的格局。

健康上：無明顯病痛。

生肖屬狗，逢「山」字根的現象

崴、峰、崢、峻、嶽、屯、嵩、崔、峒、岳、嶺、崙、崑、瑞、崗、嵐、崧、崇、崎、峻、岷、峨。

虎落平陽被犬欺，狗上山頭百獸欺，山上有虎、豹、狼等野獸，狗上山則為小。

如果用於名一

個性上：較內向拘謹，畏畏縮縮，不愛與人互動。

人際上：如同狗上山一般，易受同學、朋友欺負，易犯小人，在朋友間較無地位。

感情上：易認識脾氣較大的異性，為人抬轎，但最後卻跟別人在一起。

健康上：無特別明顯症狀，但心肺功能較弱。

婚姻上：另一半的生肖忌諱屬龍、蛇、猴。

如果用於名二

學業上：如狗上山，事倍功半，學業易受阻。

事業上：帶不到好的下屬，需靠自己。

財運上：財來財去，不易聚財。

健康上：無特別明顯症狀，但下肢較容易受傷。

生肖屬狗，名字逢「木」字根的現象

梧、棟、村、楷、桂、松、棋、柔、根、柱、楷、杭、權、梭、卿、東、柄、柳、榮、格、橋、樂。

木剋土，形成後天剋先天之象。

如果用於名一

個性上：若陽邊字根佳，則較有助力。外緣給人第一印象有所差別，內在個性則過於內斂、剛強、固執。

人際上：由於個性使然，雖有衝勁，但不善規劃，過於堅持己見，不夠圓融，易得罪貴人，易惹人厭。

感情上：另一半不會關愛自己，而委曲求全，常成為傷心的人。

健康上：腸胃較差。

婚姻上：另一半的生肖忌諱屬猴、雞。

如果用於名二

學業上：功課欠佳，若另一邊字根佳，則較有助力。

事業上：需避免有女性下屬，否則不易管理，亦不得其助力。

財運上：錢財耗費過大，不善理財，終究人財兩空。

健康上：筋骨、腳易受傷，四十歲以後需注意痛風病症。

第十二節【亥豬之人】可用與不可用之字

亥豬五行為水，祭典上三牲之一，是小生肖。

豬和馬、牛、羊、雞、犬共為「六畜」，豬可以說是財富的象徵。

亥是十二生肖的最後一位，方位是北北西方，若以一天的時間來看，是下午九時至十一時；若以四季來看，是草木逐漸凋零枯萎，初冬見寒的十月，所代表的意義是指堅固的殼中的種子度過嚴冬之意，另解是指事物的中心點，凡事充滿自信。

自古以來中國人都在家中養豬，祭拜大典也少不了牠，其與人類的關係深遠。一般人都以為豬又懶又笨，實際上豬很聰明，又愛清潔。

生肖屬豬的命格解析

你是個性情中人，而你本身也擁有一種高超的第六感，那是一種能夠識別真情的本領。

屬豬之人聰明，心地善良，給人一種溫暖的感覺，做事情很認真，一心想要完成使命，也愛追求物質的享受，不論男、女都是天生的經濟專家。

追求經濟上的獨立，好讓自己可以自由自在地花費，如此會為你帶來好運，吸引更多有財富地位的人來靠近你。

只要是與賺錢或運用錢財有關的事務，都能激發出你優秀的想法和意見，心思靈巧，凡是需要敏捷機智和精確細密的工作，你都能勝任愉快。

工作上如果遇到挫折，容易失去自信，而且會在意別人是否在譏笑自己、看輕自己，容易受別人言語的影響，而為了逃避別人的眼光，就會更加的我行我素，以自我陶醉來強化自己的心理，反而使小挫折變成大挫折。總是希望得到別人的尊重，很在意自己的地位和價值，所以如果你是工作單位的主管，總不會忘記自己的領導地位，有時不免會產生一意孤行的舉動。

不過你通常是很幸運的，因為你敏銳的直覺會在危險來臨時警告你、提醒你，讓你做出有利的判斷和行動。

適合在豬年出生的姓氏

林、葉、楊、宋、金、杜、苗、游、康、黃、柳、劉、李、孟、洪、江、池、盧、姜、成、沈、溫、梁、湯、黎、萬、石、田、谷、牟、牛、鈕、譚、姚、季、程、雲、雷、蒙、錢、蒲、幸、柏、桂、梅。

不適合在豬年出生的姓氏

王、鄭、汪、徐、倪、袁、侯、巴、丁、張、連、毛、尤、朱、佟、章、熊、馬、許、馮、顧、龐、龍、龔、農、斐、鄔、文、公、史、包、申、蕭、仇。

屬豬的喜用字

你如果是屬豬，首先要瞭解豬的特性，才能瞭解名字的好壞。

豬喜歡得洞穴等於有家可住，得森林則野豬可奔放，得草原或平地也可，有五穀吃可得溫飽，有兔或羊成三合局，遇鼠或牛成三會局。

一、屬豬之人喜「亥、卯、未」為三合。卯為兔，未為羊。名有卯與未之字根，則一生能得貴人多助，妻賢子孝，可享清福。

例如：逸、柳、勉、青、勝、祥、妹、義、喜、善、羚、詳、群、美、卿、義、善、羨。

二、屬豬之人，亥、子、丑成為三會水，故「子」與「丑」之字即與亥成為三會局，與「子」字形通意者尚有「氵」、「冫」、「北」、「生」、「牛」均是也，表示一生中有很多貴人。

例如：孟、字、治、泰、泉、深、渺、游、溫、牡、季、江、沐、特。

三、屬豬之人喜有「金」之字旁的字，因屬豬為「亥」水；而金能生水，故金對生肖屬豬之人有幫扶之意，一生能受長上、長官提拔。例如：鈕、鋒、細、鐘、銳、銘、錘、鈴。

四、屬豬之人名字如有「豆」、「禾」、「米」、「麥」、「粱」之字根，因豬最喜愛吃的食物為「豆類」及米飯雜糧，所以名字中有豆字形者，皆是屬豬之人的豐盛餐點，有滿足感，表示一生不虞吃穿。朋友對他好，事業做得不錯，財源滾滾來。例如：精、粉、糙、豎、穀、蘇、稷、秀、私、秋、由、男、富、粲、豈、凱、登、豐、雷。

五、屬豬之人喜有「冖」、「宀」、「入」、「广」、「門」、「冊」字形，似有家的感覺，被豢養的豬，比較有福氣，工作、事業均能順利。例如：宋、安、全、富、寬、宙、厝、廠、蘭、開、閔。

六、屬豬之人喜有「田」字形，代表豬在田野間有五穀雜糧可吃，又自由逍遙，一生可得清閒無壓力。例如：東、甲、當、畢、留。但因田有四個洞，須注意表面上事業得心應手，私底下財庫破洞，兩袖清風。

七、屬豬之人喜小不喜大，喜歡有「小」、「少」、「士」、「臣」之字形，因小得位，長大犧牲。

例如：少、亞、妙、臨、幼。

八、屬豬之人喜「夕」、「夜」之字形，豬喜晚上，能夠休息，得享安穩。

例如：夠、多、汐，夙、夜、名、銘、矽、夢。

九、屬豬之人喜歡有「厶」的字根，豬喜歡翹腳休息，凡事輕鬆做，財富輕鬆賺。例如：

公、宏、弘、泓、玄、紘、雄、炫。

屬豬的忌用字

你如果是屬豬，首先要瞭解豬不喜歡的情況，才能瞭解名字的好壞。豬名字中見人怕被宰，當然也怕太陽，更怕見王或戴冠，披彩衣太漂亮也不行，遇奔跑交叉字形，好像是病豬，遇蛇字形就成六沖，遇猴是相害，遇武器字形怕被傷害。

一、生肖屬豬不喜見到有「王」、「君」、「長」、「帝」、「令」、「大」之字形，因豬是民間供奉品，愈大愈容易上供桌，意味要奉獻犧牲，如有此類字眼，愈往金錢、物慾追求，則愈挫敗、失意、痛苦，隨之而來，最後一場空。最好從事慈善事業，服務人群，當義工工作，則比較可以調適自己。

例如：天、奇、主、帥、玲、理、瑪、奚、君、將、瑄、琴、璞。

二、生肖屬豬之人不喜見有彩衣字形，如「彡」、「巾」、「衣」、「采」、「系」，意味著豬準備上供桌前，將其身上華麗裝飾一番。所以屬豬之人，不宜有彩衣，否則，變成準備奉獻，得到的太少，失去的很多。

例如：紅、約、結、絢、帥、希、帝、席、彰、影、彩、彥、彤、裕、衫、衪、裘、維、總、絹、表。

三、生肖屬豬之人不喜見到「示」字形，示之意通祭祀，也就是要被人宰殺祭祀用，苦勞一生，無所得，最後還要被送上斷頭台。例如：票、崇、祝、祈、禎、禧、禁。

四、生肖屬豬之人不喜見到有腳分開之字形，如「賢」、「貴」、「賓」、「賞」、「贊」，腳分開代表不健康、病豬、站立不挺，表示工作不順。

例如：賞、貴、贊、賓、賢。

五、生肖屬豬之人最忌諱之字形如「辶」、「廴」、「川」、「一」、「邑」、「乙」、「弓」均為一條蛇的形象，與豬形成六沖，傷害性最大，無論是六親之緣份，財運、事業、健康均受影響，意外、血光、開刀、官訟、是非多。

例如：向、妃、楓、三、之、也、郁、鄔、郭、州、蛾、蝶、虹、造、逢、進、巡、迪、建、強、張、發、凱、凡。

六、生肖屬豬之人不喜見到有「人」之字形，遇人犧牲奉獻。

例如：仁，德、信、值、仰、倫、俊、仲、佳、佩、位、仙、伯、儀、偉、優。

七、生肖屬豬之人不喜見到有「口」之字形，豬開口咬橘子，犧牲奉獻。

例如：回、哈、商、召、招、可、昭、台、右、哲、唐、語、司、和、合、吉、同、君、吾、名、呂、告、呈、言、周、咪、員。

八、生肖屬豬之人遇有耳朵的字根（左耳、右耳皆是），會有被控制而不自由的感覺。用在名一人際關係受限；用在名二則事業財運會受限。

例如：邵、陽、隆、隨、階、隋、陪、際、隘、阡、都、陌、邑、郁、部、阜、陣、陳、祁、郊、鄆、郡、郎。

九、生肖屬豬之人不喜強出頭，如「亠」，因豬不夠格，就算費盡苦心出了頭，也難得到他人心服口服的接受，表示一生不容易讓人看得起。例如：文、辛、彥、享、亨、高、言、語、亦、京、禎、真、貞、右、衣、依、主、柱、永、上。

十、生肖屬豬之人不喜見到有「日」、「光」之字形，因白天對豬而言，危險性高，有犧牲奉獻之嫌。

例如：昭、昱、智、曜、耀、書、意、是、暉、昇、晃、光、曉。

十一、生肖屬豬之人際逢肉，「忄」、「月」、「心」，看得到吃不到，心想事不成。

例如：慕、懿、恩、忠、愛、志、恆、懷、怡、慈、感、必、悠、慶、想、朋、應、必、如、勝。

十二、生肖屬豬之人不喜見到有「猴」之字形，如「申」、「袁」、「祖」、「侯」，古云：「豬遇猿猴似箭投」，在八字五行中，亥與申為相害，故犯之，傷人、傷身、傷情，是非、小人、官訟，一切均不利。

例如：遠、園、伸、媛、紳、還、候。

十三、生肖屬豬之人亦不宜見到「上」、「刀」、「力」、「血」、「几」、「皮」、「石」等不利豬形象的字，因為豬見刀可能要面臨被宰，人生充滿委曲到處碰壁。

與亥豬有關之：沖、刑、破、害、合、會　用字範例

【沖】巳亥相沖　-　不可用

建、廷、連、延、遠、逢、迪、述、強、弼、造、通、達、虹、進、迎、螢、蜀、起、超、

道、弦、弘、運、速、遵、遊、張。

【刑】亥亥自刑－不可用

家、豪、緣、濠、毅、豫、象、閡、篆、眾、聚、核、壕。

【破】寅亥相破－不可用

彪、朗、丘、屯、處、卿、峰、嶺、峻、嶽、楚、岳。

【害】亥申相害－不可用

袁、侯、遠、伸、暢、坤、珅、環、還、寰、園、紳、祐、祖。

【合】亥卯未合－可用

澤、郁、義、詳、楝、善、柳、春、月、美、群、勉、免、卿、詳、羚、幸、朝、朗。

【會】亥子丑會－可用

特、牧、孟、浩、字、季、江、沐、治、泰、泉、深、造、牟、游、溫、牡、特、先、生、牡、皓、甦、隆、渺、甥。

生肖屬豬，逢正沖「蛇」字根的現象

廷、弘、達、強、延、進、逸、迪、迺、遠、適、邁、建、迅、通、造、逢、連、道。

豬蛇正沖心急躁，意外多災是非多。

如果用於名一

個性上：易心煩氣躁，常莫名其妙生氣。

人際上：耳根輕，易受利用，衝動行事，一生小人不斷。

感情上：婚姻宮正沖，早婚必破，婚姻難圓。

健康上：腸胃不佳，過敏體質及易有心血管的疾病及血光意外，多災多難。

婚姻上：另一半的生肖忌諱屬鼠、虎、兔、龍、猴、豬，流年運勢逢虎、蛇、猴、豬年需防意外。

如果用於名二

學業上：若另一邊字根佳，則較有助力，但皆受健康不佳而影響學業。

事業上：若另一邊字根佳，則較有助力，但與女性下屬關係較差，與女兒緣淺。

財運上：有錢是非多，財來財去，為錢所苦，晚景淒涼。

健康上：免疫力差，一生藥不離身。

生肖屬豬，逢「豖」字根相刑的現象

家、緣、核、閡、濠、眾、聚、壕、譹、豪、毅、豫、象、篆。

豬亥相刑，有始無終。

如果用於名一

個性上：自相矛盾，內心鬱悶，有始無終。

人際上：因做事有頭無尾，舉棋不定，反而讓貴人遠離。

感情上：情難走，路難行，緣難圓。

健康上：腸胃稍差，易有暗疾、刑傷。

婚姻上：另一半的生肖忌諱屬虎、蛇、猴、豬、馬，流年運勢忌逢虎、蛇、猴、馬，宜保守，需防意外多災。

如果用於名二

學業上：事倍功半，所學難以致用。

事業上：工作雖認真，卻常招誤會，得不到賞識，升遷困難。

財運上：不善理財，一不小心財來財去，兩手空空。

健康上：抵抗力稍弱，腳易留傷疤，泌尿系統稍弱。

生肖屬豬，逢山、虎、虍字根為破格的現象

良、岳、嵐、獻、盧、處、虔、彪、山、爭、郎、箏。

如果用於名一

個性上：缺乏企圖心，心性不定、善變。
人際上：易犯小人，易遭朋友陷害。
感情上：婚姻宮破格，不宜早婚，良緣難求，感情易多波折。
健康上：筋骨、肝功能不佳。
婚姻上：另一半的生肖忌諱屬牛、龍、蛇、猴、豬，流年運勢逢蛇、猴、豬年需防意外多災。

如果用於名二

學業上：若陽邊字根佳，則較有助力。山、虎頭字根若位於陽邊，則學業難成或學非所用。
事業上：山、虎字根位於陽邊，則男性下屬無助力。
財運上：散財童子，有財無庫、禁玩投機之金錢遊戲。
健康上：易生筋骨問題、痛風、腎臟等病症，女性則要注意婦科問題。

生肖屬豬，逢申、示字根為六害的現象

禮、紳、暢、禧、祺、禎、福、禕、祈、祐、寰、園、禪、坤、遠。

豬逢示，申為六害，豬遇猿猴似箭投。

如果用於名一

個性上：表面看來主觀、有定見、企圖心強，但實際上是虎頭蛇尾。

人際上：朋友表面上對他不錯，實則老放暗箭，又因不切實際而讓貴人遠離，且易犯小人，「示、申」字根位於陰邊，則犯女性小人，與姐妹相互剋害，位陽邊，則與兄弟緣淺或相剋害。

感情上：良緣難求，夫妻易貌合神離，爭執不斷。

健康上：「示、申」字根位於陰邊，則筋骨、內分泌易失調，位於陽邊，則心、肺功能較差。

婚姻上：另一半的生肖忌諱屬牛、虎、兔、蛇、羊、豬，流年運勢逢虎、蛇、豬年，需防意外多災，凡事需低調處理。

如果用於名二

學業上：若另一邊字根佳，則較有助力。「示、申」字根位於陽邊，則無法專心而學業難成。

事業上：不穩定、升遷困難，難挑大任。

財運上：「示、申」字根位於陰邊，則聚財不易，投資必破，晚年無福可享，女性則難得夫財。

健康上：泌尿系統、婦科、易犯刀刑，晚年病痛纏身。

生肖屬豬，逢「日」字根的現象

智、輝、昌、旻、昆、昇、昭、旺、晃、昕、時、映、明、晏、書、光。

豬五行為水，日五行為火，為水火相剋，同時豬見日有祭拜天公的意思，為犧牲奉獻之格。

如果用於名一

個性上：個性急躁、內心不安。

人際上：欠缺思慮，易受人利用，貴人難求。

感情上：良緣難覓，情路多波折。

健康上：腸胃不好、腰易痠痛、易有過敏現象。

婚姻上：另一半的生肖忌諱屬鼠、兔、蛇、狗、豬，流年運勢逢鼠、兔、蛇、馬、狗、豬年，凡事皆宜保守並防刑傷，犯小人。

如果用於名二

學業上：日字根位於陽邊，則坐不住、學業辛苦，若陽邊字根佳，則較有助力。

事業上：日字根位於陽邊，則工作不穩定、工作運差、升遷困難，難得到好的下屬。
財運上：錢財不聚，不善理財，日字根位於陽邊，則與兒子緣份不深或難管教，位於陰邊，則與女兒緣份不深或難管教，晚年無靠。
健康上：生殖泌尿系統、腎、子宮、卵巢易出狀況。

生肖屬豬，逢「火」字根的現象

炳、熙、烈、炎、炫、烽、焜、然、煉、煌、煒、煜、煥、煦、燈、燕、駿、馳、炯、駒、騏、驊、驥、驛。

如果用於名一

個性上：急躁、不安、做事過於衝動。
人際上：衝動易受人利用，陽邊若字根搭配得宜，則男性朋友較有助力，但易形成金玉其表，敗絮其中之象。
感情上：急性躁進，反而會把好的對象嚇跑，同時過於任性、固執、不聽勸，讓另一半受苦、委曲求全，故於擇偶時遇到此類名字，需三思而後行。
健康上：心血管疾病，血壓低，心跳速度慢。
婚姻上：另一半的生肖忌諱屬鼠、牛、兔、猴、雞、豬，流年運勢逢鼠、牛、兔、豬、雞年，需防小人，刑傷破財，凡事宜保守為安，不宜投資。

如果用於名二

學業上：易受健康問題而影響學業，若陽邊字根佳，則較有助力。

事業上：若陽邊字根佳，則較有助力。與女性下屬難和諧，與女兒緣淺，易影響女兒日後發展。

財運上：有財無庫，劫財，是非多。

健康上：血液問題、循環系統不佳、生殖泌尿系統也差。

生肖屬豬，逢「土」字根的現象

坤、城、培、增、基、堂、堅、均、地、塘、境、埼、塗、筠。

豬五行為水，為土剋水局。

如果用於名一

個性上：委曲求全、企圖心弱。

人際上：常幫別人後卻感到後悔，為人作嫁，不想幫時，又不知如何拒絕。

感情上：愛人在心，口難開，往往認識個性主動卻脾氣很差的對象，情路難行。

健康上：泌尿系統、腰骨、脾胃不佳，易出狀況。

婚姻上：另一半的生肖忌諱需依陽邊字根而論。

如果用於名二

學業上：若陽邊字根佳，則較有助力。

事業上：若陽邊字根佳，則較有助力。

財運上：賺錢別人享用，晚年為錢所困，子媳不孝，尤其與女兒緣份不深，相互剋害。

健康上：下肢筋骨較弱，腳易受傷，四十歲以後泌尿系統、腎功能易出問題，生殖泌尿系統易有問題。

生肖屬豬，逢「耳」字根的現象

邦、郁、阿、陞、鄰、鄴、阡、阮、陵、陶、陸、陽、隆、際、隱。

十二生肖逢耳皆受制，虎忌陽邊逢耳，蛇忌陰邊逢耳，豬則雙邊皆忌逢耳，左阜右邑，阜為山與豬帶破格，邑藏蛇為暗藏正沖。

如果用於名一

個性上：無主見，看別人臉色，易被他人利用。

人際上：耳根子軟，易犯小人。

感情上：婚姻宮為破格，夫妻相互剋害，尤其女性在感情上，較忌此類用字。

健康上：陰邊逢耳，腸胃、腰功能不佳，陽邊逢耳易傷心肺、心悸。

婚姻上：另一半的生肖忌諱屬虎、龍、猴、豬。

如果用於名二

學業上：陽邊逢耳，則無定性，學業難成。

事業上：工作運不佳，升遷困難，易受下屬連累。

財運上：陰邊逢耳，則財運不佳，財去人安樂，有錢是非多，不宜投資，宜置產防老。

健康上：意外多災、下半身多疾。

生肖屬豬，逢「人」字根的現象

俋、倢、修、以、仲、俊、仕、傑、佩、健、任、伯、伸、佑、佳、來、依、保、信、倫、仁、偉、傳。

如果用於名一

個性上：保守、企圖心較弱、內心不安，多慮不定。

人際上：為別人的貴人，流年運勢於二十三到四十歲較辛苦。

感情上：良緣難求，夫妻易多猜忌嫌隙，夫妻宮不佳。

健康上：無明顯病痛，若陽邊字根佳，則較有助力。

婚姻上：另一半的生肖忌諱屬鼠、虎、兔、蛇、雞，流年運勢逢虎、蛇年，需防意外、刑傷、破財。

如果用於名二

學業上：若陽邊字根佳，則較有助力。
事業上：若陽邊字根佳，則較有助力，但對女性下屬太好，無法得到其助力。
財運上：不善理財，有財卻無庫，為別人的貴人，賺錢給別人用。
健康上：無特別明顯病症，若陽邊字根佳，則對健康較有助力。

生肖屬豬，逢「大」字根的現象

玉、帝、君、冠、天、珍、琴、琦、珮、瑞、琪、珊、珠、瑜、瑞、瑩、太、璇、瓊、大、玟、玲、奇、奕、玟。

如果用於名一

個性上：犧牲奉獻、強出頭、虛有其表、壓力大。
人際上：表面上看來不差，但實則有功無賞，為人作嫁，反惹一身腥。
感情上：犧牲奉獻，常因面子問題，而讓良緣遠離，且另一半個性較懦弱無企圖心。
健康上：心、肺功能較差。

婚姻上：另一半的生肖無特別禁忌。

如果用於名二

學業上：事倍功半。

事業上：做得多得到的少，雖堅守崗位，但升遷的往往是別人。

財運上：省吃儉用，為家庭付出，卻徒勞無功。

健康上：小心胃潰瘍，易腰痠背痛。

第七章 文字五行字典

百家姓
北宋初年著于錢塘

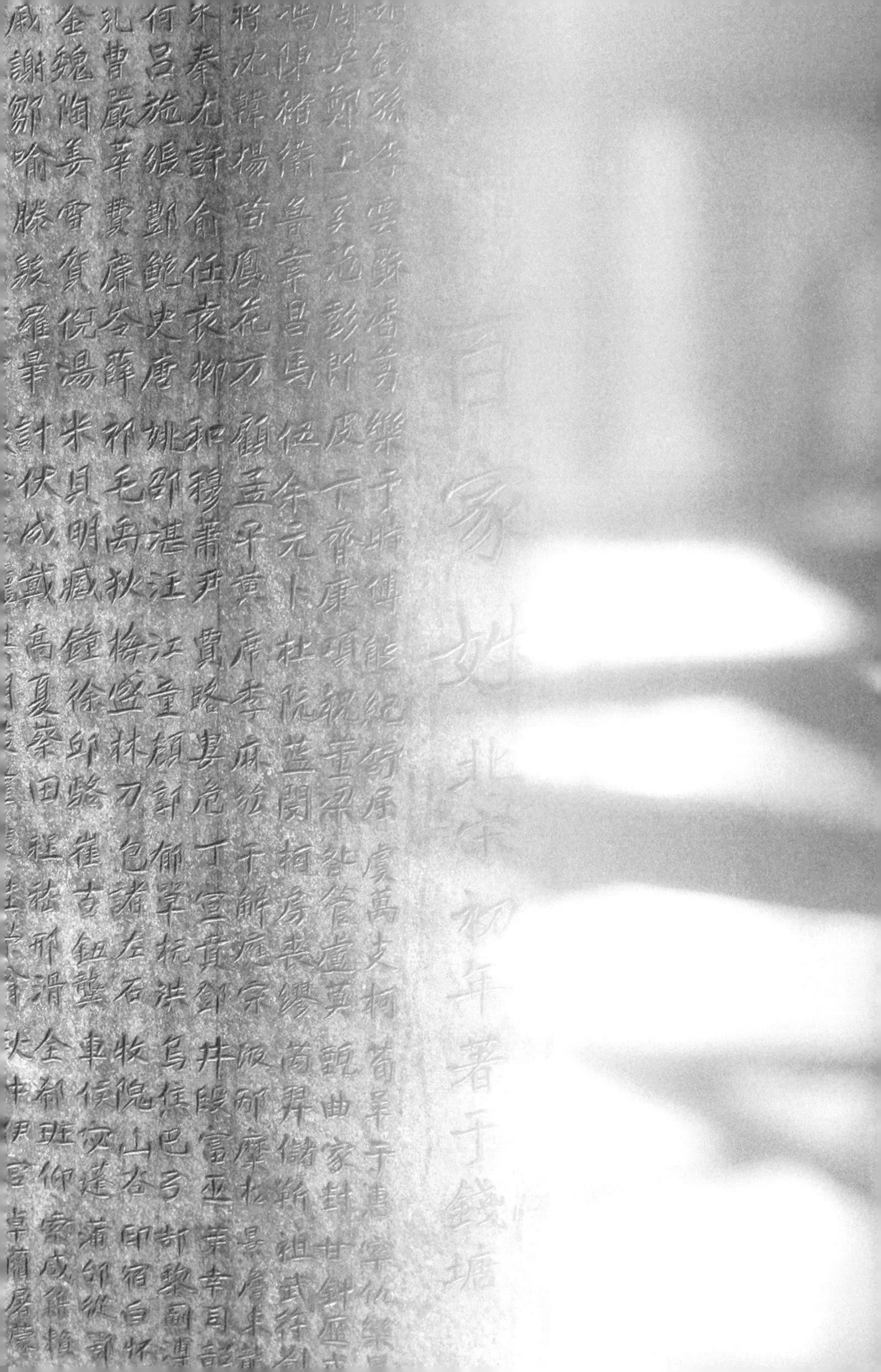

第七章

文字五行字典

本章旨在提供文字的正確筆畫，以利讀者查詢，至於五行乃參考之用。

筆劃：1

土ㄊㄨˇ 乙ㄧˇ．一ㄧ

筆劃：2

木ㄇㄨˋ 凵ㄎㄢˇ

火ㄏㄨㄛˇ 丁ㄉㄧㄥ．乃ㄋㄞˇ．了ㄌㄜ˙．几ㄐㄧˇ．刀ㄉㄠ．刁ㄉㄧㄠ．力ㄌㄧˋ．

土ㄊㄨˇ 乂ㄞˋ．二ㄦˋ．又ㄧㄡˋ．

金 人・儿・入・

水 乜・匕・匚・卜・厂・

筆劃：3

木 口・工・干・廾・弓・

火 丈・丌・乇・久・土・大・女・孓・孑・己・巾・

土 万・丫・丸・么・也・于・亡・兀兀・囗・尢・已・弋・

金 三・上・下・乞・亍・刃・勺・千・叉・士・夕・子・寸・小・尸・屮・山・川・巳・彳・

才・

水 凡・

筆劃：4

木 丐・亢・公・勾・夃・夬・孔・戈・冊・

火

丮·中·丹·之·井·介·仂·仃·仉·今·內·勼·及·太·天·尐·屯·廿·弔·支·

斗·斤·旡·止·歹·爪·牛·

土

与·尹·予·云·元·允·冘·刈·勿·匀·午·卬·厄·友·圠·夭·尤·引·文·曰·

月·毋·爻·牙·王·

金

丑·亓·什·仍·仄·仁·仇·兮·冗·凶·切·卅·升·厹·四·壬·少·尺·心·手·

日·欠·殳·氏·气·水·犬·

水

冇·不·丏·丰·互·仈·仆·分·化·匹·卞·反·夫·巴·市·幻·戶·方·木·比·

毛·火·父·爿·片·

筆劃：5

木

丱·刊·功·卡·叩·古·可·宄·尻·瓜·甘·

火

丼·主·乍·他·仗·代·仝·令·冬·凸·加·占·卮·台·另·只·召·句·叨·叮·

叫·叻·叼·圢·奶·奴·宁·它·尼·屶·巨·帄·扎·旦·札·朮·正·氐·永·甲·

田·立·

土 五・仡・以・凹・匜・右・外・夗・央・孕・尒・幼・戉・戊・未・永・玉・瓦・用・由・

金 且・世・丘・仙・仔・仨・仞・仩・仕・仚・兄・充・冉・冊・出・刌・匆・匝・仟・卌・去・史・叱・司・囚・圣・失・屳・左・巧・市・仄・斥・玄・玊・生・甩・申・矢・石・示・內・穴・

水 丙・丕・乏・乎・仜・付・包・北・半・卉・卯・叵・叭・夯・布・平・庀・弁・弘・弗・必・本・末・母・民・氕・犮・疋・白・皮・皿・目・矛・禾・

筆劃：6

木 亙・伉・光・共・匡・匟・各・圭・夸・旮・氿・考・艮・

火 丟・乩・交・价・伎・伅・佋・伋・伒・件・伀・仲・兆・六・刉・刐・列・劣・匠・同・吉・吊・吐・吒・吏・囡・囝・均・地・多・改・奷・她・奻・宅・尖・尥・州・忏・年・庄・弟・彴・忉・打・扐・旨・旯・朸・朱・朻・朵・机・朾・氘・氖・氻・汁・汆・汀・物・用・竹・老・耒・至・臼・舟・

土 亦・仵・伊・伝・伍・优・伢・仰・伄・刎・刖・刓・卍・危・印・厊・吆・因・圬・圯・圪・圩・夷・夰・妄・安・宇・尕・屼・屹・异・曳・有・穵・网・羊・羽・而・耳・聿・

衣・襾・

金

丞・休・任・企・伉・伬・伈・伶・兇・先・全・再・刑・劦・匈・吋・吁・吃・吁・向・

囟・在・圳・夙・㚲・如・奼・妁・奷・字・孖・存・守・寺・屺・屾・岃・式・弛・戎・

戍・戌・扔・收・旬・早・旭・曲・朿・朽・朹・次・此・死・求・灱・犰・乩・肉・臣・

自・舌・舛・色・艸・虫・血・行・西・

水

乒・乓・亥・伓・仳・伕・份・伂・伏・伐・伙・仿・冱・冰・划・匢・后・合・名・回・

圮・好・㚟・妃・妅・巟・帆・并・扑・扒・朴・朼・朳・汃・氾・灰・牟・牝・犯・百・

米・糸・缶・虍・

筆劃：7

木

估・佧・佝・克・吭・告・囥・困・坑・坎・尬・扛・扢・扣・改・攷・攻・旰・更・杠・

杚・杆・汞・谷・

火

伶・体・佃・佞・佢・佇・佔・你・佟・但・低・佗・住・兌・冏・冷・利・劫・助・努・

即・卵・厎・厏・呆・吨・呂・吱・吤・吞・呁・君・呐・吝・呔・囧・囤・址・坍・坉・

均・坻・壯・夾・妓・妐・妞・妝・妗・妠・妥・妒・宅・局・尿・岊・岜・岕・巠・帎・
庋・庉・廷・弄・弟・彤・彸・彶・忕・忒・忑・忐・志・忌・戒・托・扚・扙・扥・旲・
旳・李・杜・杕・杖・汋・汏・江・灸・灼・牢・牠・犵・玎・甸・町・男・疔・盯・禿・
究・耴・良・見・角・豆・里・

土

佒・佣・伿・佚・佤・余・佑・佁・位・冶・劮・卣・听・呀・吾・吽・呃・吟・吻・吳・
吪・囮・妏・妖・妍・妘・妤・宎・完・尪・尾・岋・岉・岆・岏・巫・庌・延・役・忘・
我・拕・扤・扜・攸・杇・杝・杌・杅・杙・毐・汙・污・汍・犴・甬・矣・肊・邑・邧・
酉・

金

七・串・作・伺・伭・侚・佌・似・佐・佉・伸・伳・伽・佘・刪・刞・劬・劭・匣・卲・
吸・吜・呏・呎・呇・吹・吮・吷・吙・呈・吵・囪・坐・圻・圾・坅・妎・妊・妡・孜・
孝・宋・岈・岑・岍・岔・岒・岐・岓・希・庈・序・床・形・忖・忍・忔・忓・成・戺・
扠・扦・旾・旴・村・束・杉・杍・杏・材・杈・杞・杓・氙・氚・汕・汜・汌・汝・汊・
池・汔・汐・汛・災・灶・灺・牣・皂・皁・礽・私・秀・系・豕・赤・走・足・身・車・
辛・辰・采・

水

亨・伴・伾・伯・佛・何・伻・佈・佖・免・兵・冹・刜・別・刨・判・刡・匉・吰・吩・

吠・哎・否・吥・含・吧・吼・吽・囫・坋・坌・坒・坏・坊・夆・奀・姅・妙・妢・妣・
妨・孛・孚・宏・尨・屁・帊・庍・庇・弅・弝・彷・忙・扞・旱・杋・宗・步・每・汎・
汒・汗・灴・牡・甫・甹・疕・貝・釆・

筆劃：8

木

乖・侃・侉・供・侅・佹・佮・刻・刲・刳・刮・劻・卦・厒・咕・咖・咁・呱・固・坷・
坤・坩・姑・孤・官・岡・岢・岣・庚・快・抗・炅・昆・杲・果・构・汩・炔・炕・炚・
犺・狂・玕・疘・疙・皯・旰・矻・矸・空・軋・

火

京・佬・侖・佳・佼・例・侗・侏・侘・來・侜・侄・佻・佶・兔・兩・典・具・冽・制・
到・剁・刴・劫・匋・匊・卓・卷・厔・呶・咑・呧・周・咄・呤・咎・呬・咀・咋・呾・
咒・呢・呫・咚・囷・囹・坦・坨・坴・垃・坽・坻・坰・坫・坭・夌・奈・姐・姈・妳・
妲・姊・妮・姃・妯・妱・姖・姓・孥・季・宙・定・宕・居・届・屆・岭・岠・岧・岝・
岱・岬・岮・岦・帚・帑・帖・帙・帘・店・底・弢・弩・弤・彔・征・彽・彾・念・忠・
忸・忮・忣・忝・忳・戔・戾・找・抉・扽・抌・技・扭・投・抓・扴・抵・折・抖・政・
旽・昅・東・杼・林・杰・枕・枓・枝・枅・极・氖・汲・炏・汰・沝・沌・汥・決・沓・

沚・炖・炂・炄・炙・料・炅・争・狄・狃・狆・狀・玓・玖・疌・疚・的・直・知・矺・
衪・竻・竺・糾・糽・者・町・肌・肋・舠・艿・艼・芀・虭・虰・虮・金・隹・

土

亞・侕・佾・侒・佯・侇・侑・佴・依・兒・刵・匼・味・呦・呲・呡・坳・坱・夜・奄・
妴・委・姎・宛・宜・岸・岰・岩・岳・岟・往・忨・忤・抆・抏・抈・扼・抑・抎・抭・
抁・抌・於・易・旺・昀・昂・枉・枙・杬・枟・枒・枃・枍・欥・武・殀・沄・汪・沇・
沋・汶・沕・沃・沂・沅・炆・炎・牪・物・犽・犿・玗・盂・矹・礿・穻・臥・臾・艾・
雨・

金

弗・乳・事・些・享・侚・侀・佺・侘・侐・侞・佽・使・侍・侈・侁・兕・其・冼・冾・
刱・券・刺・刷・卒・協・卸・卹・受・取・叔・呥・呺・呿・呴・咋・呷・呻・坼・坵・
奇・妽・妻・姏・姒・姌・姁・姗・妶・妾・姓・始・宗・尚・屈・岫・岨・岤・幸・庛・
弦・弨・徂・忺・忯・忪・忷・忴・忻・忱・忥・忡・戕・所・扖・扯・扲・抄・扱・承・
抒・斨・昃・昇・昕・畇・昌・昑・昔・朊・杻・枔・杴・杸・杺・松・枘・杶・杵・析・
杽・欣・歧・沈・沖・汧・汦・沏・沙・沉・汱・汿・沁・汫・汭・汽・炊・炘・炒・狂・
玔・甾・甽・疝・盵・盱・矷・矽・矼・祁・祀・社・秈・秅・穹・穸・羌・肏・舍・艽・
虯・虱・初・豖・長・青・

水

並・侔・佷・佩・佫・佰・佪・佸・併・八・采・函・効・卑・哈・命・咆・咘・咇・呼・
咐・呯・和・呸・呣・咊・呵・咈・坯・坶・垀・坲・坪・坡・坢・奉・奅・奔・妼・妹・
妋・姅・姆・姀・妺・孢・孟・宓・屄・岶・岷・岪・岵・岯・岥・帕・帔・帛・帗・庖・
府・弧・弣・彿・彼・怀・忞・忿・忭・忽・或・戽・房・扮・抔・抇・把・批・扶・抃・
扳・攽・放・斧・斻・昉・昏・明・昈・昊・旼・旻・昒・昐・昄・曶・朋・服・朌・枚・
枇・杪・杭・杯・枎・枋・枑・板・杹・杷・枆・杳・歾・歿・毞・氓・氛・沔・汻・汯・
沐・汴・泮・沆・汳・沘・沎・沒・汨・沍・汾・汸・沛・炃・炑・爬・爸・版・牧・犿・
玒・瓟・瓨・畀・甿・盲・盳・秉・籵・羋・虎・門・阜・非・

筆劃：9

木

俇・冠・剋・勊・咼・哏・咳・咯・垓・垙・垢・垮・垝・奎・姤・姡・姱・姽・客・峇・
峗・峐・怐・怪・拐・故・枴・柧・柺・枯・柯・柑・枸・泒・泔・泃・況・沽・河・牯・
狜・狗・癸・皈・看・砍・科・竿・缸・𤝞・耇・肛・肐・肝・舡・虼・虷・衎・軌・釓・
革・

火

九・亟・亭・亮・俊・俚・侲・俀・侶・侹・俍・侻・侷・俓・俐・胄・剄・剌・剃・勁・

南・庠・厘・哃・咫・哖・咧・哆・咮・咥・咷・咾・咭・垌・垏・垗・垤・垛・壴・姜・
姥・姪・姛・姩・姦・姞・姣・㛑・窕・屌・峈・峒・崀・峌・峙・峛・巹・帝・帣・庤・
度・庣・庢・建・彖・待・律・怜・怞・急・怓・怩・怗・怹・怛・怚・怔・怠・怒・怢・
居・扃・拖・抮・拉・抵・拎・抩・拏・拄・拈・拗・抳・拘・拓・抬・招・拙・拒・抯・
战・斫・既・昵・昭・昳・昤・柝・柆・柜・柳・柩・柤・柦・柰・柁・枳・柊・枷・柮・
柋・柷・柃・柱・柘・柢・柟・柵・架・柅・柣・柬・殆・殄・段・投・毒・毠・氡・泞・
泥・泠・沴・注・泹・泜・沺・泇・沼・泲・沱・泵・治・泰・沰・泂・沮・沾・泐・洰・
炬・炷・炩・炟・炡・炯・炱・炤・炵・炸・炭・牮・牴・狙・狔・狑・狚・狋・狊・玠・
玬・玨・玦・畋・界・疥・皆・盅・盄・盹・眈・盾・眴・矜・研・砅・砓・砎・祇・祉・
秖・窀・突・竺・粀・籹・紂・紀・羍・耑・耐・耷・肚・肘・致・芏・虐・虳・虴・觔・
觓・貞・赳・赲・軍・酊・重・韭・

土 ㄊㄨˇ

俋・俄・俁・俞・俉・俑・侮・穵・勇・匽・卼・咽・咬・咦・哇・咢・哀・咡・咿・哎・
囿・垣・垵・垔・垟・垠・垚・奕・威・姷・姨・姚・姻・娃・姲・姶・宥・屋・峗・峟・
峉・峏・峓・峖・帟・帠・幽・弈・弇・彥・徉・蝝・怨・怏・怡・怮・抴・押・抰・抭・
斿・昱・映・昜・昶・柪・柍・枻・柚・柼・柂・歪・殃・泧・泆・泱・沶・泳・沿・油・
泑・為・炴・爰・牰・狘・狖・玩・玥・玝・玡・瓮・昀・畏・疣・疫・盈・眃・殀・破・

砑・研・祅・禹・禺・窔・竽・約・紈・紆・罔・羑・羿・耏・耶・肙・芅・芄・芋・衍・

衧・衪・要・釔・韋・音・頁・

金

俙・侺・促・俏・俎・俔・信・俗・侵・俬・俟・係・俅・侳・俠・則・削・剎・前・剉・

卻・厙・咺・哅・哉・咠・咱・呰・哂・咰・咸・咻・咨・垂・垞・型・垥・契・奏・奓・

姺・娎・娍・姠・姝・姿・姼・姾・室・宣・屍・屎・峋・巷・帤・帥・帢・庠・庥・卷・

徇・徆・怯・性・怊・思・怎・怸・怵・恓・怴・怍・抽・抾・扢・抶・拑・抻・拆・斪・

施・昮・春・昶・昝・是・昫・昨・昡・星・朐・柶・柔・枵・柿・枲・染・柙・柒・柴・

柛・柞・枮・柌・查・欨・殂・氠・泄・泫・泗・泏・泩・泀・泚・沭・泉・泝・泣・泅・

泬・炫・牊・牲・狌・狎・甚・畎・疢・疷・相・省・盺・盻・矧・砌・砂・祄・祈・神・

祋・祆・秋・种・穿・籺・籸・粁・籿・籽・紁・紉・紃・耎・耍・耔・肖・肕・肜・臿・

舢・芍・芓・芐・芊・芑・芎・衫・衩・酋・門・食・首・香・

水

侯・俘・便・俜・俖・保・俛・冒・勃・勂・勉・匍・厖・厚・叛・哞・哄・哈・咪・咶・

咩・品・垕・垘・复・奐・姵・姮・姘・姳・孩・宦・封・屏・峔・峆・峚・峘・阜・帡・

庰・弭・很・徊・後・怋・怭・怕・怦・怑・怫・怙・怳・怌・怤・怲・怉・怖・扁・拂・

拜・拔・披・拇・抪・拌・拋・拚・抱・抹・拊・抿・抨・拍・敃・昺・昧・昦・昢・昲・

昂·曷·朏·柀·枺·枹·柏·柉·枰·柲·柸·柄·柭·某·柈·柎·柫·毖·毗·毘·

氟·泛·泙·沫·泭·法·泓·泊·沷·河·泌·泡·沸·泮·泖·波·泯·泍·沬·炰·

炮·炾·炳·牉·牳·犻·狐·狒·狉·玅·玫·玢·玭·玟·玤·瓬·甭·甮·畈·疤·

疪·癹·皇·盆·盃·眊·眇·眄·眅·盼·眉·砆·砒·砏·砉·祊·秕·秒·秎·秏·

竑·笀·紇·紅·罕·美·耄·肒·肓·芃·芔·芒·虻·虺·虹·衁·表·負·赴·趴·

面·風·飛·

筆劃：10

木

倌·個·倥·冓·凅·剛·哿·唃·唦·哭·哽·哥·埂·娙·宮·崁·庫·庪·恇·恐·

恪·恭·拷·括·挌·挂·拲·拱·挎·敋·晇·框·栱·格·栲·桄·栝·桍·桂·根·

欬·洘·洸·洭·炗·烤·烗·珂·疳·皋·砢·笐·羔·羖·耕·耿·肯·肱·股·芶·

芤·蚣·貢·赶·趶·躬·骨·高·鬼·

火

倨·倹·倫·倆·俱·倞·值·倷·倘·倒·倓·倎·借·倬·倪·倔·倜·倰·倦·倢·

党·兼·冢·凈·凋·凌·准·凊·凍·剢·剞·剔·剟·哷·哣·哩·唊·唐·唧·哢·

唋·唎·哳·哲·哪·埐·埌·埒·堲·套·姬·娜·娳·娟·娗·娕·娌·娘·娣·家·

土

屐·屔·展·崀·島·峹·峱·峻·庭·弳·徒·徑·恧·恫·恌·恝·恬·恉·恅·戙·

挑·挋·拰·拯·挏·拮·挕·拽·指·挓·拵·挍·挃·拿·挔·料·旅·旃·晉·晊·

晁·朓·朒·朕·栺·株·桎·桔·栗·桌·栴·桃·栳·桀·栫·桐·栵·栚·欴·毤·

洀·洚·津·洛·洞·洊·洲·洎·洌·洷·流·洁·洙·烈·烔·烝·烙·烢·爹·特·

狪·狣·狫·狤·狡·珋·玲·珍·玳·珈·玷·玾·瓞·瓴·留·畛·疸·疽·痁·疼·

疻·疹·痄·疾·痂·痀·疰·症·昤·眣·眐·真·眨·眝·眕·矩·砟·砫·砣·砳·

砬·砥·砦·砱·砮·砧·祑·祒·祗·祝·秳·秩·秬·秝·秜·秖·窌·窋·窄·站·

竘·笄·笈·笉·笊·粍·紙·紞·紒·級·納·紏·紐·紟·耽·肫·肭·肢·肩·肵·

臬·舯·芵·芥·芚·芨·芰·芝·芷·蚧·蚕·蚗·蚐·蚪·衄·衷·衱·衼·衶·衲·

倚·倇·倵·倭·俺·冤·凎·剡·剜·匎·原·唉·唔·哦·唈·員·唁·圁·圄·垽·

埃·埏·埇·垼·娥·娮·娛·娓·宧·宴·峪·峨·峿·庮·彧·恙·恩·恞·扆·挖·

按·晏·栮·栭·桅·桋·移·案·栯·桉·歐·殷·毦·氨·氤·氧·洧·洋·洿·洱·

洟·洝·洏·泆·洇·洼·洮·洢·洈·烊·烓·烑·烏·烎·珆·玵·玴·瓵·盎·益·

眑·眢·砡·砨·祐·秞·秧·窅·窊·窈·笎·粅·粌·紋·紜·紖·紊·翁·耘·肴·

育·舀·舁·芫·芴·苃·芡·芠·芺·芸·芛·芽·蚜·蚊·蚎·蚖·蚓·蚅·袁·貤·

軏·迆·迂·迉·邕·邘·酏·

金

乘・俶・倖・倠・倀・倛・倯・倳・倉・倡・倅・倧・倩・修・尋・凄・剒・剚・勍・十・
卿・厝・叟・唑・唇・唆・哨・哮・唆・哫・唚・唌・唏・哧・埕・垶・垿・埆・埁・城・
夏・夎・奊・奚・奘・娖・娑・娭・娠・娞・娊・孫・宸・宵・宭・宬・宰・容・射・屖・
屑・峸・峷・峮・峭・峴・峽・差・帨・席・帩・師・庨・座・弱・弰・徐・恟・恰・恥・
恦・恃・恕・恤・恀・息・恂・恔・恣・恁・恮・恘・恓・恄・扇・拭・拾・拸・拳・拴・
拶・拹・持・拺・挐・挈・效・敊・旂・晌・晑・晅・晒・時・書・朔・栒・栽・梳・栻・
桼・校・栠・栓・桏・栔・栜・桑・栖・栩・校・栦・欯・欱・歭・殈・殊・殔・殉・毢・
毨・毧・氣・氥・洳・洫・洶・洵・洽・洯・洒・洗・浀・洨・洬・洐・洩・烋・烆・烜・
烒・烍・烇・烅・烚・牂・牸・牷・牶・狩・狨・狦・玆・玿・珅・珊・珇・珫・玹・玼・
珃・甡・畟・畜・疶・疵・皉・眧・眩・眚・眒・眙・砷・砠・砸・祖・祚・祠・祡・神・
祛・祟・祏・秫・租・秭・秦・秤・笑・笒・笅・粈・紌・純・紝・紗・紎・索・紓・素・
缺・翀・翅・耆・耖・聆・肸・肣・臭・舐・芮・芻・芹・芞・芯・芢・芧・芟・芩・芡・

水

毫・候・倣・俾・俸・倱・俷・俯・倍・俵・俳・倗・們・冥・剖・剝・剕・匪・厞・哤・
唄・哈・哂・哼・哻・哺・哱・哠・圂・圃・垸・埔・埋・垹・垺・娏・娉・娩・娫・孬・
害・尃・峰・峬・庬・恲・恛・恨・恍・恚・恆・恒・恢・振・拫・挄・拼・敉・旆・旁・
旄・晃・桁・核・桓・栟・罞・氦・洚・洃・洉・洄・洹・洑・派・洺・活・洴・洪・焆・

烘・焦・烞・狟・狠・玶・珀・珌・玸・玻・瓟・畔・畞・畚・疿・疲・病・疜・皰・盉・

盇・昧・眓・眠・砵・砩・砝・砪・砯・砰・砲・破・砭・祔・祕・祓・祜・秣・祕・秠・

窆・窉・窇・笓・笆・笏・笆・粉・粊・粄・紘・紕・紡・紑・紛・罘・羒・豣・翃・耙・

耗・肱・肥・肺・肪・肮・舥・舨・般・舫・航・芙・芣・芬・芼・芳・芭・芫・花・芘・

芾・蚞・蚌・蚍・蚘・蚢・蚆・蚡・蚥・蚨・蚼・衭・袂・衯・豗・赼・趵・軓・邗・邙・

酐・配・釜・釙・馬・髟・

筆劃：11

木

乾・剮・勘・勘・匭・啃・國・堁・堈・埳・堌・夠・寇・崑・崗・崞・崮・崆・康・悝・

悃・挭・捆・掔・梱・梏・桿・梡・梗・欳・氪・浭・涃・硁・牿・珪・珖・珙・痎・

盔・眶・硍・硊・祪・笱・笴・紺・罡・罟・罛・朏・胍・舸・苛・苟・茍・苦・蚵・

蛄・蚼・袧・衮・規・貫・郕・釭・釦・馗・

火

偡・偅・假・偫・偈・偍・健・偷・偵・偳・停・偕・偮・兜・剫・剬・剪・動・勒・匿・

唻・啄・啖・啶・唳・唶・啁・啕・啍・啗・啅・唸・啦・啢・啑・圇・堵・埮・埴・堎・

埦・埬・埢・基・執・堀・埧・堂・堇・埻・堍・堆・埩・堅・埭・婕・婁・婰・娵・婝・

祩・祭・祧・秺・秸・秷・窕・窒・笭・笪・第・笳・笝・笯・笠・笛・笤・粔・粘・粒・
珔・甜・畤・畣・略・痌・痑・痔・皎・眷・眾・眺・眹・硌・硐・硉・硈・硃・硫・祣・
烺・焍・焆・焌・焗・焋・烶・犂・猁・狾・狼・狸・狷・旅・珒・珘・琉・珓・珞・珠・
涋・浬・浵・浚・浙・浢・涓・涊・涕・浰・浞・浸・浨・涒・涅・涇・浹・涂・浶・烴・
梯・梃・梉・梜・桭・楸・桱・梨・桷・桶・梲・梔・梌・桾・梇・梁・桯・梠・楖・浪・
挺・教・救・敓・斬・旍・旎・旌・晙・晝・晢・朗・朘・條・梊・梮・梛・梩・梪・桹・
悌・悊・戛・捏・捅・振・挩・挶・捈・捃・捔・捋・捉・挸・捄・捁・挪・捚・挼・捐・
崙・崍・崨・帳・帾・帶・庴・庹・庲・弶・張・彫・徟・徠・得・悁・悐・悢・您・悈・
婛・婖・婈・婧・婤・婪・媎・婒・婗・寄・寂・將・專・屠・屜・崠・崛・崌・崚・崢・

土

偶・偣・偯・偉・偊・偎・偀・偞・偤・偃・偓・偠・偽・湮・剭・務・唷・啎・啊（・）
唲・問・唹・啀・啞・唯・唵・圉・堊・堐・埶・埜・堉・埡・埸・域・娾・婀・婐・婉・
婠・婬・婩・婭・孲・寅・尉・屙・崤・崣・崦・崖・崟・帷・庾・庵・庸・御・恿・悇・
悀・悅・悆・悒・悟・悠・挹・挽・挨・捂・捙・敔・敖・晤・晚・望・[illegible]・梧・梬・欲・
欸・𣳫・涌・浣・浧・浘・浥・浴・浟・浯・涐・浻・焉・烷・焐・牾・狺・狿・狳・珧・
珚・珜・珥・痏・痍・痒・盓・眲・眼・眻・眱・祤・移・窐・窏・窔・紻・羕・羛・翊・
翌・聈・胦・胤・胃・胣・苑・苡・苭・英・蚴・蚰・袎・袘・袁・軛・䢁・迓・迕・迎・

迋·邧·酓·野·釪·釴·鈌·閆·阢·阣·隿·雩·魚·

金

乿·偛·偆·偲·偌·側·偗·倏·做·偰·偺·偁·倕·偢·勖·匙·區·匭·參·唴·
唰·商·唼·啐·唭·唱·啣·啥·啜·啋·售·圈·圊·堔·埰·埼·埣·埥·埽·埱·
奢·婜·婇·娼·婑·婥·婍·婘·娶·婌·娸·婃·娹·婞·孰·孮·宿·宷·寁·崎·
崇·崝·崧·崒·崔·崰·巢·常·帴·庶·庱·強·彩·徛·徙·悰·徜·從·悛·悚·
悜·悕·悄·悉·戚·挲·挫·捑·捎·捘·挾·挻·敘·敇·啟·斜·族·旋·晟·晨·
晛·晞·曹·朂·梓·梭·桸·梂·梴·梣·桫·桵·梀·梫·梢·棄·械·桼·梟·梋·
欷·欶·殌·殑·殏·殎·殺·毬·氫·涑·浠·浾·涗·涀·涍·浺·涉·涔·涎·浽·
涘·洍·消·焂·烿·烯·烻·焎·焄·爽·牽·狶·狻·狹·猀·率·珨·珣·琇·珝·
珗·瓷·産·畦·疏·痊·痋·眥·眭·眴·眵·硒·硎·祫·祥·离·粢·笥·笙·笚·
笞·笮·笻·第·笘·粗·粣·紳·紹·紬·紲·紫·絀·絁·組·細·紮·絃·紶·綷·
羞·朐·習·耛·耜·胠·胜·胘·胥·胏·胂·朐·胙·春·船·舴·舷·茌·荋·苬·
茄·若·茈·苫·茺·處·蚯·蚺·蛆·蚳·蚿·蛅·蛇·衒·術·袨·袑·袖·袕·袡·

水

偩·偏·偋·偪·偭·偟·偑·偝·冕·凰·副·匏·匐·匾·曼·啤·唬·啒·啪·啈·
唪·啵·啡·埠·堋·埤·培·埲·棐·婊·婓·婄·婢·婟·婦·婚·婂·婆·密·扉·

崏・崋・崩・崥・庳・弸・彗・彬・徘・悔・悎・患・悖・悗・悍・扈・捗・挴・挬・捀・捕・捍・捇・捌・捖・捊・敝・敗・敏・斛・晥・晡・晦・梐・梵・梆・桻・桴・梅・梖・桮・梤・桲・梒・殍・毫・浼・浮・海・浫・浦・浡・浤・浩・浲・浿・焀・烼・烽・烳・烸・烚・焊・烹・烰・牻・狽・狴・班・珩・珮・瓠・瓶・畢・痐・痕・皏・盒・眸・眳・眽・眯・硅・票・笵・笰・笣・符・笸・笲・笨・笢・粖・粕・紨・紼・紱・絆・缽・罠・罞・翉・翇・[illegible]・胕・胖・胉・胚・胈・背・胞・胇・胡・舶・艴・茀・苠・苯・苾・苪・苜・苞・苹・茂・茇・范・苻・苗・苺・茆・苤・茉・苰・茅・虖・彪・虙・蚾・蛃・蚶・蚹・蛂・蚽・袌・袍・袢・袙・被・袚・袤・覂・覓・谹・豝・貥・貨・貧・販・跁・趺・秏・返・迒・邠・邡・邞・邦・酕・酚・釫・釬・釩・閈・閉・麥・麻・

筆劃：12

木

傀・傋・凱・割・剴・躬・喀・喎・喟・堝・堪・堩・媯・嵁・嵅・嵙・悺・惃・惈・悹・悾・掯・控・掍・掛・敢・敤・晷・棍・棝・棡・棺・棵・款・欿・殼・淈・涳・淦・涫・淦・淉・焜・犅・猓・猑・睏・硱・硜・祴・祰・稈・筀・筐・筘・筈・絓・絯・絖・給・罣・聒・胱・胯・胳・胲・茪・茥・茖・荂・茛・茩・荄・蛤・蛞・蛬・蛫・裉・觚・貺・貴・跍・軻・軱・辜・酤・鈣・鈧・開・閌・阬・雇・

火

傝・傕・傢・傎・傑・傣・勞・劄・厤・厧・厥・嗄・喇・喈・啿・唾・粥・單・喱・喋・
喨・喳・啷・啾・啼・喃・堤・堿・堞・堹・堶・堜・堻・堲・埵・奠・媜・婷・婻・婽・
媏・媮・寋・寘・寍・就・尰・嵐・崹・嵑・嵀・嵉・嵂・嵇・嵮・幀・幾・廊・廄・彘・
假・惝・悿・惇・悷・悼・惏・惦・惎・惤・惍・惄・惕・惀・惊・悸・戟・掉・掌・捲・
捺・掘・推・捩・捷・掟・掙・掭・掠・掎・掏・捼・掬・捸・掄・据・掇・捻・接・掂・
捯・探・敜・敦・敪・敨・斝・斮・旐・旒・景・智・晾・晪・晶・替・椇・椗・椓・棧・
椋・椄・棆・棠・椐・椥・棘・棣・棳・棟・植・棱・棹・棶・椎・椈・椒・殖・毲・毯・
氯・氮・淚・涷・淡・淂・淨・淟・涼・淣・淖・淋・淰・涾・涺・渚・淩・淶・淌・涿・
淽・淥・淕・淪・添・淍・淘・淛・淀・淗・焦・煮・焯・焛・焣・牋・犋・犆・犄・猘・
猏・猙・猊・理・珽・琅・珶・珺・琔・琍・甯・畯・痛・痣・痢・痘・痙・登・盜・睊・
睇・短・硠・祲・祳・稌・稊・稂・窖・窘・竣・童・筑・筊・答・筋・等・筒・粧・粡・
粥・絡・絕・絩・統・結・絳・絑・絧・絞・絫・絰・耋・聑・能・胵・胴・脂・脊・脁・

土

傛・傜・喂・喲・喡・喑・喭・喁・喔・喻・喓・喦・喭・圍・堣・堮・堬・堯・堙・堨・
堰・培・壹・奡・婺・媦・媛・媕・媧・婸・媯・寓・嵃・崺・崿・崴・嵎・崵・嵒・嵛・
幃・幄・徫・惌・惔・惘・惟・惡・惋・扊・捰・掜・捱・掖・捥・掩・掗・敥・斞・晛・
暀・晹・晻・晼・椅・椏・棩・棪・棜・楰・棫・欹・殔・殗・殽・氬・涴・淆・涯・淫・

淢・液・淵・淤・淯・淹・焱・焰・焲・焥・無・猒・猗・猌・猇・珴・琊・珸・異・畬・

痦・皖・皒・睋・晚・矞・硯・硢・硪・硬・筄・絪・羠・羡・聏・聐・胰・胭・胺・胹・

臦・舿・荋・茵・荌・蛜・蛘・蛦・蛙・衈・袲・裀・豟・貳・貽・越・跇・軮・軺・軼・

軶・迤・釉・鈆・鈏・鈗・鈅・釿・阭・阨・雅・雅・雁・雯・雲・靰・馭・鳦・

金

傞・傂・傘・偨・傚・傇・傔・傒・傖・傃・侁・最・凔・剩・創・勛・勝・喬・煦・喢・

喫・喏・喜・喪・喧・喒・啻・喘・圌・場・堧・娷・婿・媃・媟・婼・媋・婺・媗・媞・

媊・孱・寔・寑・尊・尋・尌・崽・崱・嵌・崷・崼・嵕・巽・幁・廁・廂・循・徥・惆・

惜・悴・惉・悻・惢・悽・惙・悵・惓・惁・情・悰・掫・掅・掮・授・掞・掐・捽・掔・

捵・措・採・掃・掁・掣・捨・掱・掀・掑・敧・敧・散・敞・斯・晴・晬・暑・晱・晰・

曾・朁・朝・期・棯・棕・楮・椆・棤・棲・梴・棬・椔・棈・棦・棌・棽・棖・棇・棸・

棗・棋・椊・森・棨・棷・椌・欽・欺・欼・殘・毳・氰・淬・涮・淇・淭・淅・深・淺・

淒・涬・淳・淄・淐・淙・淞・淑・清・淔・焮・焟・焠・焞・焺・然・牚・犀・犉・犈・

猝・猜・猞・猖・琄・琇・琸・現・球・璇・琋・珵・瓻・甦・甥・痚・痟・痤・痠・痧・

皴・盛・盚・睎・睄・睍・矬・硤・硞・硩・硝・硨・硰・确・稅・稄・稍・稀・程・窗・

窙・竦・筌・筍・筅・筇・筎・策・粞・粟・粢・絏・絒・絮・絟・絭・絲・絨・絘・絜・

絢・羢・善・翔・翕・翑・肅・脃・胾・胻・脅・胔・脀・胸・舄・舒・舜・茦・荇・荏・

莜·

水

傍·傌·傅·備·博·喝·喢·喵·喚·喙·嗚·喉·喊·喤·堛·堥·堳·堠·堡·堭·

報·堸·壺·媥·媩·媒·媬·媔·媢·媄·媌·媚·媓·寎·寐·富·寒·崲·嵋·尌·

幅·帽·弼·彭·徨·復·悲·惑·悶·惚·惛·惠·悱·扉·排·掰·掝·捭·捧·掽·

捫·掤·掊·斐·斑·斌·普·棞·棐·棒·椪·棉·𣚚·棻·棔·椑·棚·棑·棓·棴·

棼·欻·殙·殕·毰·淜·淓·湴·淊·混·淝·淏·涪·淲·涵·淮·淠·涽·渀·淴·

淼·涸·焢·焨·焙·焚·牌·猈·猋·猛·珼·琀·琈·畫·番·痗·痞·痝·痡·發·

皕·皓·睆·睅·硥·硭·稃·竑·筏·筆·粨·絎·絣·絔·缾·缿·腁·脈·舽·舼·

艵·茗·茻·茷·茫·茯·荒·荁·茴·荓·蛔·蛨·蛑·蛗·蛢·袹·裒·袱·覕·貧·

賁·貿·買·費·貶·賀·跘·跗·跛·跑·跋·軯·軬·軷·軦·迫·邳·邲·邶·邯·

郱·酣·鈥·鈀·鈑·鈜·鈁·鈖·鈲·鈇·鈚·閍·閔·閎·防·阪·阰·萑·雱·雰·

頇·髟·馮·黃·黑·

筆劃：13

木

嗝·嗑·塊·塨·塥·塏·堽·壼·媾·媿·㙺·幊·幹·彀·慨·感·愅·戡·戤·戣·

揯ㄍㄥ・摡ㄍㄞˋ・揆ㄎㄨㄟˊ・揩ㄎㄞ・睽ㄎㄨㄟˊ・楷ㄎㄞˇ・楏ㄎㄨㄟˊ・槪ㄍㄞˋ・楑ㄎㄨㄟˊ・楛ㄎㄨˇ・歁ㄎㄢˇ・漑ㄍㄞˋ・渴ㄎㄜˇ・港ㄍㄤˇ・溈ㄍㄨㄟ・湀ㄎㄨㄟˇ・渮ㄍㄜ・焅ㄍㄠˋ・煃ㄎㄨㄟˇ・科ㄎㄜ・
琨ㄎㄨㄣ・琯ㄍㄨㄢˇ・痼ㄍㄨˋ・痯ㄍㄨㄢˇ・罣ㄧˋ・硻ㄎㄥ・碙ㄍㄤˇ・硿ㄎㄨㄥ・祼ㄍㄨㄢˋ・稞ㄎㄜ・稒ㄍㄨˋ・稇ㄎㄨㄣˇ・窟ㄎㄨ・窠ㄎㄜ・筶ㄍㄠˋ・筦ㄍㄨㄢˇ・筸ㄍㄢ・筷ㄎㄨㄞˋ・粳ㄍㄥ・綆ㄍㄥˇ・
綑ㄎㄨㄣˇ・脘ㄍㄨㄢˇ・裍ㄎㄨㄣˇ・胳ㄍㄜ・觥ㄍㄨㄥ・觤ㄍㄨㄟˇ・豤ㄎㄣˇ・豥ㄍㄞ・賅ㄍㄞ・賌ㄍㄞ・趏ㄍㄨㄚ・跟ㄍㄣ・跨ㄎㄨㄚˋ・跪ㄍㄨㄟˋ・跬ㄎㄨㄟˇ・輆ㄎㄞˇ・适ㄍㄨㄚ・邽ㄍㄨㄟ・鈷ㄍㄨ・鈲ㄍㄨ・
鉤ㄍㄡ・鉲ㄎㄚ・鈳ㄎㄜ・閜ㄎㄜˇ・雊ㄍㄡˋ・頍ㄎㄨㄟˇ・骭ㄍㄢˋ・髡ㄎㄨㄣ・鼓ㄍㄨˇ・

火ㄏㄨㄛˇ

亂ㄌㄨㄢˋ・亃ㄌㄧㄣˊ・裡ㄌㄧˇ・亶ㄉㄢˇ・傽ㄓㄤ・僂ㄌㄡˊ・僇ㄌㄨˋ・債ㄓㄞˋ・僆ㄌㄧㄢˊ・僅ㄐㄧㄣˇ・鳭ㄉㄧㄠ・剺ㄌㄧˊ・剸ㄊㄨㄢˊ・剿ㄐㄧㄠˇ・勣ㄐㄧ・勦ㄐㄧㄠˇ・嗒ㄊㄚˋ・嗟ㄐㄧㄝ・嗲ㄉㄧㄚˇ・塗ㄊㄨˊ・
塌ㄊㄚ・塛ㄌㄧˋ・塱ㄌㄤˇ・塉ㄐㄧˇ・塚ㄓㄨㄥˇ・塘ㄊㄤˊ・填ㄊㄧㄢˊ・塯ㄌㄧㄡˋ・塔ㄊㄚˇ・媹ㄌㄧㄡˊ・嫁ㄐㄧㄚˋ・嫋ㄋㄧㄠˇ・媱ㄧㄠˊ・嫉ㄐㄧˊ・寖ㄐㄧㄣˋ・寘ㄓˋ・嵥ㄐㄧㄝˊ・嵣ㄊㄤˊ・嵲ㄋㄧㄝˋ・嵧ㄌㄧㄡˊ・
嵞ㄊㄨˊ・巰ㄌㄧㄡˊ・幏ㄐㄧㄚˋ・幍ㄉㄠ・廌ㄓㄞˋ・廉ㄌㄧㄢˊ・廇ㄌㄧㄡˋ・徥ㄊㄧˊ・惵ㄉㄧㄝˊ・愣ㄌㄥˋ・惰ㄉㄨㄛˋ・惱ㄋㄠˇ・愓ㄉㄤˋ・惴ㄓㄨㄟˋ・戴ㄉㄞˋ・戢ㄐㄧˊ・戥ㄉㄥˇ・揪ㄐㄧㄡ・揭ㄐㄧㄝ・揕ㄓㄣˋ・
揫ㄐㄧㄡ・揂ㄐㄧㄡ・揥ㄊㄧˋ・揃ㄐㄧㄢˇ・揤ㄐㄧˊ・揇ㄋㄢˇ・揧ㄌㄚˋ・提ㄊㄧˊ・揀ㄐㄧㄢˇ・敬ㄐㄧㄥˋ・斟ㄓㄣ・暔ㄋㄢˊ・暖ㄋㄨㄢˇ・暕ㄐㄧㄢˇ・最ㄓㄣˇ・椴ㄉㄨㄢˋ・楬ㄐㄧㄝˊ・楂ㄓㄚ・楨ㄓㄣ・楴ㄉㄧˋ・
楟ㄊㄧㄥˊ・楗ㄐㄧㄢˋ・楫ㄐㄧˊ・椯ㄉㄨㄛˇ・楠ㄋㄢˊ・楋ㄌㄚˋ・楞ㄌㄥˊ・楶ㄐㄧㄝˊ・楪ㄉㄧㄝˊ・榔ㄌㄤˊ・極ㄐㄧˊ・椵ㄐㄧㄚˇ・楝ㄌㄧㄢˋ・椷ㄐㄧㄢ・殛ㄐㄧˊ・殿ㄉㄧㄢˋ・毽ㄐㄧㄢˋ・毻ㄊㄨㄛˋ・湔ㄐㄧㄢ・湩ㄓㄨㄥˋ・
渟ㄊㄧㄥˊ・湸ㄌㄧㄤˋ・湝ㄐㄧㄝ・湯ㄊㄤ・湥ㄊㄨˊ・渿ㄋㄞˋ・湠ㄊㄢˋ・湉ㄊㄧㄢˊ・渣ㄓㄚ・湳ㄋㄢˇ・減ㄐㄧㄢˇ・湪ㄋㄨㄢˇ・湍ㄊㄨㄢ・渡ㄉㄨˋ・湅ㄌㄧㄢˋ・湒ㄐㄧˊ・湫ㄐㄧㄡ・湕ㄐㄧㄢˇ・湛ㄓㄢˋ・渧ㄉㄧˋ・
粘ㄑㄧㄢˊ・煍ㄐㄧㄠˇ・煎ㄐㄧㄢ・煖ㄋㄨㄢˇ・煉ㄌㄧㄢˋ・煓ㄊㄨㄢ・照ㄓㄠˋ・煚ㄐㄩㄥˇ・煄ㄓㄨㄥˇ・牒ㄉㄧㄝˊ・牏ㄊㄡˊ・犍ㄐㄧㄢ・犌ㄐㄧㄚ・犑ㄐㄩˊ・猱ㄋㄠˊ・猳ㄐㄧㄚ・琢ㄓㄨㄛˊ・琖ㄓㄢˇ・琠ㄉㄧㄢˇ・琭ㄌㄨˋ・
琚ㄐㄩ・琳ㄌㄧㄣˊ・琱ㄉㄧㄠ・瓡ㄓˊ・瓽ㄉㄤˋ・畸ㄐㄧ・當ㄉㄤ・痽ㄉㄨㄟ・痰ㄊㄢˊ・痶ㄊㄧㄢˇ・痳ㄌㄧㄣˊ・痵ㄐㄧˋ・瘃ㄓㄨˇ・瘏ㄊㄨˊ・盞ㄓㄢˇ・盝ㄌㄨˋ・睠ㄐㄩㄢˋ・睩ㄌㄨˋ・睙ㄌㄧㄝˋ・睹ㄉㄨˇ・
睛ㄐㄧㄥ・睭ㄓㄡˇ・睞ㄌㄞˋ・睜ㄓㄥ・睫ㄐㄧㄝˊ・睨ㄋㄧˋ・督ㄉㄨ・睖ㄌㄧㄥˊ・碇ㄉㄧㄥˋ・碌ㄌㄨˋ・碅ㄐㄩㄣ・碄ㄌㄧㄣˊ・碓ㄉㄨㄟˋ・碡ㄉㄨˊ・碁ㄑㄧˊ・碉ㄉㄧㄠ・碘ㄉㄧㄢˇ・碖ㄌㄨㄣˊ・禂ㄉㄠˇ・祿ㄌㄨˋ・
裪ㄊㄠˊ・禁ㄐㄧㄣ・稘ㄐㄧ・稕ㄓㄨㄣˋ・稙ㄓˊ・稜ㄌㄥˊ・稑ㄌㄨˋ・稐ㄌㄨㄣˊ・稚ㄓˋ・窞ㄉㄢˋ・竫ㄐㄧㄥˋ・節ㄐㄧㄝˊ・筥ㄐㄩˇ・筡ㄊㄨˊ・筴ㄐㄧㄚˊ・筣ㄌㄧˊ・筤ㄌㄤˊ・筳ㄊㄧㄥˊ・筧ㄐㄧㄢˇ・筩ㄊㄨㄥˇ・
粱ㄌㄧㄤˊ・粴ㄌㄧˇ・經ㄐㄧㄥ・絹ㄐㄩㄢˋ・絽ㄌㄩˇ・綈ㄊㄧˊ・絼ㄓㄣˇ・綎ㄊㄧㄥˊ・絛ㄊㄠ・罥ㄐㄩㄢˋ・脰ㄉㄡˋ・脟ㄌㄧㄝˋ・脡ㄊㄧㄥˇ・脫ㄊㄨㄛ・脧ㄐㄩㄢ・脛ㄐㄧㄥˋ・舅ㄐㄧㄡˋ・艇ㄊㄧㄥˇ・莮ㄋㄢˊ・莙ㄐㄩㄣ・
莋ㄐㄧˊ・莌ㄉㄨㄛˇ・莊ㄓㄨㄤ・荳ㄉㄡˋ・莛ㄊㄧㄥˊ・莉ㄌㄧˋ・莢ㄐㄧㄚˊ・莨ㄌㄤˊ・荻ㄉㄧˊ・莇ㄓㄨˋ・莒ㄐㄩˇ・莖ㄐㄧㄥ・荼ㄊㄨˊ・虜ㄌㄨˇ・蜊ㄌㄧˋ・蛻ㄕㄨㄟˋ・蛶ㄌㄧㄝˋ・蜋ㄌㄤˊ・蛺ㄐㄧㄚˊ・蜓ㄊㄧㄥˊ・

土

壹·傲·傴·傭·傿·噰·嗡·嗂·嗌·嗯·嗢·嗚·塭·圓·圔·園·塎·塢·塋·塕·
奧·媼·嫄·嫆·媱·媵·媴·嫈·窳·嵨·嵬·嵱·徭·微·愔·愛·愕·惲·意·愉·
愝·愄·愚·愈·揶·握·揜·揋·援·揠·揖·揅·揄·揚·掾·暐·暘·暗·暆·暈·
朠·椻·椼·楊·椲·業·椰·楢·楹·楌·椸·椳·楀·楰·歈·歅·殼·毓·毹·湋·
渨·渥·湡·渶·渭·游·湲·渦·湧·湮·渰·渝·煜·煆·煟·煨·煐·煬·煒·煙·
煠·爺·猥·猷·猶·猰·猨·猧·琬·瑗·琰·琳·畹·痷·瘀·瘐·痾·痿·睕·睚·
矮·碗·碔·萬·稶·筠·筵·粵·綖·綄·義·肄·脕·艅·艉·莣·莰·莞·莁·莚·
莪·莠·莤·荺·虞·蛹·蜒·蛾·蜎·蜈·衙·裕·裛·裔·跇·輀·迻·逌·郁·鈶·
鈺·鉯·鉞·鉠·鈾·阿·雍·雸·雵·雩·靷·頑·預·飲·飫·骫·麀·

金

傒·傸·傻·僉·催·傯·傺·傳·僊·傶·傷·傮·僋·傾·從·崔·剷·剼·勤·勢·
嗓·嗔·嗣·嗏·嗋·嗇·嗉·嗤·嗕·嗦·嗄·嗅·嗖·喍·嗜·喿·嗛·嗍·嗩·嗆·
埕·塍·塙·塞·塤·塒·塑·媷·媰·媶·媸·婜·嫀·嫌·嫂·嫊·媳·孶·尟·嵯·
嵩·嵫·嵊·嵢·廈·廋·弒·徯·愒·愃·愯·惷·愘·惻·愖·惹·想·惺·愀·愜·
愆·愋·愁·惸·戢·揌·搊·搠·揉·揗·揓·揎·揲·搥·插·揟·揵·揨·揰·揳·
揝·揣·新·旓·暇·暄·暙·楺·椹·椽·楦·楒·楥·棰·楈·楚·楸·楯·椿·楱·
楔·楉·歇·歂·歆·歃·歲·毸·渽·湹·測·湘·湞·渃·湆·湊·湤·湷·湇·渠·

湁・渻・湜・渫・湑・湨・渲・湦・煡・煢・煁・煋・煪・煞・煕・煦・煣・煘・猣・猩・
琡・琹・琮・琩・琪・琤・琦・琛・啜・痴・瘌・瘁・晳・皵・睬・睢・睒・睟・猎・硹・
碎・碃・碕・碏・碀・祺・祽・禽・稓・稔・稠・窣・窢・筭・筱・筰・筲・筮・粯・粲・
綅・綌・綃・綀・絺・綏・絿・羥・羨・羧・群・翜・翛・耡・聖・肆・脥・脞・脣・脤・
脙・脩・脭・琇・舝・艄・荽・莎・莝・荿・莏・莦・荵・荾・莘・莧・莕・莐・莃・莗・

水

僄・僈・傰・剻・剽・募・匯・嗊・嗨・嗀・嗐・嗙・嗥・嗎・嗃・塓・塝・媺・媲・媽・
嫇・媻・幌・幋・幎・廆・廅・彙・徬・愊・愍・愐・惶・惼・愎・揘・揊・揹・揮・描・
換・揙・揈・撝・摒・敯・煸・暋・暍・暉・暊・會・楎・楓・楘・楄・楅・楣・楁・楩・
楙・楻・楜・毀・毼・毷・洶・湄・湟・湱・渙・渢・湃・渤・渼・渳・渺・渱・湣・湓・
渵・渾・湎・湢・湖・煩・煥・煲・煤・煸・燁・煇・煝・煌・犎・猢・猦・猲・猵・猴・
琣・琥・琲・琵・琶・琫・琺・瓿・甍・甝・痻・痲・痹・痱・痭・痺・盟・睦・睔・睧・
睥・碆・碰・碚・碑・硼・稟・稗・綁・綒・䋨・綍・絻・罦・羦・聘・脝・脖・脢・脬・
脯・艀・艂・荸・荷・荴・莫・莈・莓・莆・莩・莽・莯・莔・號・蜉・蜌・蜂・蜅・蛖・
補・勡・覛・觟・觸・訌・豢・賄・跰・軿・辟・迸・迷・逅・逄・迴・郃・郱・郈・酩・
鈽・鉌・鉑・鉋・鉧・鉡・鈹・鉬・鈸・鉍・鈱・閞・閟・閛・陃・陂・附・雹・雺・靶・
頏・頒・飯・馯・鳧・鳪・黽・

筆劃：14

木

僱・剮・匱・厬・嘏・嘓・嘎・墎・墈・嫢・嫝・寡・幗・廓・彄・愧・慣・愾・愷・愲・
搆・搕・搞・摃・搿・暠・暟・槓・槔・構・榦・榼・槁・榾・榖・歌・滜・溝・溎・滒・
溘・犒・瘔・瘑・睽・睾・箍・箇・箛・管・箜・粿・緄・綱・罫・聝・菎・菰・菇・菮・
蜬・蜾・裹・褂・趕・逛・郜・郠・酷・鉻・銙・銧・閤・閣・閨・陔・駃・魁・鳱・葛・

火

僪・僗・僯・僭・僦・僬・僥・僣・僚・僓・僮・僎・僤・兢・凳・劂・匰・嘂・嘆・嗿・
嘉・嘍・嘀・嗹・嘄・嘟・團・圖・境・墆・墇・塼・墑・墐・塶・墊・塿・奪・奩・嫩・
嫟・嫜・嫘・嫠・嫪・嫥・嫬・嫡・孷・寠・寧・寨・寥・對・屢・嵹・嵽・嵺・嶺・嶁・
嶃・嵽・嶂・幛・廘・廖・廔・廜・廗・廑・彰・慓・態・慆・戩・截・搛・搭・搌・搢・
搦・搾・摽・搘・搨・搪・搗・搯・斠・暨・榨・榐・榴・榛・槉・榤・榙・槇・榻・榎・
榗・槄・榳・榶・榰・毄・毾・滔・溙・溺・滐・溠・準・溱・滕・溜・滍・淪・滇・溍・
溓・滘・溏・漂・煻・犗・犖・獉・獃・瑊・瑐・瑯・瑑・瑙・甄・甃・畽・疐・瘌・瘕・
瘈・瘧・皸・盡・監・睼・碠・硾・碳・碭・碟・碫・碣・碲・碢・碪・禘・禔・禎・穊・
種・竭・端・箋・箸・箤・箐・箌・箘・箕・箂・箏・箖・箚・粼・精・綧・綸・綾・綯・
綠・綝・緊・綟・綴・緁・綹・緉・緂・綻・綡・罩・罬・置・罧・翥・翞・翟・翢・耤・

聚・睖・肇・腒・脹・腆・腃・腊・腇・臺・琰・舔・菾・菫・菳・莉・萊・菺・菤・菄・

菿・菹・萛・菨・菁・菈・菟・菅・菂・萣・菌・菪・菼・萄・萏・著・菻・菕・菮・菉・

土

勩・厭・嗷・嘔・墉・夤・奫・㛪・嫞・嫣・嫛・嫗・痦・廕・廙・廒・愿・愮・慇・慍・

棫・摁・搖・搵・摀・搤・搹・敳・斡・旖・暡・輭・朢・榬・榞・榣・榚・歍・歋・殞・

殟・氳・溔・滎・溰・源・溒・溦・溛・溫・溵・溳・滃・溢・溾・熅・熉・熒・爾・猺・

獂・獄・猿・瑜・瑗・瑋・瑀・瑛・瑒・疑・瘖・瘉・瘍・瞃・睮・碞・碨・碤・禓・禋・

禕・禐・稦・窨・窪・窫・窬・窩・箊・網・維・綩・緆・緎・綰・罨・罭・聞・腴・腕・

腌・腋・與・舞・菀・萓・菸・萎・菴・菋・萸・萒・莚・菵・蜮・蜼・蜴・蝁・蜵・蜲・

蛘・蜿・褍・裷・裺・覞・覮・踊・輍・輑・輓・逌・逜・郢・郚・酳・銢・鉺・銚・銥・

銨・銕・銦・銪・銀・陑・陓・靿・靾・鞅・飴・馻・馼・骯・鳶・

金

僑・傈・僝・僛・像・僔・僖・僩・僧・凘・劁・嗾・嘐・嗽・嘁・嘖・嗺・嘈・嘗・嘕・

墏・墅・墋・塵・塾・墘・塽・墔・塹・壽・嫦・嫙・寑・實・察・屣・嶊・嶆・嶃・嶉・

嵷・嶍・嵾・嶇・嶈・幓・幘・廎・徹・愫・愻・慫・愬・慎・慈・慉・慅・慊・慀・愴・

愨・愶・戧・搉・搓・搥・損・搚・搜・搧・搶・搳・搐・搋・搠・搽・搴・搟・搔・搎・

搷・搊・搡・敲・旗・暢・朅・槊・榍・榡・榽・槆・榿・槌・榷・榕・槂・榩・槎・榫・

水

榹・榮・榯・榭・槏・榱・榵・槍・歉・歊・殠・毃・滾・溗・溞・滓・滋・溮・溪・溡・

溲・溹・滄・溶・滊・滀・溼・滁・溴・溯・溽・煽・熔・熂・熊・熏・熄・熁・熗・牄・

犓・獀・猻・獊・獅・瑆・瑏・瑕・瑟・瑎・瑄・瑞・瑔・甀・瞅・睿・瞁・睡・碩・碬・

碴・禗・禒・禊・稯・稱・稰・箈・箎・箝・箑・算・粽・粻・粹・綬・綮・緀・綪・綜・

緅・緒・綷・緇・綦・綵・綽・綢・綣・緌・綺・署・罪・翣・翠・腍・腏・脺・腎・脽・

腔・臧・菽・萋・菜・菘・菗・萐・萇・菆・菑・菣・菖・菃・萃・菥・萁・莿・蜷・蜥・

蜣・蜻・蜞・蝕・蜤・蜙・豎・裯・裼・裮・裳・覡・觫・觩・豨・賕・賖・賗・趖・踀・

僨・僠・僕・僰・劃・勫・嘒・嘜・嘧・嗶・嗼・嘌・嘝・嘛・墂・墓・墁・塺・塴・塻・

甿・夥・夢・嫖・嫫・嫮・嫳・嫭・嫨・嫚・孵・寞・寣・幣・幔・幙・幕・弊・彆・彈・

彯・徾・慁・慏・慌・搫・搰・搒・搣・搏・搬・暝・榠・槃・榑・榓・槐・榜・榧・榪・

榥・滅・滆・溤・滏・滑・溷・滂・溟・滈・溥・滉・泮・熆・熀・熐・熇・牓・犕・猾・

猼・瑁・瑚・琿・瑍・瑂・甂・瘓・瘋・瘊・瞀・睧・瞄・瞂・碥・碧・福・禖・禈・禍・

稫・稨・箳・箄・箔・箄・箙・粺・緜・綼・緋・翡・腓・腑・脾・腐・艋・菶・菩・菝・

萉・萍・萑・菏・菢・菔・菠・菡・萆・萌・菲・菛・華・蜚・蜱・蝂・蜢・蜰・蜭・蜜・

裴・裨・褓・裶・觨・谽・豪・豩・賓・赫・跛・踇・輔・輐・逋・逢・鄜・郛・郥・郝・

郣・酺・鉼・銘・銤・鉾・銆・銗・鉟・閥・閩・閡・陌・靺・靤・靽・鞃・韍・韎・頗・

頖・颮・鮅・飽・飶・駁・髟・髣・髦・魄・魟・鳭・鳴・鳳・麼・鼻・

筆劃：15

木

儈・劊・劌・嘳・嫴・寬・嶡・廣・彉・慣・慖・慷・摫・摳・摑・摜・暩・槻・樻・[illegible]・
槨・槼・漷・滱・漍・滾・漮・瑰・瘝・彀・瞌・磕・穀・稿・緺・緱・緪・緙・聧・膕・
葀・葵・葛・虢・蝌・蟡・蝸・褌・賡・輥・輠・逵・郭・鋯・銵・銬・閫・靠・鞏・鞈・
颳・骷・

火

僵・儋・儉・儌・僽・僸・價・儅・儆・儂・凜・剿・劉・劍・劇・勯・厲・噉・嘹・嘮・
嘾・嘰・噘・墱・墜・墮・墩・墥・墯・嫽・嬌・[illegible]・嬁・嫷・嬂・寮・屨・[illegible]・嶝・嶕・
嶠・嶞・嶗・嶚・嶙・幜・幟・[illegible]・彈・德・徵・慹・憀・[illegible]・慺・慞・慱・慮・慴・慟・
慬・慝・戮・摭・撂・摝・摺・摯・摙・摘・摞・摎・摟・摷・摥・摶・敵・敹・斲・暱・
暲・樦・樘・樆・樁・樆・樏・樛・槳・樍・樝・樓・樑・槿・槫・槤・樂・樟・歎・殣・
殢・殦・氀・氂・漈・漏・漅・漯・漦・漓・漃・漟・滯・潳・漸・漿・漳・漻・漙・滴・
漉・漣・滷・漲・漊・滌・熡・熝・熥・熲・熞・熵・犛・獐・獎・獍・瑱・瑧・瑮・瑭・
瑵・畿・畾・瘣・瘤・瘚・瘠・瘨・瘩・皛・皺・碾・磏・磔・磄・磊・磌・禢・禛・禚・

積・稽・稷・稻・稼・窷・窴・篆・箴・箭・糋・緟・緘・緹・緻・練・緞・締・羯・羰・
翦・聤・腫・腩・腯・腱・腦・腞・腳・腶・艓・蓅・葶・蒂・葝・葅・葰・蔇・葌・萰・
葖・萳・葭・董・落・葮・蝶・蝔・蝻・螂・蝭・蝺・蝏・蝳・蝪・禘・褖・褋・觰・觬・
觭・豬・賙・賤・質・賧・賬・賟・賚・賭・赭・趜・趟・踜・踖・踔・踕・踢・踙・踘・

土

僞・億・儀・僾・噎・噁・噊・嫵・嶢・廡・影・慰・憂・慵・慪・慾・戭・摮・揞・摬・
槸・樣・槦・槷・檷・歐・殥・毆・毅・漁・漚・澲・漾・漥・漪・滽・潁・漹・滶・演・
熰・熪・熤・熨・熬・熠・牖・犚・獒・瑩・瑤・甇・瘞・瘟・皚・瞈・磑・磈・禜・篽・
窯・窳・箹・緣・緯・緷・緰・羭・翫・耦・腛・腢・腲・腰・腴・腤・萼・葨・葾・葉・
葽・萵・葯・葦・葳・蒍・萻・莤・萬・蝯・蝧・蝓・蝣・蝛・蝟・蝘・衛・褗・褑・褕・
覣・豌・趛・踒・踠・踓・輞・逸・逶・郔・醃・醀・鋨・鋙・鋊・鋈・鋘・鋆・鋄・閻・
閱・院・維・鞍・頞・頠・養・餌・鴛・魰・魤・魷・鳼・鴉・鴈・鳿・默・

金

僿・儊・儃・儇・勰・嘻・嘶・噓・噌・嘺・嘴・噈・嘵・噚・嘯・嘽・噆・噀・噂・嘲・
嘬・墡・墜・墟・墫・墠・墝・增・墀・墫・奭・嫺・嬋・嬈・嬃・嫻・嫶・嬉・審・寫・
屧・層・嶟・嶔・嶒・幢・幝・廞・廚・廠・廛・廝・徲・慒・慚・慘・慛・慫・慥・慶・
慼・慳・惷・慡・摐・摵・摍・摧・摰・撦・摻・摴・摛・摠・撤・摋・摲・摔・敻・數・

水

毆・敶・嶄・瞛・暫・暷・槧・樔・槭・樉・橀・槢・槽・樈・樗・樇・樧・樕・樄・樞・
槮・樅・殤・毿・漱・漒・漺・漩・滫・漕・漼・漧・澈・漇・漘・漎・湯・滻・滲・漆・
漬・滫・潝・磬・潨・熱・熧・熟・熜・獑・瑣・瑲・瑳・瑢・甀・瘡・瘙・瘜・瘥・瘦・
瘛・瞍・瞎・睘・瞋・磃・磋・磎・確・碻・磁・磍・磉・禠・窮・箾・箷・箬・箠・篋・
箱・箵・糈・糌・糅・緧・綞・緛・緝・線・緗・緦・縃・罳・羬・翨・猣・脧・腺・腸・
腥・腮・腄・腠・興・艄・艐・葠・萶・葥・葴・葸・蔞・萩・葄・葬・菙・葹・萴・萫・
萷・葋・萲・葇・萱・葙・葃・葚・葺・蝷・蝢・蝨・蝎・蝡・蝖・蝚・蝬・蝩・蝑・蝤・
蝵・蝦・衝・褎・褆・褉・褚・覤・覢・豎・賞・賥・賨・賜・賝・賢・趣・趡・趠・踧・
僶・僻・劈・勱・嘸・噗・噴・嘩・嘪・嘿・圚・墦・墳・墣・嬏・嫹・嫿・嬇・嬅・嶓・
幠・幩・幡・廟・廢・慧・慔・憋・慓・慢・慕・懣・撇・摸・摓・摦・摹・摽・摩・敷・
暪・暮・暵・暴・暯・槾・樊・槬・標・樠・樥・模・槥・槴・槲・歑・氁・滮・潎・滿・
漶・漠・漂・潷・漭・滸・滬・滹・漞・滵・漫・汎・漰・漢・熛・熩・熳・熯・熚・麽・
獙・獘・獌・瑪・瘢・皞・皜・皝・盤・瞑・瞇・磅・磐・碼・禡・篌・範・篇・篁・篎・
篊・箯・糊・緲・緶・緬・緮・編・緩・緡・罰・翬・翩・猴・腷・腜・腹・舖・艎・艒・
艑・葍・萺・萯・葫・葆・葩・蓱・葧・葞・葒・萿・蒎・葷・葔・葑・萹・葐・葟・葡・
蝞・蝮・蝒・蝗・蝠・蝜・蝴・蝙・蝞・蝥・衚・褊・褙・褓・褐・褘・褒・複・褔・谾・

錍・賣・賠・賦・踣・踫・踝・輩・輣・輝・逭・郫・部・醅・鋩・鋐・銲・鋡・鋒・鋇・
鋍・鋪・鋎・鋂・陛・霈・霉・霂・鞎・頦・頩・頨・頷・餀・餅・駜・駙・駍・駓・骳・
髲・髱・髮・髳・髬・魅・魃・魄・魧・魴・魬・魵・魱・鴅・鴀・鳻・鴄・鳺・鴇・麃・
麩・麾・墨・鼏・

筆劃：16

木

噲・噶・墾・嶱・廥・憒・擓・橭・橄・樻・潰・澉・盥・磡・窺・篝・篢・篙・糕・縞・
縎・耩・膈・膏・蓋・蓇・蒯・褲・輵・過・鄈・錆・錮・鋼・錧・錕・錁・錓・頯・骼・
髂・髺・魺・鮕・鴣・龜・

火

儜・儓・儘・儗・冀・凝・劑・噹・噥・噣・噠・噭・噸・噤・壂・壇・墼・壈・壉・嬞・
嬝・嬚・寯・導・嶩・嶯・幨・幯・廩・徼・懟・憐・憬・憰・憭・憚・憛・憳・憍・戰・
撠・擃・撰・撞・撩・撣・撈・撉・撅・撱・撟・撚・撜・撘・撓・撢・整・斢・曌・暻・
曈・曆・暾・暺・暸・暽・曇・朣・橯・橉・橶・機・橐・橛・橏・樴・橑・橘・橔・橖・
橝・樼・樿・橠・橢・歷・殫・毈・氃・澗・澇・澑・潔・潡・潧・澆・潏・潐・潭・潗・
潾・潦・潬・潼・燎・熸・燙・燈・燐・燉・燋・熲・犝・獠・獗・獞・瑼・瑾・璋・璓・

璉・璃・䰛・瘽・瘺・瘵・瘰・瘴・皻・盧・瞡・瞕・瞗・瞜・磟・磠・磥・磚・穋・積・
穄・窷・窵・窱・窶・篫・築・篞・篧・篜・篤・篥・糑・糖・縋・縐・縑・縚・縌・縢・
縥・縉・縝・罶・耨・腿・膌・膐・膇・膋・䑿・臻・舉・蓏・蓁・蒗・䔰・蒹・蒟・蒺・
蒞・蓎・蒸・蒤・蒧・虦・螚・螁・螗・螣・螏・褟・褪・褧・褡・褭・褦・褯・豭・賴・
賮・趧・踽・踵・踶・蹄・踼・蹀・踱・輯・遁・逿・達・遉・逽・道・郹・鄄・醏・醓・
醍・錚・錂・錐・鋻・錟・鍺・錦・錸・錠・鋾・錣・錄・錼・錴・鑥・錭・鋸・錀・錈・

土

儑・劓・噢・噮・噰・噞・噯・噩・噫・噦・噳・圛・圜・墿・壅・墺・雝・嬴・嬡・嶴・
嶫・嶧・嶬・嶭・憖・憮・曄・曀・橛・橆・樲・殪・澐・潩・澫・潕・潿・燕・燏・燁・
燚・燡・燄・獟・獝・璬・瑿・甌・瘱・盦・礉・禦・穎・篔・縜・縕・縈・縊・罃・羱・
翺・聬・膉・膃・艗・蓊・菀・蒬・蓔・蒑・蒝・虤・蝹・螈・螐・螔・螉・螢・螘・褮・
褞・覦・豫・賱・踰・踴・躽・輶・運・遇・遊・逾・遏・違・鄆・郵・郼・鄔・鄅・鄂・
郾・鄃・鋺・鋣・錌・錥・錒・閼・閾・閹・閿・閻・陭・隂・䨍・霐・鞔・頤・餓・餘・
駬・駰・鮇・鴛・鴢・鴦・鴥・鴨・

金

儒・儕・儔・熈・勳・匴・叡・噪・噱・噷・噙・噬・器・壆・墻・墽・嬙・嬓・嬠・嬗・
嬐・學・嶨・嶵・嶰・嶮・嶲・幧・廧・廨・彊・憔・憎・憱・憯・惷・憪・憢・憟・憩・

水

憲 幢 懆 撬 撊 撮 撏 撙 撐 撖 撋 撒 撕 撳 [illegible] 敫 鼓 暹 曋 曉
嚮 樹 樨 橕 樵 橤 樽 橋 橁 橍 橙 橈 橩 橧 橚 橦 橇 橪 橡 歔
歙 歖 殧 氄 氅 潸 潠 潚 澌 潲 澍 澂 潻 潒 潮 潟 澖 潯 潛 潤
潺 澄 潝 燀 燆 燂 燒 燊 熹 熽 熾 燃 燖 燅 燇 犞 獡 獢 璁 瑽
璅 璀 璆 璇 [illegible] 瘲 瘯 瘳 瘸 瞛 瞠 瞝 瞚 磧 磢 磩 磣 磪 [illegible] 罄
磛 禤 穇 穌 窸 篛 篨 篹 篪 篩 篘 篡 簑 篟 糔 糗 縣 縗 縤 縓
縔 縒 縡 縟 縖 羲 膆 艖 艘 艙 蓑 蒩 蓒 蒔 蓀 蓉 蒻 蒠 蓍 蓌
蒐 蓗 蓆 蓐 蓛 蒛 蒼 蓄 蒢 蒴 蒜 蒫 蒨 螝 螓 螄 螇 螑 螅 融
褥 褰 褫 褣 褬 親 賊 賰 赮 赬 趥 蹂 踸 踳 踿 踹 [illegible] 輳 輲 輴
輸 輮 遒 遂 遄 遐 鄡 鄉 鄀 醒 醑 錢 [illegible] 錣 錤 鋿 錫 錡 錙 錩

儐 儚 冪 壁 奮 嬖 嬛 嬔 寰 幦 廦 彋 憉 憊 憓 憑 憨 憤 憫 撲
播 撫 撥 擴 曊 樺 槥 橎 橫 樸 橨 歕 毇 氆 澔 澋 潽 潣 潑 潘
潢 濆 澒 澓 潓 澅 潷 澕 澎 潶 燜 熿 [illegible] 燔 獚 獛 璊 瓢 甍 瘼
瘭 瞥 瞙 瞢 瞞 瞣 瞟 磞 磨 穈 穆 篣 篕 篦 篚 糐 糒 縏 縛 縠
綁 罵 罷 翰 翮 翯 耪 膍 膀 膊 艕 蒱 蒙 蓂 蒡 蓓 蒿 蒪 蒚 蒶
蓖 蒲 蒰 虣 螞 螃 螖 螛 螜 螟 螒 衡 褩 褱 褢 襞 賵 踾 蹁 輷

輻・輹・辨・辦・遍・遑・逼・郟・鄁・郿・鄜・鉶・鉼・鍒・鉧・鍆・錍・錵・鏢・鍲・閺・
闇・陪・陫・陴・霍・霏・靦・韸・頷・頻・餔・餑・餑・駭・駢・駁・骸・骿・闀・鮒・
鮑・鮒・魾・鮅・鴘・鳺・麅・默・黺・

筆劃：17

木

壒・艦・懇・擃・擖・檜・澮・濄・獦・獪・瞶・瞰・窾・簋・簆・簂・簀・糠・膕・襞・
薳・蔉・蔻・虧・蟈・覯・購・轂・遘・鍞・鍷・鍇・鍋・闊・鞚・顆・館・馘・骾・鮯・
鮭・鴰・鴿・

火

儡・儠・鑢・儥・勴・勵・嚖・嚁・嚌・嚀・嚃・嚔・壏・壔・嬲・嬧・嬯・嬣・嬥・嬭・
孻・屨・嶺・憺・懍・懝・懘・懂・擿・撻・據・擂・擳・擄・擊・擔・擻・擋・撿・斂・
斀・暞・擂・檡・檕・檟・檞・櫛・檩・橿・檤・檛・檢・檔・檀・斂・殮・殭・氈・濃・
澽・濌・澹・濎・澰・澥・澉・澢・潞・澪・激・澧・澱・澸・濁・濂・燭・燤・爵・獧・
獨・璒・璘・藺・璗・璟・璡・璣・甐・瞵・療・癉・癃・癆・盩・盪・瞪・瞵・瞷・瞳・
瞭・矯・磹・磴・磯・礁・磾・磷・礅・禫・禨・穛・穚・穖・穜・窿・篱・簎・簐・簊・
簏・篴・簍・簞・糨・縷・縭・縺・穎・縶・績・縲・縳・縻・縺・縷・聯・膞・膠・膟・

土

膛・膙・膣・膢・臨・艜・艛・艱・蔦・蘄・蓮・蓼・蓫・蓻・蔆・蔞・蔠・蓪・蔣・蓾・

蓧・蔍・蔾・蔂・蓳・蔗・蓷・菌・蔕・螲・螰・螻・螿・蟉・螺・螽・蟭・蟑・蟅・螫・

螮・螳・蟄・螹・褵・褶・褸・褳・覬・賺・糖・蹈・蹓・蹎・蹐・蹇・蹋・蹍・轃・輾・

遞・遢・遛・遝・醣・醡・鍘・鍵・鍎・鍊・鎏・鍻・鍣・鍾・鍼・鎯・鍛・鍉・鍍・鍗・

闌・隊・隄・階・隆・隉・隸・霘・霝・鞠・鞡・鞝・鞜・顁・颶・餞・餤・餟・駒・駿・

優・噾・壓・嬮・嬰・嶷・寱・嶽・嶷・嶼・徻・懊・憶・應・懌・擛・擁・擙・斁・曖・

隱・檐・檍・檥・澳・澺・澦・澭・澽・澲・燠・燡・燰・燱・營・甒・癌・瞱・瞴・簃・

篽・縿・繇・繄・縯・罻・翼・翳・聱・蔩・蓺・蓶・蔭・蓲・蓩・蔚・蓹・蔫・蔜・蒮・

螾・螸・蟃・螯・螱・豱・賹・轅・輼・輿・遙・遠・鄔・鄖・醞・醟・醠・鍔・鍱・鍡・

錫・鍏・闅・闈・闇・闉・隅・隈・隇・陽・隃・霙・霒・鞟・顃・頤・餧・餩・餚・醃・

騃・鮠・鮪・鮞・鴮・鴯・鴱・鴳・黝・黿・鼤・龠・

金

償・儩・儲・嚐・嘴・嚅・嚓・嚇・壎・壖・嬬・嬨・嬦・孺・嶸・幬・憴・憸・懆・懈・

懅・懃・戲・擇・擉・擒・撽・擎・擅・操・欘・檖・檎・檅・檄・檇・檣・檨・樕・檌・

檉・檚・檠・歜・毚・氉・澀・濇・澡・澶・澬・澿・澤・潨・澩・澠・濉・澥・澨・澯・

濋・燢・燨・燥・燮・燲・燦・燧・牆・獫・獬・獥・璕・璔・璚・甑・癇・瞬・瞲・瞫・

水

瞧・矰・礄・磳・磽・磼・礂・磲・禧・禪・穗・穘・竀・竄・簇・簌・簅・簁・簉・篠・
篸・糝・糟・糙・繈・縩・繅・總・縮・縴・繀・縼・縱・繂・縿・縰・罄・罅・罺・聲・
聳・聰・膗・膝・艚・蔙・蓌・蔟・蓿・蔘・蔏・蓯・蔎・蔬・蔒・蕵・蔌・蔯・蔱・蕁・
蔥・蓰・蔡・蓨・蟀・螴・螼・螪・螭・螬・蟋・蟌・蟝・褻・褷・襂・襁・褼・襄・觲・
谿・謙・豀・賸・賽・趨・蹉・蹊・蹌・轄・遜・遣・鄏・鄒・鄐・鄹・鄑・鄎・醛・醙・
醝・醜・錘・鋟・鍤・鏦・鍒・鍖・鍥・鍜・鍹・鍌・鎀・鍕・鍬・鍶・闀・闋・閷・闃・
隋・陾・陲・陻・雖・霞・霜・韔・韱・顅・餡・駽・駴・駸・駷・騁・騂・髾・魈・鮨・
鮮・鮢・鳻・鵂・鴽・鴝・黜・黚・齔・

儤・儦・嚎・嚆・嚂・嚄・壑・壕・嬤・嬪・懞・幫・彌・徽・徾・憵・憾・懋・懁・擘・
擐・撼・擗・斃・旚・檗・檒・檓・檦・澴・澫・澼・澣・濊・燬・燴・獩・璠・璜・璞・
髱・癈・皤・瞨・磻・磺・穔・篲・篾・篳・篷・篰・篻・穈・糢・糞・縪・繁・緄・縵・
縹・繆・縸・縫・縻・繃・罼・翲・膜・膚・膘・蔑・蓽・蓬・蔽・蔈・蔰・蔊・蔓・蕄・
蔀・蔔・蔝・蔤・蔧・虨・螷・螞・蟞・蟒・蟊・螵・襒・褾・覂・覭・觳・豁・縠・豳・
獂・賻・鄍・鄗・醢・醚・鍪・鍠・鍰・鎂・鎃・鍭・鎣・鍑・錨・鍧・闆・隍・霟・鞞・
韓・顄・餛・餥・馡・駹・駻・鬔・鵧・鴾・鴻・麛・麋・麰・黻・鼢・鼣・鼾・

筆劃：18

木

壙・懖・擱・檺・櫃・櫆・檻・歀・歸・瀔・璭・癐・盬・瞽・簣・聵・蕢・蹞・鎧・鎘・闓・隔・隑・雚・顑・騍・騉・髁・鯀・鯁・鵟・

火

儱・儮・嚕・嚙・壘・嬼・屩・屪・巀・懥・懟・懦・懧・戴・擣・擢・擬・擠・擰・斷・檸・櫂・櫡・檮・檯・櫅・濬・濯・濘・濧・濟・濜・濫・濤・燼・爁・燾・獳・獰・璫・璐・璥・甔・癘・癚・癜・癗・癤・皦・皽・瞻・瞼・磿・礌・礓・礑・禮・穠・簞・簦・簜・簩・簟・簝・簡・糧・織・繚・繗・繵・罽・罿・翷・職・聶・膱・膧・膦・膫・膲・膩・舊・艟・蕑・蕝・蕉・蕫・蕛・蕀・蕨・蕇・蔾・蕩・蟭・蟤・蟟・蟧・蟨・蟜・蟘・蟙・蟣・襉・襋・襌・覲・謬・贅・贄・蹛・蹗・蹢・蹚・蹠・蹔・蹟・蹥・轆・轇・轉・遮・遧・遯・邋・鄟・鄝・鄣・醨・醬・醪・釐・鎳・鎌・鎦・鎝・鎲・鎮・鎒・鎕・鎵・鎉・鋚・闑・闒・闐・離・雞・霤・鞠・鞬・鞮・顓・題・餰・餮・餪・騆・騊・騅・騄・騋・鬄・魋・魎・鯽・鮵・鮿・鯓・鮶・鯉・鴶・鵘・鵛・鵌・鵋・鵑・鵙・鵜・鼕・鬆・齎・

土

嚘・嚚・彝・懨・擫・擨・斔・曜・檹・檽・檼・歟・毉・濭・濣・濦・濰・燿・璦・甕・癓・癒・礒・繘・膴・艞・蕥・蕪・蕓・蕕・蕍・蕅・螾・斔・贀・邀・鄞・鄘・鄢・醧・

金

醫・鑲・鎑・鎢・鎰・鎣・隗・隕・隘・隒・雎・霣・韐・韙・韺・顒・額・顏・顎・颺・
餵・魊・魏・魍・鯇・鯃・鮽・鵝・駼・鵒・麌・黟・鼬・
儭・叢・嚮・嬸・巂・幮・懤・懠・濷・戳・擩・擦・擤・曙・曘・曛・檶・濡・濝・濕・
澀・濨・濢・濙・燻・燶・燽・燹・燸・獯・獮・璱・璪・璨・璲・璩・癙・矂・瞿・礎・
礐・禭・穟・穡・竅・竄・簥・簫・簪・簨・簭・繞・繑・繠・繡・繖・繒・繜・繓・繕・
繟・罾・翹・臎・膷・膮・膳・膬・蕈・蕎・蕤・蕬・蕞・蕮・蕁・蕊・蕘・蕠・蕭・蕱・
蕆・蕦・薌・蕖・蕣・虩・蟲・蠁・蟗・螦・蟯・蟬・蟝・蟓・蟢・蟳・襓・襑・襐・觴・
豵・䝨・蹟・蹤・蹧・蹜・蹵・蹖・蹝・蹡・軀・轈・轍・遭・遳・遷・適・遫・鄡・鄛・
醯・鎨・鎗・鎔・鎟・鎎・鎪・鎖・鎴・鎚・鎍・鎙・鎡・鎈・闕・闖・雛・雟・雙・雜・
鞣・鞢・鞦・韖・韗・韘・颸・餳・騎・騏・騇・髜・鬆・鬃・鬈・鬩・鬵・魌・鮴・鯊・
儵・鮹・駿・鵗・麎・黠・鼁・鼀・鼪・鼩・鼫・

水

嚝・嚜・嚗・奰・幭・懣・懞・擭・擯・旛・曚・朦・檴・檬・櫇・檳・檷・殯・氋・濠・
濮・濱・濩・濛・瀪・濞・瀰・獲・璧・環・璯・甓・癖・瞺・礉・礔・禬・穢・簠・簢・
簰・簧・簙・繙・繐・繢・繣・羵・羳・翸・翻・臏・膨・膰・蕧・蕡・蕙・蕔・蕃・蟛・
蟔・蟦・蟠・蟥・蟪・襆・襏・覆・豐・蹕・蹩・蹦・蹣・轒・鄙・鄠・鄚・鄤・鄜・醥・

鎊・錍・鎤・鎛・鎬・鎷・闔・隓・雗・臒・霥・霢・鞭・鞤・鞨・鞪・韹・顐・餛・餭・
餲・餱・餬・餯・馥・騑・髀・鬅・鮸・鯆・鵯・鵓・鵠・鵏・鼖・鼥・齕・

筆劃：19

木

懭・擴・旝・曠・櫜・瀔・爌・獷・璯・簳・簻・篝・羹・膼・膾・臌・薖・薧・薣・襘・
鏗・鏂・鏮・關・闚・霩・韟・韝・顝・颽・餽・騧・騤・髂・鯤・鶊・齗・

火

囒・嚦・嚧・壟・壢・壚・夒・嬾・龍・廬・徿・懫・懰・擸・擷・擼・擽・攆・擿・擲・
櫔・曞・櫐・櫓・櫟・櫫・櫧・櫑・櫍・櫚・櫝・殰・氌・濼・瀆・瀝・瀳・瀢・瀏・瀦・
濾・牘・犡・犣・犢・獶・獵・璾・璶・疆・癠・礛・禰・禱・穧・穨・簾・籀・簬・簹・
繳・繨・繲・繭・繷・羷・羸・聸・臀・膻・膿・膽・臇・臉・臄・艡・艣・蕾・薢・蕺・
薝・蘞・薦・薊・蕗・蘦・薕・薡・蕩・薙・薐・薍・薑・薘・蟼・蠋・蟷・蠃・蠊・襟・
襛・襗・襢・襠・襝・覶・觶・贉・蹪・蹸・蹶・蹲・蹬・躼・轎・轏・轔・轑・辴・遴・
遼・邆・鄲・鄰・鄭・鄧・醮・醰・鏕・鏈・鏜・鏍・鏄・鏐・鏧・鏤・鏑・鑥・鏡・鐐・
闛・際・障・難・雡・鞳・韜・類・顛・顜・餾・騔・騝・騠・鬎・鬌・鬋・鯞・鯥・鯰・
鯪・鯬・鯨・鯛・鯠・鯢・鯚・鯦・鵹・鵫・鶃・鶋・鶄・鶇・鵵・鵰・鵱・鵽・鶁・騅・

鴡・鵑・鶆・鷲・麗・麑・麓・

土

厴・嚥・壛・壝・嬽・嬿・懮・懩・攁・櫞・櫌・櫙・瀀・瀇・瀅・瀁・爊・璵・璺・甖・礙・礐・穩・簷・繶・繹・罋・膺・臃・臆・艤・蕹・薇・蘊・薉・薏・薆・薁・蕷・蟻・蠅・襖・𤢖・贇・趭・遻・遺・遹・鏏・鏊・鏞・鏔・鏖・隞・霧・霪・霨・霬・韐・韞・韻・願・顗・颻・饁・馧・騕・鶩・鴛・鵪・鵡・甒・齖・

金

儴・儳・儵・劖・勷・嚫・寵・憸・懲・攄・擾・擻・攃・旞・櫏・櫥・歠・瀋・瀍・瀉・爇・爍・獸・璻・璿・瓀・璽・疇・癡・矄・礝・簽・糬・繫・繰・纏・繸・繩・繳・罄・羶・翾・臊・臅・舋・飱・薯・薪・薤・薂・蕸・薋・薛・薔・蕼・蠍・蠉・蟶・蠂・蠌・蟦・蠈・蟹・蠆・蟺・蟿・蟾・襜・襚・襡・襙・覷・贈・贊・趫・趬・躇・蹴・蹭・蹺・蹻・辭・遲・遶・選・遵・鄯・鄫・鄰・鄩・鄦・鏹・鎩・鏟・鏒・鏚・鏬・鏣・鏇・鏨・鏦・鏃・鏙・鏘・隡・隙・霫・顙・颼・颾・餼・餿・䭠・騥・騢・騣・騚・鬊・鬷・鯖・鯗・鯫・鯜・鯕・鯧・鯙・鯔・騏・鵲・鷗・鵿・鶈・鶅・鶀・鶐・鶉・麒・麴・廄・鼭・齋・齘・

水

嚭・嚬・壞・龐・懱・懪・擺・攀・曝・櫠・櫋・瀌・瀑・瀎・瀊・爂・爅・爆・犤・犦・穮・璸・瓁・瓣・癟・矊・矇・矉・矱・礞・礗・礡・穫・簸・簿・檗・繪・繴・繯・翽・

臂·蕡·薨·薈·薜·薅·薄·薎·藃·薨·襞·覈·[illegible]·豶·贆·趪·蹼·蹯·蹳·轒·

轐·轓·鼈·鄨·鄱·鄮·醱·醭·鏢·鏝·鏌·鏎·霦·靡·鞶·颿·餺·騙·騞·騜·

騑·鬍·鯡·鵩·鵬·鵯·黼·齁·

筆劃：20

木

嚳·曠·礦·穬·竷·藈·轗·轕·鄶·鐀·闞·鞹·騩·

火

嚼·嚲·嚨·[illegible]·孃·孼·懻·懶·攏·攎·曨·朧·櫨·櫳·櫪·櫱·瀨·瀘·瀝·瀧·

瀬·爐·獺·瓃·瓋·瓅·癥·皪·皾·盭·矍·礩·礪·礧·礨·礫·禲·穭·竇·競·

籉·籃·籍·籈·籊·糯·糰·糮·繼·羅·羺·翿·聹·艦·薹·藎·薴·薿·藍·薽·

薱·[illegible]·薺·藋·藉·蠗·襤·覺·躂·躆·躅·躉·轚·遽·邅·醴·醲·醵·鐔·鐃·

鐍·鏶·鐓·[illegible]·鏻·鐎·鐘·鐙·鐊·鐐·鐒·鐖·隤·霯·[illegible]·鞻·顟·飂·饉·騮·

騰·騭·鬒·鬑·鰎·鰔·鰈·鱀·鶙·鶛·鶪·鶨·鶟·鶗·麚·黥·黨·黧·齞·鼮·

齡·齠·齞·齟·

土

嚶·嚴·巆·廮·攍·旟·曣·櫮·瀢·瀯·瀛·爓·癢·籅·罌·耀·藀·薳·薾·蘤·

[illegible]·贏·轙·邀·鄴·醳·醷·鐊·䤴·馨·饇·騵·騴·鰋·鰅·鶧·鶚·鶢·鶤·鶠·

鶩·甗·黤·黦·鼯·龑·

金

勸·匷·嚵·嚷·壤·孀·孅·巇·巉·廯·忀·懸·攇·攐·曦·櫬·櫯·櫹·瀟·瀙·

瀣·瀡·瀜·瀗·爔·犨·獻·瓊·矎·礤·礥·籌·繻·繾·纂·纁·臍·臐·臑·艩·

薩·薵·薰·薷·藃·藂·藒·藏·藄·藇·蠐·蠕·蠑·襦·觸·觷·贍·趮·躈·躁·

轖·邂·遾·鄛·釋·鏁·鐩·鐣·鏾·鏽·鐏·鐌·鐉·鐕·闟·闡·隢·霰·顣·飁·

饈·馨·騷·騲·騪·騫·騸·騶·騬·騱·髇·髊·鬐·鯷·鰆·鰍·鰇·鰓·鶞·鶖·

鶐·鶒·鶔·鶅·鹹·齛·齜·齝·齣·

水

寶·儤·懵·懷·攉·攌·曤·櫰·瀕·繁·瀤·瀖·瀫·瀚·⿰王敷·皫·矏·羅·礣·礬·

穮·籇·辮·繽·纀·羆·羃·臒·臏·艨·薶·藅·薸·藐·蠙·蠔·蠓·蠖·襣·躄·

轘·邁·還·避·鄳·鐇·鐬·鐨·鏺·鏵·鐠·鏷·闠·顠·顢·飄·饃·饅·髆·鰒·

鰗·鰉·鯸·鶡·鶘·鶣·鶦·鶜·鶝·麛·麵·齙·

筆劃：21

木

夔·巋·纊·臗·鐹·顧·饋·鰥·鶻·鷇·鼛·

火

儷·儺·儸·囀·囁·攔·爛·曩·欄·櫺·櫼·櫸·殲·瀱·瀨·瀳·灂·瀾·瀲·瀸·

爛·爝·瓏·癩·癪·矓·礱·籐·糲·纍·纇·罍·臘·藸·⿱艹徵·藫·藰·藜·藡·藬·

藘·藞·藤·藟·蠩·蠫·蠟·蠝·蠡·蠣·覽·贐·躋·躡·轛·鐲·鐳·鐽·鐵·鐺·

鑥·鐻·鐫·鐸·鐮·闣·闥·霵·露·鞿·飉·飀·饑·饌·騹·騿·騾·鷙·髏·鰨·

鰜·鰡·鷆·鷎·鶼·鷚·鷁·鷄·鷊·鷦·鶶·麜·黮·鼱·齎·齧·龒·

土

巍·廱·攖·櫻·瀅·瀷·瀾·瀴·瀹·爚·甗·礯·纋·耰·藥·藕·蘛·藙·藝·襪·

鬻·趯·躍·躌·轝·邇·鐿·鑀·鐷·隩·霺·韡·顤·饐·鷔·鰩·鶲·鷂·鶯·鷃·

黯·黭·黫·鼘·齦·

金

儧·劗·囃·嚽·嚻·孀·孈·屬·巏·懺·懹·攙·攕·攘·攐·欀·欃·灀·瀺·瀼·

爙·犧·獽·礭·籔·纏·續·纈·羻·羼·藚·藷·藗·藲·藑·藪·藭·蝤·蠢·襭·

襹·襩·贓·躊·轞·邃·鄹·醺·醹·鐰·鐩·鐱·隨·險·隧·響·饓·饗·饎·饒·

驂·驅·騽·驄·鬖·鬺·魑·鰭·鰬·鰣·鰫·鰤·鷈·鶳·鶷·鶱·鶬·鸀·鶸·鹺·

麝·鼚·齛·齤·

水

劘·嚾·攠·欂·瀵·瀿·瀰·獼·矐·籓·纆·臕·蘑·藩·蘬·藨·藣·蠜·蠠·蠛·

⿰山蔑·襮·襬·贔·轟·辯·邈·鄸·鐬·鐼·鐶·闤·闢·霹·霸·顥·飆·饙·驆·驃·

驀·髍·鬗·鬘·鬕·魒·魔·鰝·鶴·鶾·鷌·⿰票鳥·鶭·鼙·

筆劃：22

木：灌・爟・籗・鄺・闞・齫・龕・龔・

火：儻・囉・囊・欒・孿・孋・孌・巒・巕・巔・欐・懾・懼・灅・灆・爞・疊・皭・穱・籚・

籠・籜・簶・籛・籟・糴・糱・纑・罏・聾・聽・臚・艫・蘆・藶・蘢・藾・蘭・蘀・蠦・

蠪・孽・礱・襱・覿・觻・觼・贕・躝・躓・躒・躐・躑・轢・轠・邋・鄻・鑇・鑑・鑃・

鑒・鑄・鑏・鑉・鑈・隬・隮・霽・韃・韁・顫・饘・饕・驒・驔・驕・驐・驎・驍・鱀・

鰷・鰹・鰿・鰶・鰳・鱁・鱄・鰱・鱆・鷒・鷓・鷚・鷵・鷜・鷋・鷙・鷟・鷅・黰・鼳・

鼵・

土：壨・儼・囈・彎・懿・欈・灉・韡・瓔・癭・癮・禴・臙・蘁・蘊・藹・贗・躛・鄾・隱・

饔・驈・鬻・鰲・鷗・鷖・鷂・鼴・齬・

金：囆・囋・囅・巑・攝・攛・攜・權・欉・欋・氍・灈・灊・灄・瓖・瓤・癬・礵・禳・穰・

蘇・藽・蘄・藻・蠨・襯・襲・覾・贖・躔・躚・躕・鑐・鑋・隰・韣・顉・颾・驏・驍・

驌・驉・驓・髒・鬙・鬚・魖・鰼・鱈・鰽・鷐・鷘・鷞・鷛・䴡・齂・齪・

水：懽・歡・灃・獾・瓕・臛・虋・蘑・蘋・蘅・藿・轡・邊・鑊・鑅・鑌・霿・霾・巂・韢・

驊·鰾·黴·鰻·鱉·鷩·鷩·鼲·龢·

筆劃：23

木

瓘·矔·蠱·鬠·鬹·

火

儽·劙·壘·彏·戀·戁·攡·攤·孿·攦·䜌·欒·欏·欐·灗·灕·灘·玀·獿·瓙·

籦·籣·羇·羸·蘗·蘜·蘭·蘮·蘳·蘦·蘞·蠲·襴·襶·襱·躘·轣·轤·鑞·鑗·

鑕·鑢·鑯·驚·驙·髑·體·鬞·鱎·鱗·鱊·鱖·鷲·鷮·鷯·鷢·鷤·鷻·鷦·麟·

黐·齏·齯·

土

壧·孍·巘·巖·罋·癰·籥·纓·蘡·蘟·蘥·蘙·蘌·蘛·蠮·蠳·艷·邍·酀·醼·

靨·饜·驗·驛·鷸·鷰·鷣·鷡·黳·齮·

金

囌·纏·攢·曬·欑·囂·灒·灑·瓗·竊·籧·籤·纕·纖·纔·艬·蘧·蘘·蘠·蘚·

蠰·襳·讂·鄿·鑠·韅·顯·髓·鱋·鱘·鱔·鱐·鱒·鱌·鷳·鷥·鷷·鷼·鷫·黲·

鼜·鼸·鼷·鼶·齰·齱·

水

蠯·擟·瀰·麋·蘪·蘩·鑝·鑤·鑣·隳·韄·護·饛·鬟·鱕·鱍·鱙·鵟·鷭·鷨·

䁪·黂·黴·黽·

筆劃：24

木 罐·巋·贛·鑵·鱠·

火 囑·囓·孎·戃·戄·攫·攪·攩·曭·欓·灚·爣·玃·瓥·癱·癲·癩·斷·矚·虆·

鼟·蠹·躝·酃·醽·釂·釀·鑪·鑨·隴·靇·靆·靂·靈·韥·韇·韂·體·鱣·鸇·

鷺·鷩·臝·鸅·鹼·麠·鼞·

土 曮·艷·蘶·鑩·靄·魘·鷹·鸉·鸃·鷾·鸆·鹽·鼇·鼆·齵·齷·齶·

金 囍·屭·攥·灛·玁·玂·瓚·矗·礸·穳·纗·臟·臞·艭·蠸·蠷·蠵·蠶·蠹·衢·

躟·躠·躞·鄽·鑫·雥·靃·韆·驟·鱦·鱢·鸀·鸂·鸑·齴·齲·

水 壩·蠻·蘴·醾·顰·驞·髕·鬢·鱟·鸊·

筆劃：25

木 欔·矙·觀·髖·

火：曩·廳·攭·攬·斸·欙·欖·欗·欘·欚·灠·灟·灡·爦·矘·籬·籮·糶·纙·纛·羉·羈·臠·臡·蘿·虆·蘻·蘸·虀·蘺·襺·躡·躤·鑳·鑭·鑯·顱·顲·鬣·鱭·鸋·鸐·黵·鼉·齇·齻·

土：礹·襼·鑰·靉·鬻·鸑·齸·

金：籫·纘·纚·臢·襹·觿·躣·躥·酅·釁·鑱·鑲·鱨·鱮·麡·齹·齺·

水：灞·灝·瓛·籩·蘹·蘾·蘼·蠻·襻·酆·酄·鑮·鸏·鸍·黌·

筆劃：26

木：鑵·

火：圞·攮·灢·矚·灒·蠼·邏·邐·酈·鑘·鑷·韉·驢·驥·鱵·鱳·鱱·鸓·

土：灣·籯·驠·黶·

金：趲·躦·酇·釃·鑶·鑴·饞·饟·齘·

水：鱴·驋·鼊·

筆劃：27

木（ㄇㄨˋ）

火（ㄏㄨㄛˇ）灤（ㄌㄨㄢˊ）・欗（ㄌㄢˊ）・纜（ㄌㄢˇ）・虆（ㄌㄟˇ）・蠾（ㄓㄨˊ）・蠽（ㄐㄧㄝˊ）・蠿（ㄓㄚˊ）・躪（ㄌㄧㄣˋ）・躩（ㄐㄩㄝˊ）・鑾（ㄌㄨㄢˊ）・鑼（ㄌㄨㄛˊ）・瀝（ㄌㄧˋ）・顳（ㄋㄧㄝˋ）・驧（ㄐㄩˊ）・鱸（ㄌㄨˊ）・鸕（ㄌㄨˊ）・鸗（ㄌㄨㄥˊ）・黷（ㄉㄨˊ）・齈（ㄋㄨㄥˊ）・

土（ㄊㄨˇ）贕（ㄩˋ）・釅（ㄧㄢˋ）・鱷（ㄜˋ）・

金（ㄐㄧㄣ）灥（ㄑㄩㄢˊ）・灦（ㄒㄧㄢ）・彏（ㄑㄩㄢˊ）・顤（ㄒㄧㄠ）・鱐（ㄕㄨˊ）・鑽（ㄗㄨㄢ）・顴（ㄑㄩㄢˊ）・馫（ㄒㄧㄥ）・驦（ㄕㄨㄤ）・驤（ㄒㄧㄤ）・鬤（ㄖㄤˊ）・

水（ㄕㄨㄟˇ）飌（ㄈㄥ）・

筆劃：28

木（ㄇㄨˋ）灨（ㄍㄢˋ）・躨（ㄎㄨㄟˊ）・

火（ㄏㄨㄛˇ）戇（ㄓㄨㄤˋ）・欞（ㄌㄧㄥˊ）・爧（ㄌㄧㄥˊ）・钀（ㄋㄧㄝˋ）・钁（ㄐㄩㄝˊ）・钂（ㄊㄤˇ）・鬮（ㄐㄧㄡ）・

土（ㄊㄨˇ）豔（ㄧㄢˋ）・鸚（ㄧㄥ）・鸙（ㄩㄝˋ）・

金（ㄐㄧㄣ）鑿（ㄗㄠˊ）・饡（ㄗㄢˋ）・驨（ㄒㄧ）・

水（ㄕㄨㄟˇ）驩（ㄏㄨㄢ）・

第八章 開運改名上表疏文

百家姓
北宋初年著于錢塘

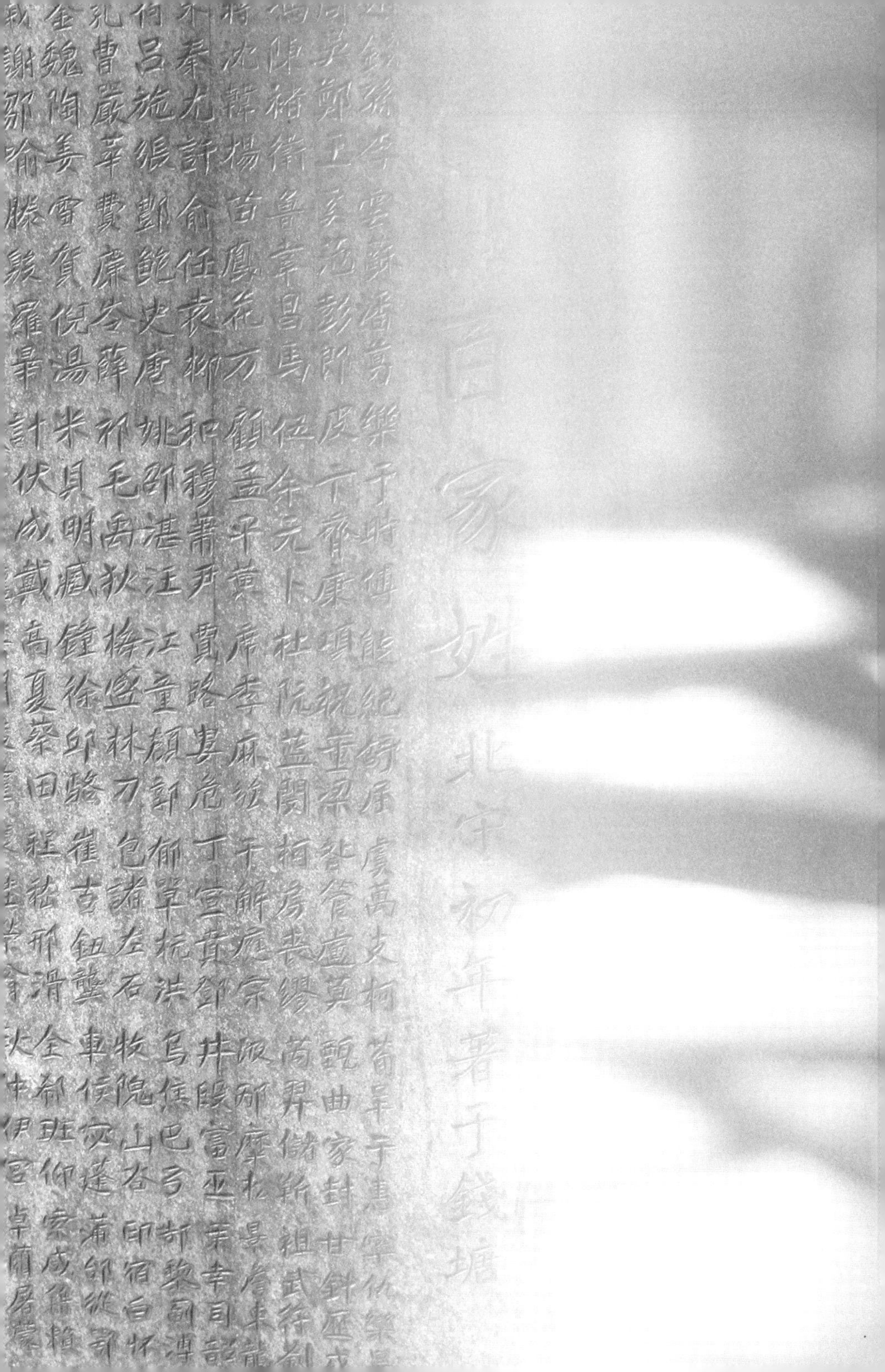

開運改名上表疏文

改名須知

很多人因本名不雅或是不合適，便將名字做了更改，除了依法更改外，亦應稟告法界，可於改後每月的初一或十五，準備水果、金紙，到當地廟宇或土地公廟稟告眾神聖。文疏如下：

改名疏文

天地萬物本無物，今既有名父母賜，
父母恩德天地大，於此感謝父母恩。

今為南瞻部洲台灣（地址）人民，庶姓＿＿名＿＿，
原承父母恩賜，德澤猶如天地，因逢庶名（改名事由），
故決定修改庶名為＿＿＿＿，
嗣後塵世人間呼名均以新名為主，凡有稟報天界庶名，亦如新名。

今後當以新名文字意，做為修行實踐佛法之依據，

並依字意時時行善積德，今擇＿＿年＿＿月＿＿日＿＿時，

誠心準備花果焚香禮拜稟報。

天界眾神聖大如來轉知虛空法界執事神明眷屬等賜福，

今特造文疏叩稟。

玉皇大帝

三官大帝

三寶佛暨諸大如來共鑒！

弟子原庶名為：＿＿＿＿

於＿＿年＿＿月＿＿日＿＿時出生

今更改庶名為：＿＿＿＿

新名字印蓋章：＿＿＿＿

天運＿＿＿＿歲次＿＿＿＿年＿＿＿＿月＿＿＿＿日呈文上疏

三引易經開運堂服務項目

一、八字論命	2600 元
二、易經卜卦問事	600 元
三、數字吉凶、生命靈動密碼	200 元
四、姓名鑑定	300 元
五、嬰兒取名	6000 元
六、個人改名	6000 元
七、公司行號命名	6000 元
八、寵物取名	3600 元
九、陽宅諮詢	1200 元
十、陽宅堪輿	10000 元
十一、剖腹生產擇日	3600 元
十二、合婚日課	5000 元
十三、開運名片	3600 元
十三、開運印鑑附八字流年命書一本	9000 元

Tel ： 陳楹樸老師 0912-945872

e-mail ： chuck_kingstone6793@yahoo.com.tw

吉祥坊易經開運中心服務項目

一、命理諮詢，附八字詳批或紫微詳批	2000 元
二、命名、改名（用多種學派），附八字命書一本	3600 元
三、一般開市、搬家、動土、擇日，附奇門遁甲擇日	1200 元
四、嫁娶合婚擇日，附新郎、新娘八字命書一本	3600 元
五、剖腹生產擇日，附 36 張時辰命盤優先順序	3600 元
六、陽宅鑑定及規劃佈局，附男、女主人八字命書一本	16000 元
七、開運印鑑，附八字流年命書一本	9000 元
八、吉祥印鑑	2500 元
九、開運名片，附八字流年命書一本	3600 元
十、八字命理、陽宅規劃、姓名學初階班招生	電洽
十一、多種教學 VCD、DVD，請上網瀏覽	電洽
十二、姓名學、八字論命、奇門遁甲、紫微斗數、擇日軟體、前世今生八宅明鏡、紫白飛星、三元玄空、乾坤國寶 數字論吉凶、開運養生等軟體請上網瀏覽	好用軟體特價

服務處：台中市西屯區西屯路二段 297 之 8 巷 78 號（逢甲公園旁）

電話：04-24521393 黃恆堉老師　行動：0980-258768

網址：http：//www.abab.com.twE-mail：w257@yahoo.com.tw

網址：http：//www.131.com.tw

國家圖書館出版品預行編目資料

99分姓名學／陳楹襆、黃恆堉著.
－－第一版－－臺北市：知青頻道出版；
紅螞蟻圖書發行，2021.2
面；公分.——（Easy Quick；172）
ISBN 978-986-488-214-4（平裝）

1.姓名學

293.3 109021083

Easy Quick 172

99分姓名學

作　　者／陳楹襆、黃恆堉
發 行 人／賴秀珍
總 編 輯／何南輝
校　　對／周英嬌、陳楹襆
美術構成／沙海潛行
封面設計／引子設計
出　　版／知青頻道出版有限公司
發　　行／紅螞蟻圖書有限公司
地　　址／台北市內湖區舊宗路二段121巷19號(紅螞蟻資訊大樓)
網　　站／www.e-redant.com
郵撥帳號／1604621-1　紅螞蟻圖書有限公司
電　　話／(02)2795-3656（代表號）
傳　　真／(02)2795-4100
登 記 證／局版北市業字第796號
法律顧問／許晏賓律師
印 刷 廠／卡樂彩色製版印刷有限公司
出版日期／2021年2月　第一版第一刷

定價 350 元　港幣 117 元

ISBN 978-986-488-214-4 　Printed in Taiwan